马克思主义文艺理论论著书系

郭运德　王　杰　李心峰 主编

马克思美学的当代阐释

汪正龙　著

中国文联出版社
http://www.clapnet.cn

图书在版编目（CIP）数据

马克思美学的当代阐释 / 汪正龙著. -- 北京：中国文联出版社，2018.5（2019.10重印）
（马克思主义文艺理论论著书系）
ISBN 978-7-5190-3650-8

Ⅰ.①马… Ⅱ.①汪… Ⅲ.①马克思主义美学-研究 Ⅳ.①B83

中国版本图书馆CIP数据核字(2018)第104528号

马克思美学的当代阐释

著　　者：汪正龙	
终 审 人：奚耀华	复 审 人：曹艺凡
责任编辑：邓友女　张兰芳	责任校对：刘成聪
封面设计：马庆晓	责任印刷：陈　晨

出版发行：中国文联出版社
地　　址：北京市朝阳区农展馆南里10号，100125
电　　话：010-85923069（咨询），85923000（编务），85923020（邮购）
传　　真：010-85923000（总编室），010-85923020（发行部）
网　　址：http://www.clapnet.cn　http://www.claplus.cn
E-mail：clap@clapnet.cn

印　　刷：中煤（北京）印务有限公司
装　　订：中煤（北京）印务有限公司
法律顾问：北京市德鸿律师事务所王振勇律师
本书如有破损、缺页、装订错误，请与本社联系调换

开　　本：710×1000	1/16
字　　数：234千字	印　　张：14.75
版　　次：2018年7月第1版	印　　次：2019年10月第2次印刷
书　　号：ISBN 978-7-5190-3650-8	
定　　价：74.00元	

版权所有　　翻印必究

《马克思主义文艺理论论著书系》编委会

顾　　问（按姓氏笔划）

王元骧　王伟光　刘纲纪　李正忠　李　准　吴元迈
张　江　陆贵山　董学文

主　　编

郭运德　王　杰　李心峰

编　　委

王　杰　党圣元　郭运德　谭好哲　陈飞龙　丁国旗　马建辉
朱　庆　朱辉军　李心峰　张永清　张政文　金永兵　周由强
庞井君　胡亚敏　祝东力　奚耀华　赖大仁

项目策划

朱　庆

执行策划

邓友女

项目编辑

邓友女　冯　巍　张兰芳

关于马克思主义美学理解与重建的方法论思考（代前言）

一、马克思主义美学：一种解释学考察

马克思主义美学是当代最有影响的美学思潮之一。其实，马克思主义美学有不同的存在形态。从历史形态上说，马克思主义美学是作为马克思主义创始人的马克思本人关于审美、文学、艺术的论述及其所体现出来的思想；而从现实形态来说，马克思主义也是一种社会运动的世界观，马克思主义美学是这种世界观的一部分。也就是说，马克思主义美学又是后人在一定的社会背景之下，根据某种知识框架对马克思主义美学的理解和重建。在这个意义上，恩格斯、列宁、毛泽东等人的美学和文艺理论可以算是这种理解和重建的一部分，当然是比较重要和最有影响的部分；同样，其他马克思主义美学家（包括第二国际理论家、苏联、东欧、中国以及西方美学家等）所做的工作也是这种理解和重建的一部分。

正因为具体的社会背景和知识框架不同，还由于作为理解对象的马克思文本出版方面的原因，产生了关于马克思主义美学不同的理解与重建尝试。这里谈一下马克思文本作为理解和解释对象的出版问题。以哲学文本为例，马克思三部最重要的哲学著作《1844年经济学—哲学手稿》《德意志意识形态》《黑格尔法哲学批判导言》（也是马克思与美学有关的重要著作）直到20世纪30年代才得以发表，在这种情况下，人们只能根据马克思生前发表且流传甚广的政治学著作《共产党宣言》和政治经济学著作《资本论》第一卷，以及恩格斯两部通俗性的论战性著作《反杜林论》《路德维希·费尔巴哈和德国古典哲学的终结》来理解马克思主义。这不仅使人们对马克思主义的理解和重建受到很大的局限，也使

得对马克思主义美学的理解和重建受到很大的局限。对马克思主义美学的最早理解和重建是从第二国际理论家,如梅林、普列汉诺夫等人开始的。但是限于上述情况以及本人原因,他们仅仅把马克思主义理解为唯物主义世界观及其在历史领域的运用,进而据此出发重建马克思主义美学,如普列汉诺夫在《没有地址的信》中认为,只有生产力决定生产关系的唯物史观才能建立科学的美学理论,断定艺术与经济有着因果关系,艺术起源于劳动[①]。这种理解显然不同于马克思在《〈政治经济学批判〉导言》中所表达的物质生产与艺术生产不平衡性的思想的。这种理解模式在苏联进一步发展为弗里契等人为代表的庸俗社会学批评。三四十年代之后,随着马克思的主要著作陆续出版,苏联学者里夫希茨编辑了《马克思恩格斯论艺术》一书,他在此基础上撰写的《论马克思艺术观的发展》(中文版名为《马克思论艺术和社会理想》),对马克思主义美学的发展轨迹进行了梳理。但很长一段时间,苏联学界对马克思本人的美学思想,特别是以《1844年经济学—哲学手稿》为代表的早期著作中的美学思想并没有进行很好的研究。由于斯大林主义在苏联逐渐占据统治地位,马克思主义美学被教条化、教科书化。这一时期以及后来出现的一系列著作,如齐斯的《马克思主义美学基础》、卡冈的《马克思主义美学史》等,变成了以马克思主义美学为名对苏联社会主义现实主义为核心的美学体系的注解,马克思本人的美学思考反而成了次要的东西了。西方则出现了另一种倾向,以《1844年经济学—哲学手稿》1932年发表为契机,西方马克思主义美学吸取了早期马克思论著中的人本主义因素,并把它与西方形形色色的相关思潮相结合,对资本主义社会文化现象进行批判。

上述情况表明,理解对象、理解目标的不同会影响对马克思主义美学不同的解读和重建努力。一些学者如普列汉诺夫等囿于受局限的文本对象,未能把握马克思思想的全貌,只是根据马克思其他非美学类的著作来推演马克思主义美学,自然会发生理解上的偏差。而苏联不少学者则以本

[①] 普列汉诺夫:《没有地址的信》,见《普列汉诺夫美学论文集》Ⅰ,曹葆华译,人民出版社1983年版,第309—311、377页。

国提倡的"社会主义现实主义"教条为理解目标，使对马克思主义美学的理解和重建陷入了封闭。里夫希茨从马克思本人原著出发，对马克思的美学言论进行搜集和整理，在马克思主义美学研究史上做出了贡献。但他过于局限于马克思的文本视野，未能做到以当代视野与马克思本人的视野进行融合，在某些方面不自觉地陷入了理解误区，比如他根据马克思文学阅读主要接受的是西方古典作家的情况判定马克思是坚定不移的"古典作家"[1]，进而指责马克思之后的现代主义艺术。殊不知，马克思生前现代主义艺术刚刚萌芽，他没有来得及进行观察和体认是正常的，不能由此断定马克思一定就反对现代主义艺术，或者说马克思主义美学只是古典艺术的推崇者。

乔治·卢卡契在肯定里夫希茨工作的成就时也指出："如果认为将马克思主义经典作家的言论加以搜集和系统排列就可以产生一部美学，或者至少是构成美学的一个完整骨架，只要加入连贯的说明性文字就能产生出一部马克思主义美学，那就完全是无稽之谈了。……因此我们处于一种似乎矛盾的境况，可以说，马克思主义美学既存在又不存在。……只有通过独立的研究并按照这种方法沿着这一途径才能达到所追求的目标，即正确地建立起马克思主义美学。"[2]卢卡契这里所说的"马克思主义美学既存在又不存在"，所谓"不存在"指的是马克思没有留下一部完整的美学著作，所谓"存在"是指马克思在他的大量哲学、政论和经济学著作中论及了众多的作家和作品，留下了不少谈论美和艺术的片段的文字和论述，涉及一些文艺和美学问题，虽然"它们并不等于一套文学理论甚或探究文学与社会关系的理论。但是这些言论并未由此而显得互不联贯。它们是由其总的历史哲学贯通起来的，而且显露出可以理解的演变"[3]。这些文字具有思考上的连贯性，可以构成马克思主义美学理解和重建的起点，但是对其搜集和整理并不构成系统的马克思主义美学理论。正如卢卡契所指出的，如何理解和重建马克思主义美学仍然需要一定的路径和方法。

---

[1] 里夫希茨：《马克思论艺术和社会理想》，吴元迈等译，人民文学出版社1983年版，第23页。

[2] 卢卡契：《审美特性》第一卷《前言》，徐恒醇译，中国社会科学出版社1986年版，第5页。

[3] 韦勒克：《近代文学批评史》第3卷，杨自伍译，上海译文出版社1997年版，第288页。

二、以恩解马、以苏解马、以西解马、以马解马：对马克思主义美学的四种理解与重建路径的思考

有学者指出，在我国和苏联、东欧哲学界，不同程度地存在着以恩解马、以苏解马的倾向，即以恩格斯晚年思想和苏联哲学教科书模式来解释马克思主义哲学，而自从20世纪20年代以来，还存在着以西解马，即以西方某种学术思潮或思想理解马克思的情况，以西解马的情况后来在苏联、东欧及中国也有体现。①

20世纪下半叶，还出现了以马解马，即从文献学入手解读马克思主义的情况。我们看到，与上述现象相对应，在对马克思主义美学的理解中，也存在着以上述几种理解路径为依归的现象，其中以恩解马的现象由来已久。第二国际的不少理论家不能全面理解恩格斯在创立马克思主义中的贡献及其局限，把恩格斯的思想与马克思的思想等同，形成了马克思主义理解上的偏颇。应当看到，恩格斯具有双重身份：他既是马克思主义的参与创立者，又是马克思主义最早的解释者。但是仅就美学而言，恩格斯和马克思的美学与艺术修养并非一致，而恩格斯本人也没有阅读和研究过马克思《1844年经济学—哲学手稿》等与美学有关的文本，因而恩格斯关于马克思主义美学的理解既有阐释马克思主义的方面，又有他自己的发挥。从理论构成上说，恩格斯关于美学的论述限于文艺美学问题，不涉及对美本身的哲学层面的探讨。他对马克思主义美学的前理解是马克思的经济学著作以及19世纪以巴尔扎克为代表的现实主义文学，他发表的相关见解也是对现实主义文学思潮的一种总结。鉴于19世纪现实主义思潮已成过去，就其基本性质与主导倾向而言，恩格斯关于文学艺术的论述便属于古典美学范畴，与当代审美现象与文艺思潮较少产生对接。而马克思本人的美学观念同时涵盖了哲学美学与文艺美学两个层面，囊括了浪漫主义、感性、对象化与美的创造、审美解放与人的解放、意识形态与社会文化批判等多重内容，明显地受到康德、席勒等人的影响，并不能完全用现实主义来加以概括，较易于当代审美现象与文艺思潮形成对接。如今在西方，人们通常认为马克思的美学思想较多地接续了西方美学传统（古希腊的或弥赛亚主

---

① 王东：《马克思学新奠基》，北京大学出版社2006年版，第3—167页。

义的、德国古典美学的），因而还具有某种永久的当代价值，而作为典型的19世纪现实主义思潮产物的恩格斯的美学则是陈旧的并且被教条化了的，已经基本不再具有现实性。①但在苏联、东欧及中国学界情况却完全相反，人们常常把马克思主义美学理解为现实主义美学，排斥其他的美学观念、美学派别和文艺思潮。这是典型的以恩解马的理解模式的体现，它窒息了马克思主义美学的生机与活力。

以苏解马的现象的形成与蔓延与苏联美学和文艺学教科书模式有关，也和片面解读列宁对马克思主义、马克思主义美学的理解与重建有关。列宁把马克思主义理解为辩证唯物主义，和恩格斯一样，认为哲学的基本问题是思维与存在的关系问题，并论证了意识是物质的反映的反映论。出于建立与巩固世界上第一个社会主义国家的需要，列宁还强调文学的党性、阶级性，所以，苏联美学家从卢那察尔斯基等人开始便重视文学的阶级性和社会意识内容，形成了以唯物主义认识论与反映论加上无产阶级政治观视角理解与重建马克思主义美学的模式，看重"一定阶级的需要怎样反映在文学中，阶级的结合，即阶级的矛盾或者阶级的联合，就它们在某种具体的艺术个性中得到反映而言，如何反映在文学中"②。推演到文学上，艺术与现实的关系就成为美学的基本问题，而"根本分歧就集中体现在对于艺术的唯物主义和唯心主义两种对立的解释上"③。虚构出根本不存在的唯物主义美学与唯心主义美学的斗争，继而虚构出现实主义与反现实主义（现代主义）的斗争，反映现实的现实主义被认为符合唯物主义，它与各种以变形的方式进行创作的现代主义相对立。在斯大林主义统治时期，还进一步指认社会主义现实主义是现实主义发展的高级阶段，炮制出社会主义现实主义与现代主义的对立。这种所谓的马克思主义美学缺少学科本位意识，更缺乏得自马克思本人著作的学理依据，将马克思主义美学与唯物主义认识论、无产阶级政治立场混为一谈，使之成为哲学或政治的附庸，对我国马克思主义美学与文艺理论建设产生了很大的消极影响。

---

① 张亮：《文献学视野中的马克思恩格斯美学思想研究》，参见《马克思主义美学研究》第9辑，中央编译出版社2007年版，第362页。
② 卢那察尔斯基：《马克思主义与文学》，参见《关于艺术的对话》，吴谷鹰译，生活·读书·新知三联书店1991年版，第82页。
③ 齐斯：《马克思主义美学基础》，彭吉象译，中国文联出版公司1985年版，第38—39页。

以西解马的情况比较复杂，存在着弗洛伊德主义马克思主义、黑格尔主义马克思主义、存在主义马克思主义、结构主义马克思主义、实证主义马克思主义、后现代主义马克思主义等诸多流派。就美学领域而言，从人本主义视角理解马克思主义的倾向占据主导地位。不少西方马克思主义美学家借助马克思早期著作如《1844年经济学—哲学手稿》中的人本主义异化逻辑和《德意志意识形态》等著作中的意识形态理论，对资本主义进行审美主义社会文化批判，如法兰克福学派的大众文化批判，马尔库塞对单向度的人的分析，鲍德里亚的消费社会批判等，都贯穿着以感性与理性和谐统一的审美主义，以及完善论的政治观对交换领域资本强权操控的指控。这是以西解马诸美学派别中影响最大的一支。近年来，我国学者频频用社会批判理论诊断消费社会与市场经济，正说明了这种解读模式对中国学界的影响。以西解马的解读模式注意把马克思主义美学与西方各种学术思潮特别是人本主义思潮相结合，拓展了马克思主义美学理解的视域，对我们全面理解和重建马克思主义美学具有重要的方法论意义。但是，以西解马的相当一部分学者存在着片面倚重马克思早期文本，低估或忽视马克思晚期文本的现象，同样使对马克思主义美学的理解与重建受到局限。

20世纪下半叶，西方出现了所谓的"马克思学"，一些不对马克思主义抱有信仰态度的学者标榜客观、中立、超越意识形态，把马克思的思想作为一门学问来研究，尽量从生平、文献及版本考证、思想演变等来研究马克思，可以称为以马解马。在马克思主义美学方面的代表有《马克思与世界文学》的作者柏拉威尔、写作《席勒、黑格尔与马克思：国家、社会和古希腊的美学思想》（*Schiller, Hegel and Marx: State, Society, and the Aesthetic Ideal of Ancient Greece*, 1982）的美国学者凯恩（Philip J.Kain）等。这类学者在对马克思主义美学起源与流变的复原上做了不少有益的工作，在方法论上有可取之处，也取得了不少有价值的研究成果，但缺乏对马克思主义美学的重建努力。当然，他们的解读并没有做到他们所声称的真正意义上的客观、中立，实际上还是把马克思主义美学纳入某种西方文化传统中加以考察，在这个意义上也可以视之为以西解马的变种。

对马克思主义美学理解模式的不同反映了各自前理解的不同。传统上美学被视为哲学的一个分支。通过对以上四类理解与重建模式的分析，我们发现，对马克思主义哲学的不同解读作为前理解，对理解和重建马克思主义美学影响甚巨。第二国际理论家对马克思主义哲学所做的历史唯物主义理解，与马克思主义美学理解与重建中的机械唯物论和庸俗社会学倾向有一定的关系；对马克思主义哲学的辩证唯物主义理解，与从认识论与反映论视角重建马克思主义美学脱不了干系；对马克思主义哲学的人本主义理解，在很大程度上催生和推动了西方马克思主义美学；而我国新时期对马克思主义哲学的实践唯物主义理解，更是与我国当代马克思主义美学的重要派别——实践美学息息相关。不同的理解模式的差别还表现于与不同解读语境有关的解读取向，这种解读取向也构成了前理解的一部分。就解读取向而言，由于处于已建成的社会主义的现实语境之中，以苏解马倾向于把马克思主义和马克思主义美学当作一个已完成的既定形态，人类思想包括美学到此达至高峰甚至顶点。反之，由于处于资本主义统治的现实语境之下，以西解马主要把马克思主义和马克思主义美学视为一种对资本主义体制进行批判的话语、观念和方法论。

此外，不同解读模式的分歧还体现在如何处理理解中的复原与重建、创造之间的关系方面。以马解马强调从学术立场研究马克思，看重理解的文献学依据，追求对马克思主义美学的复原。苏联的美学教科书，则根据自己的情况和需要重建马克思主义美学，马克思本人的美学思想成了教条化理论体系的论证。这个情况提示我们，以马解马即从马克思本人的著作出发解读马克思仍然是至关重要的第一步。理解和重建马克思主义美学首先要回到马克思那里，注意文本自身的意义。但是理解总是客观性与主观性的统一，我们无法完全还原马克思。马克思文本自身的意义并不独立于理解者，而是带着前理解与先见的理解者的视界在解读中与对象形成"视界融合"，因此马克思主义美学必然是复原与创造的统一。

三、问题与方法：马克思主义美学的理解与重建思路

以恩解马、以苏解马和以西解马虽然在解读取向、解读路径上互有不同，但在忽视马克思著作和马克思的美学思想的整体性方面却颇为一致。以恩解马从恩格斯理解马克思，自然忽视了马克思的整体存在。以苏解马

与以西解马表面上判然有别，但就基本倾向而言，在把马克思早期思想与晚期思想相割裂上却惊人的相似：前者认为马克思早期受到费尔巴哈人本主义思想影响，是不成熟的马克思，应该重视后期；后者认为马克思后期走向经济决定论，是倒退的马克思，应该重视前期。重视文献学依据的以马解马的马克思学虽然注意到马克思学说的整体性，但在方法论和解读取向上同样把马克思解读成思想庞杂、前后矛盾的思想家。我们认为，一个人的思想具有连续性，马克思的思想具有不同的发展阶段，不同的发展阶段（甚至同一发展阶段）有不同的表现形态，这些构成了马克思思想的整体，不应该简单地划分前期、后期，并制造前后期的对立或不同思想表现形态的对立。在美学上尤其如此。如果我们把马克思的《1844年经济学—哲学手稿》《德意志意识形态》《神圣家族》等较多涉及审美与艺术问题的著作视为早期不成熟的著作加以剔除，马克思主义美学的理解和重建就无从谈起。以苏解马就陷入了这样的尴尬境地。

我们认为，对马克思主义美学的理解与重建方面有两个问题必须引起重视。首先，马克思创立了实践唯物论，声称他要创立的哲学"既不同于唯心主义，也不同于唯物主义，同时又是把这二者结合的真理"①。马克思把美学研究由感性认识引向感性活动，"感觉在自己的实践中直接成为理论家"②。这就为美学研究提供了新思路。马克思并非传统意义上的美学家，他是在历史哲学和政治经济学框架中涉及与思考美学问题的，威廉·亚当斯把马克思的美学称为"解放感觉"的美学。他认为马克思把近代以前关于美的本质探讨转向美的生成，转向艺术、社会、人生，"马克思富有成效地利用审美维度作为钥匙去想象非异化的世界会是什么样子。它看起来似乎很像是某种艺术才能和审美追求的统一体。在一个有序的充满人性的世界中，劳动将是我们内在的创造力的实现，如同艺术的创造过程实现了艺术家的创造力一样。……马克思通过把生产与创造、创造与人的本质力量的实现联系起来，使经济领域负载了审美的含义与可能性"③。因而马克

---

① 马克思：《1844年经济学—哲学手稿》，《马克思恩格斯全集》第3卷，人民出版社2002年版，第324页。

② 马克思：《1844年经济学—哲学手稿》，《马克思恩格斯全集》第3卷，人民出版社2002年版，第304页。

③ William Adams, "Aesthetics:Liberating the senses", in *The Cambridge Companion to Marx*, edited by Terrell Carver, Cambidge University Press, 1991, pp.252-253.

思主义美学理解与重建的对象应该超越传统视域，把马克思所论及的美学问题当作一个由问题、准问题构成的"问题系"，拓展马克思主义美学的对象与领域。这里所说的问题指的是马克思所论及的狭义的美学问题，如《1844年经济学—哲学手稿》中关于美的规律的论述，《共产党宣言》中关于"世界文学"的论述，《〈政治经济学批判〉导言》中关于神话、艺术生产与艺术消费、艺术生产与物质生产不平衡关系的论述，《资本论》中关于资本主义生产与诗歌和艺术相敌对的论述，《致斐·拉萨尔》(1859)的信和《路易·波拿巴的雾月十八日》等中关于悲剧与喜剧的论述等，这些问题构成了马克思主义美学的基本问题或经典问题。此外，在马克思著作中还存在许多不直接谈论审美与艺术但却与审美与艺术有关的所谓"准问题"，即那些虽然不属于狭义的美学问题，但可以由此生发、引申出美学问题的问题，如《1844年经济学—哲学手稿》等著作中关于异化、人性、人道主义、感性和人的全面发展的论述，《德意志意识形态》中关于意识形态、交往方式的论述，《资本论》中对商品拜物教和货币拜物教的论述等，都属于与美学研究密切相关的"准问题"。从更大的层面看，马克思在政治经济学框架中所涉及的自然或生态、实践、生产、资本等问题也与美学有关，上述这些准问题至今仍然具有很强的时代感，而且与20世纪美学研究所发生的社会文化批判转向有很大的关联性和兼容性，甚至可以说直接推动了这个转向，马克思主义美学的现代性恰恰在于它潜藏着可被不断地拓展和引申的问题和能量。正如柏拉威尔所说的，"马克思在那些根本没有公开谈论文学的著述中可能给予的暗示"，诸如"他对意识形态和神话、对'商品拜物教'、对'生产性消费'、对矛盾和全面、对实践和权威的看法，像辩证法本身一样，都是可以加以改述、发挥、并入一些与马克思本人思想迥然不同的体系中去"①，上述问题与准问题共同构成了马克思主义美学的问题系，应当构成我们对马克思主义美学理解与重建的整体视域，其中不少问题可以生长出马克思主义美学新的理论形态。以西解马非常重视马克思的美学思考与当代社会文化现象、美学思潮的对接，这是最值得我们注意和借鉴的方面，如马歇雷、本雅明运用和发挥马克思提出

---

① 柏拉威尔：《马克思和世界文学》，梅绍武等译，生活·读书·新知三联书店1980年版，第566页。

的艺术生产理论，解释现代条件下的艺术生产活动，为此提供了有益的经验。如果说马克思直接讨论审美与艺术的那些问题是相对稳定的，但由于马克思论述的问题广泛地涉及社会、文化、人生诸方面，潜在的与美学有关的准问题则是变动的，因此随着美学研究疆界的变动，由问题、准问题构成的问题系也是变动的，这就形成了马克思主义美学对象和理解域上的开放性。

其次，要达到理解的创造性，即当代视域与马克思的视界融合，不仅需要以当代问题与马克思本人的美学问题、准问题、问题系进行对接，还需要勘察马克思考察问题的方法论及其现代转换的可能性，以及应用现代学术方法包括美学方法对马克思的美学问题进行新的透视的可能性。以恩解马和以苏解马在不同程度上把哲学方法与美学方法混为一谈，忽视了美学方法的独特性，也忽视了马克思方法论的多样性、层次性和以现代学术方法对马克思的观照。以马解马过于倚重文献学方法，在方法论上显得单一化。马克思主义美学理解与重建需要多种方法的使用和革新。在这方面，以西解马的一些学者就做得比较成功。一些西方马克思主义美学家如詹姆逊、戈德曼等人，从马克思把从经验中观察到的现象纳入一定分析模式的方法论中得到启发，吸收叙事学、结构主义的研究方法和研究成果，探讨作为社会象征行为的叙事或社会精神结构与小说结构的同源性关系，把马克思主义与形式主义相结合，试图将文学的社会人文维度与审美形式维度加以统一，这对我们在新形势下如何与时俱进，开拓新的研究视野，重建马克思主义美学就很有启迪意义。就中国马克思主义美学研究现实状况而言，如何打破先前认识论、反映论的美学构架，建立新的美学范式，释放马克思异化—物化—拜物教、资本、感性、自然—生态、实践—生产、交往等概念中潜在的美学内涵，就是一个重大而迫切的问题。

（原载《湖北大学学报》社科版2008年第3期，收入本书略有增补）

目 录

关于马克思主义美学理解与重建的方法论思考（代前言）   1

马克思美学的重释与重估   1

对马克思、恩格斯美学与文艺思想关系的再思考   3

马克思自然观的生态维度   15

马克思论悲剧与喜剧   25
——历史哲学、戏剧学与美学的三重透视

马克思与意识形态批判的三重维度   37

马克思的艺术生产理论：多重内涵、当代发展及面临的挑战   48

"现实主义的最伟大胜利"：一段问题史   58

马克思与20世纪美学的对话   73

马克思的感性论与20世纪美学的感性解放   75

马克思与20世纪艺术社会学研究的走向   89

马克思与弗洛伊德比较与结合中的美学问题   100

福柯与马克思：一个思想史的考察   115

马克思与批判理论的四个维度   124

从政治经济学批判到符号政治经济学批判　　136
　　——对马克思、列斐伏尔与鲍德里亚关系的一个考察

中国当代马克思主义美学建构　　149

人与文学　　151
　　——对现代文论格局中胡风与刘再复一个文学命题的思考
本质追寻和根基失落　　161
　　——从知识背景看我国当代文学理论存在的一个主要问题
评新世纪前后关于"美的规律"的论争　　173
王元骧与新时期马克思主义文论创新　　182
文学反映论：缘起、争论与前景　　191
走出"苏联体系"　　203
　　——中国马克思主义美学建构的形态与路径

后　记　　214

CONTENTS

Preface A Methodological Investigation of Comprehension and Reconstruction of Marxist Aesthetics   1

PART I. REINTREPRETION AND REEVALUATION OF MARX'S AESTHETICS   1

1. Rethinking the Relation Between Marx's and Engels's Aesthetics and Literary Thoughts   3
2. The Ecological Dimension of Marx's View of Nature   15
3. Marx on Tragedy and Comedy: A Three — domain Study on Philosophy of History, Drama and Aesthetics   25
4. Three Dimensions of Marx and His Ideological Criticism   37
5. Marx's Art Production Theory: Multiple Connotations, Contemporary Development and Challenges   48
6. "The Greatest Victory of Realism": A History   58

PART II. THE DIALOGUE BETWEEN MARX AND TWENTIETH-CENTURY AESTHETICS   73

7. Marx's Sensationalism and the Sensibility Liberation of Twentieth-Century Aesthetics   75

8. Marx and the Trend of the Sociology of Art in 20th Century … 89

9. The Aesthetic Issues in the Compare and Combination of Marx and Sigmund Freud … 100

10. Michel Foucault and Marx: An Investigation of the History of Thought … 115

11. Four Dimensions of Marx and Critical Theory … 124

12. From the Critique of Political Economy to the Critique of Political Economy of the Sign: An Investigation of the Relation Among Marx, Lefebvre and Baudrillard … 136

PART III. THE CONSTRUCTION OF CONTEMPORARY MARXIST AESTHETICS IN CHINA … 149

13. Human and Literature: Thinking a Literary Issue about Hu Feng and Liu Zaifu in the Background of Chinese Modern Literary Theory … 151

14. Essential Pursuit and the Loss of the Foundation: A Main Issue of Chinese Modern Literary Theory in the Perspective of Intellectual Context … 161

15. On the Controversy of "Aesthetic Law" Around the New Century … 173

16. Wang Yuanxiang and the Innovation of Marxist Literary Theory in the New Period … 182

17. The Theory of Literary Reflection: Origin, Controversy and Prospect … 191

18. Diverging From the Former Soviet Union System: The Patterns and Approaches on the Construction of Marxist Aesthetics in China … 203

Afterword … 214

马克思美学的重释与重估

对马克思、恩格斯美学与文艺思想关系的再思考

在谈到马克思主义批评家对马克思、恩格斯文艺思想的研究时,韦勒克曾经指出一个现象,"他们(指马克思、恩格斯——引者注)的文学见解的年代顺序遭到忽视,两人的思想也尚未清楚地区分开来"[①]。中国的情况也是如此。长期以来,我国学界对于马克思、恩格斯美学与文艺思想的研究,基本上采取的是不加区分、笼而统之的态度。这里面又有两种基本的倾向:一是从美学角度入手,认为马克思、恩格斯的美学关注的是艺术与社会的关系,是一种艺术社会学,比如李泽厚说:"从马克思、恩格斯开始,到卢卡契、阿多诺,从苏联到中国,迄至今日,从形态上说,马克思主义美学主要是种艺术理论,特别是艺术社会学的理论。马克思、恩格斯讲现实主义,论歌德,评拉萨尔的悲剧,评论《城市姑娘》《巴黎的秘密》,提及莎士比亚、巴尔扎克、席勒、狄更斯、乔治桑等等,主要讲的艺术问题。"[②]另一种做法是从艺术创作原则或审美规范入手,把马克思、恩格斯的文艺和美学思想归结为"现实主义",这种情况在中国学界十分普遍。[③]我们认为,忽视马克思、恩格斯美学与文艺思想的不同来源与构成及其与20世纪美学、文艺理论的不同关联,把二者等量齐观,共同冠名为"艺术社会学"或"现实主义"的说法是不确切的,甚至是有害的。有必要对马克思、恩格斯美学与文艺思想关系进行再思考。

---

① 韦勒克:《近代文学批评史》第3卷,杨自伍译,上海译文出版社1997年版,第281页。
② 李泽厚:《美学四讲》,生活·读书·新知三联书店1989年版,第19页。
③ 参见李思孝:《马克思恩格斯现实主义思想概述》,《齐齐哈尔师范学院学报》(社会科学版)1983年第1—2期。

一、马克思美学与文艺思想的来源与构成

马克思美学和文艺思想具有多重来源与构成。马克思早年受到德国浪漫主义和欧洲古典艺术的熏陶。在波恩大学求学期间，他所选修的十门课程中有四门与美学有关：罗马和希腊神话；现代艺术史；荷马；普罗佩提乌斯的挽歌。德国浪漫主义的代表人物威廉·施莱格尔是其中两门课的老师。马克思早年还是一个浪漫主义诗人，创作了100多首诗歌。这段经历，虽然马克思后来对之评价不高，但对其一生的美学兴趣甚至思想发展、学术风格的影响不容忽视。美国学者维塞尔认为，浪漫主义力图在大地上建立一种新的神圣文化和对救赎的追求是留给马克思的思想遗产，马克思对无产阶级神圣力量的召唤，无产阶级"被确认为社会灵魂在绝对否定的国家中的神话诗学表象。这样的确认是象征主义之一，它赋予经验集团一种合格的新的根本力量，即神话诗学的效力。经验秩序上的革命行为变成了一种诗歌行为——创造出绝对价值，即一首社会诗的社会经验体现"[①]。维塞尔甚至认为，"马克思真正的诗歌天赋在于创造了一个科学神话的能力，在于他以神秘的科学外衣戏剧化了人类的生存状态"[②]。有人指出，更重要的是，马克思的著作集科学实证和激情想象于一体，"马克思将自己看作是具有创造性的艺术家，一个辩证法的诗人。……他透视人们的物质动机和利益，正是通过诗人和小说家而不是哲学家和政论家来实现的"[③]。正如马克思在给恩格斯的信中所说："不论我的著作有什么缺点，它们却有一个长处，即它们是一个艺术的整体。"[④]

以卢梭为代表的启蒙主义对马克思也有重要影响。这不仅体现在反抗压迫、追求人类自由和解放的精神层面上，也表现在论证逻辑上。启蒙哲学有一个惯常的论证思路，即认为"人的本质是从一开始就具有其全部规定性的既有的东西，但是它被社会生活的'不真实的'制度改变了形

[①] 维塞尔：《马克思与浪漫派的反讽——论马克思主义神话诗学的本源》，陈开华译，华东师范大学出版社2009年版，第244页。

[②] 维塞尔：《马克思与浪漫派的反讽——论马克思主义神话诗学的本源》，陈开华译，华东师范大学出版社2009年版，第189页。

[③] 弗朗西斯·惠恩：《马克思〈资本论〉传》，陈越译，中央编译出版社2009年版，第8—9页。

[④] 马克思：《致恩格斯》(1865年7月31日)，《马克思恩格斯全集》第31卷，人民出版社1972年版，第135页。

态"①，因而需要对这种不真实的制度加以改变。比如卢梭在《论人类不平等的起源和基础》中写道："人与人原本是平等的，就像其他各类动物，在种种自然因素使它们身上发生我们目前尚能观察到的变异之前，同类的动物从来都平等一样。"②私有制使人变得贪婪，使人从"自然的人"变成"人为的人"。卢梭《社会契约论》开篇就说："人是生而自由的，但却无往不在枷锁之中。"③对人的"自然状态"的先在逻辑设定和"回归自然"的价值归宿就是一种典型的启蒙哲学论证。在《1844年经济学—哲学手稿》中，马克思认为私有制造成人的类本质的异化，使私有制社会成为人的史前史，而共产主义作为异化的扬弃是人的全面性的复归和感性的社会人的生成。在这里，马克思的劳动异化理论预设了非异化的人的真实的状态、异化了的人的非真实的状态、扬弃异化达到真正的社会的人的逻辑运演，与卢梭等启蒙思想家的论证逻辑颇为接近。

马克思与席勒的关系也是一个国内学界关注不够的话题。美国学者凯恩指出："1848年之前的马克思的观点与其说更接近成熟期的黑格尔，不如说更为接近席勒和古希腊传统，1848年之后的马克思在许多方面与成熟期的黑格尔而不是与席勒更为接近。"④这个说法有一定的道理。其实，席勒不仅对早年马克思甚至对马克思一生的影响都依稀可辨。席勒《美育书简》对近代文明的批判和对审美王国的吁求，与《1844年经济学—哲学手稿》所论证的消除私有制和感性的社会人的生成一脉相通。而席勒关于人的全面发展的思想更是贯穿了马克思思想发展的始终。席勒把审美与人摆脱物质的羁绊所获得的自由联系起来，"对实在的需求和对现实的东西的依附只是人性缺乏的后果，对实在的冷漠和对外观的兴趣是人性的真正扩大和达到教养的决定性步骤。首先这是外在自由的证明，因为在受必然和需求的支配时，想象力就被牢固的绳索捆绑在现实的事物上，只有需求得到满足时，想象力才能发挥毫无拘束的能力。其次这也是内在自由的证明，它使我们看到一种力量，这种力量不依赖外在素材而由自身产生，并

---

① 拉宾：《〈1844年手稿〉对共产主义的经济和哲学论证》，中央编译局编译：《〈1844年经济学—哲学手稿〉研究》，湖南人民出版社1983年版，第35页。
② 卢梭：《论人类不平等的起源和基础》，李常山译，商务印书馆1997年版，第63页。
③ 卢梭：《社会契约论》，何兆武译，商务印书馆1982年版，第8页。
④ Philip J. Kain, *Shiller, Hegel, and Marx: State, Society, and the Aesthetic Ideal of Ancient Greece*. Kingston and Montreal: McHill-Queen's University Press, 1982. p.115.

有防范素材侵扰的充足能量"①。"只有当人在充分意义上是人的时候，他才游戏；只有当人游戏的时候，他才是完整的人。"②而马克思也以人类能力的充分发展为自由的根本内涵，以对物质必然性的超越为实现自由的前提，"事实上，自由王国只是在由必需和外在目的规定要做的劳动终止的地方才开始；因而按照事物的本性来说，它存在于真正物质生产领域的彼岸。像野蛮人为了满足自己的需要，为了维持和再生产自己的生命，必须与自然进行斗争一样，文明人也必须这样做……但是不管怎样，这个领域始终是一个必然王国。在这个必然王国的彼岸，作为目的本身的人类能力的发展，真正的自由王国，就开始了。但是，这个自由王国只有建立在必然王国的基础上，才能繁荣起来。工作日的缩短是根本条件"③。在这里，马克思与席勒的看法很相似，满足物质需要的自由只是第一步，真正的自由存在于物质生产的彼岸，而这个自由的获得与工作日的缩短和随之而来的闲暇、游戏及审美活动相联系。

最后，马克思与黑格尔有一种颠倒和叛逆的关系。众所周知，马克思得益于黑格尔的地方之一是其理性辩证法，这种辩证法使理性"可以从现实的同一性和差异中，即从现实的统一和多样性中把握一切的现实，使现实内部的矛盾和对立尖锐化，从而把一切导入运动，使世界不断发展"④。马克思把黑格尔的唯心主义辩证法做了唯物主义的改造，引入了现实的维度。而马克思用意识形态批判还原资本主义社会颠倒的现实关系，最先也是通过对黑格尔法哲学把国家视为绝对精神的体现，从而为普鲁士国家辩护的揭露开始，然后再波及对德意志意识形态和英国国民经济学的批判的，他说："人的自我异化的神圣形象被揭穿以后，揭露具有非神圣形象的自我异化，就成了为历史服务的哲学的迫切任务。于是，对天国的批判变成对尘世的批判，对宗教的批判变成对法的批判，对神学的批判变成对政治的批判。"⑤

---

① 席勒：《美育书简》，徐恒醇译，中国文联出版公司1984年版，第133页。
② 席勒：《美育书简》，徐恒醇译，中国文联出版公司1984年版，第90页。
③ 马克思：《资本论》第3卷，《马克思恩格斯全集》第25卷，人民出版社1974年版，第926—927页。
④ 科尔纽：《马克思的思想起源》，王瑾译，中国人民大学出版社1987年版，第21页。
⑤ 马克思：《〈黑格尔法哲学批判〉导言》，《马克思恩格斯全集》第3卷，人民出版社2002年版，第200页。

正因为其文艺与美学思想具有浪漫主义、古希腊传统、启蒙运动、德国古典哲学与美学、英国经济学、莎士比亚以来的近代文艺思潮等多重背景，马克思直接与间接谈论的美学与文艺问题便超出了他本人在世时美学与文艺理论的一般话题，其经典话题如世界文学、美的规律、艺术生产与消费、资本主义与艺术生产的敌对性、神话的永恒魅力等，莫不如此，其次生话题如异化与意识形态批判、人的全面发展、感性与感觉的解放等，也具有在美学、文艺批评方面被延伸、拓展的潜能。以马克思的意识形态理论为例，"马克思的意识形态分析通常关注的不是审美现象，而是经济学理论中一方面暴露另一方面又掩盖资本主义社会关系的种种方式。但是对审美领域的批评的意识形态性是显而易见的。艺术作品需要探讨的不仅仅是其审美和社会内涵，还包括对使其功能合法化以及使社会历史关系普遍化和合理化的方式的洞察"①。马克思美学与文艺思想的现代性，恰恰就在于它蕴藏着可被延伸和拓展的能量。

从上面的分析可以看出，马克思美学与文艺思想涉及的论题与范围非常广泛，远远不是艺术社会学或现实主义所能涵盖的。

二、马克思、恩格斯与"现实主义"问题

把马克思、恩格斯的美学与文艺思想统称为现实主义理论或艺术社会学固然不妥当，却也不是空穴来风。的确，马克思中期以后也受到现实主义文学观念的影响，而恩格斯偏爱写实性艺术，着眼于文艺与社会的关系谈论文艺问题，提出了一套比较系统的现实主义理论。这就需要对二人美学与文艺思想的关系做出进一步的辨析。

中期以后的马克思在文艺观上有接近现实主义的方面，倡导描写现实，反对在文艺中作抽象思辨，但马克思仍然受到浪漫主义的影响。在写于从早期到中期过渡阶段的《神圣家族》中，马克思批评法国作家欧仁·苏的小说《巴黎的秘密》大多数人物的生活道路"是描写得很不合理

---

① William Adams, "Aesthetics:Liberating the senses", in *The Cambridge Companion to Marx*, edited by Terrell Carver, Cambidge University Press, 1991, p.261.

的"①，并且就作家如何描写现实提出了自己的建议——"真实地评述人类关系"②。其间，马克思又赞赏作者不经意间对妓女玛丽花的"本来的、非批判的形象"③的描写，这表明马克思虽然在文艺与社会的关系上持一种接近现实主义的见解，但他对自然的、感性的人的推崇，又留有卢梭和浪漫主义影响的印记。再比如中后期的马克思、恩格斯都推崇巴尔扎克，但二人的侧重点有所不同。恩格斯主要是从写实性、历史感等方面推崇巴尔扎克，"在我看来，巴尔扎克是塞万提斯之后一切时代的最伟大的小说家，同时也是从1815年到1848年的法国社会的最直言不讳的史料研究家。我喜欢巴尔扎克的一切作品"④。在致劳拉·拉法格的信中，恩格斯又说："我从这个卓越的老头子（按：指巴尔扎克）那里得到了极大的满足。这里有1815年到1848年的法国历史，比所有沃拉贝耳、卡普菲格、路易·勃朗之流的作品中所包含的多得多。"⑤马克思则比较看重创作主体的能动性。比如在《资本论》中，马克思称赞巴尔扎克"对现实关系具有深刻理解"⑥，主要便是从主体方面着眼的。马克思还注意到巴尔扎克在心理描写上的成就，赞扬巴尔扎克"对各色各样的贪婪作了透彻的研究"⑦。他还向恩格斯推荐巴尔扎克的小说《未名的杰作》，这是一篇充满了怪诞意味和"值得玩味的讽刺"⑧的作品。它写的是一个著名画家花费十年工夫创作完一幅肖像画，让他的两位同行来审阅时，同行无意中说这幅画已经被反复描绘太多次，上面什么也没有留下。画家仔细看了自己的画，瘫软在椅子上，赶

---

① 马克思、恩格斯：《神圣家族》，《马克思恩格斯全集》第2卷，人民出版社1957年版，第84页。
② 马克思、恩格斯：《神圣家族》，《马克思恩格斯全集》第2卷，人民出版社1957年版，第246页。
③ 马克思、恩格斯：《神圣家族》，《马克思恩格斯全集》第2卷，人民出版社1957年版，第218页。
④ 恩格斯：《致加布里埃尔·杰维尔》（1888年4月27日），《马克思恩格斯全集》第50卷，人民出版社1985年版，第484页。
⑤ 恩格斯：《致劳拉·拉法格》（1883年12月13日），《马克思恩格斯全集》第36卷，人民出版社1974年版，第77页。
⑥ 马克思：《资本论》第3卷，《马克思恩格斯全集》第25卷，人民出版社1974年版，第47页。
⑦ 马克思：《资本论》第1卷，《马克思恩格斯全集》第23卷，人民出版社1982年版，第227页。
⑧ 马克思：《致恩格斯》（1867年2月25日），《马克思恩格斯全集》第31卷，人民出版社1972年版，第280页。

走同行，烧掉所有的画，自杀了。这些都是恩格斯论巴尔扎克时所没有给予充分注意的。巴尔扎克在恩格斯眼中是最伟大的作家。而根据马克思的自白，马克思最喜爱的诗人是但丁、莎士比亚、埃斯库罗斯、歌德，最喜欢的散文家是狄德罗、莱辛、黑格尔、巴尔扎克，也就是说，巴尔扎克在马克思喜欢的作家中居于比较次要的地位，马克思所喜欢的大部分作家及作品不能归为现实主义。

而恩格斯主要是从文艺与社会的关系的角度来思考文艺问题。从青年时代起，恩格斯就更多地倾向于以原型化方式描写现实的文学样式和审美规范。在早期的文学批评中，他推崇的是"要对现实有非常生动的了解，要善于极其敏锐地刻画性格的差异，要准确无误地洞察人的内心世界"[①]。"具体生动和富于生活气息"[②]。在1859年致斐·拉萨尔的信中恩格斯首次以"现实主义"指称自己所主张的文艺创作原则，"我认为，我们不应该为了观念的东西而忘掉现实主义的东西，为了席勒而忘掉莎士比亚"[③]。恩格斯在1888年致哈克奈斯的信中，进一步给现实主义下了一个定义："据我看来，现实主义的意思是，除细节的真实外，还要真实地再现典型环境中的典型人物。"[④] 在恩格斯看来，现实主义的特征首先是真实性。根据恩格斯的论述，真实性的基本要求是从生活出发，富有生活气息，与对社会关系的认识和描写相结合，朴实无华，以生活本身的形式呈现生活运动的样态、细节的真实等。这些论述表明恩格斯与不少19世纪现实主义作家一样，受到当时流行的实证主义和主客体二分思维模式的影响，把外在现实作为独立于主体的认知对象，主体可以对对象进行客观的认知。对典型性的重视是恩格斯现实主义理论的另一主要内容，具体包括典型人物、典型环境以及二者之间的关系几个层面。应当说，恩格斯起先注意的是典型环境问题。早在《诗歌和散文中的德国社会主义》中，恩格斯就提出应该"把要叙述的事实同一般的环境联系起来，并从而使这些事实中所包含的

---

① 恩格斯：《现代文学生活》，《马克思恩格斯全集》第41卷，人民出版社1982年版，第70页。
② 恩格斯：《现代文学生活》，《马克思恩格斯全集》第41卷，人民出版社1982年版，第80页。
③ 恩格斯：《致斐·拉萨尔》（1859年5月18日），《马克思恩格斯选集》第4卷，人民出版社1995年版，第559页。
④ 恩格斯：《致玛·哈克奈斯》（1888年4月），《马克思恩格斯选集》第4卷，人民出版社1995年版，第683页。

一切特出的和意味深长的方面显露出来"①。他在给拉萨尔和哈克奈斯的信里也都论及典型环境问题。恩格斯所说的"典型环境"包含两层意思：一是要有总体观，要从时代的广泛联系中把握和描写人物，把人物、人物关系和时代特点三者结合起来；二是要有变化和发展的观念，把环境看作随人的社会活动和实践的改变而改变的东西。恩格斯的典型人物理论，把人物看作个性特点和社会本质的统一，在社会本质里恩格斯注意到人物的阶级属性，"主要的出场人物是一定的阶级和倾向的代表，因而也是他们时代的一定思想的代表，他们的动机不是来自琐碎的个人欲望，而正是来自他们所处的历史潮流"②。恩格斯也看重对典型人物的个性描写，却是在肯定人物阶级本质的前提下谈到个性刻画的。可见恩格斯的典型理论注重时代精神和人物之间的相互作用而偏重于时代精神，带有浓厚的黑格尔痕迹。比较马克思、恩格斯的论述，我们可以发现，马克思更为重视创作主体的艺术感知和创造力，对各种文艺现象和艺术风格比较包容，也对美、美感及其他与美学有关的问题做过哲学层面的探讨；恩格斯不涉及对美、美感哲学层面的探讨，他关注的主要是文艺与社会、政治的关系，他的美学和文艺思想是对19世纪现实主义文学思潮的一种总结，也可以说是一种艺术社会学理论。

三、马克思、恩格斯与20世纪美学与文艺理论的关系

除了来源和构成上的不同之外，马克思、恩格斯对20世纪美学与文艺理论的影响更是有较大差异，马克思的美学思想及与美学有关的思想与20世纪美学有很大的兼容性。恩格斯现实主义理论的主要方面已经过时，只是其对真实性与倾向性关系的探讨有一定的理论与现实意义。

20世纪美学不像传统美学那样致力于对美和艺术本质的探讨，而是更为关注艺术和人的生存境遇，出现了美学研究的社会文化批判转向。有学

---

① 恩格斯：《诗歌和散文中的德国社会主义》，《马克思恩格斯全集》第4卷，人民出版社1958年版，第237页。
② 恩格斯：《致斐·拉萨尔》（1859年5月18日），《马克思恩格斯选集》第4卷，人民出版社1995年版，第558页。

者用"批判理论转向"与"语言学转向"来概括20世纪西方美学的发展历程,并认为"马克思的政治经济学理论为批判理论奠定了坚实的基础"①,这个说法基本上是符合实际的。马克思的理论之所以为20世纪美学的社会文化批判转向奠定了基础,主要是因为它确立了对资本主义社会文化的批判性维度。佩里·安德森说:"鉴于马克思主义一开始就进行彻底的、不动摇的批判,可以说它是由其自身的动力迅速地带进文化批判的领域。"②实际上,马克思对资本主义社会病症的诊断不局限于经济领域,还广泛地涉及政治、哲学、文化、历史与社会人生,"考察马克思主义话语一些最重要的领域——历史哲学、经济学、社会学、哲学理论——它们向我们提供了一幅从激进视野所揭示出的充满缺陷的全景图画,这幅图画提示了可供选择的也许更有效的对当代社会进行批判的方法"③。所以,马克思在多方面推动了20世纪美学的社会文化批判转向,例如:他的异化学说、商品拜物教、货币拜物教的说法中经卢卡契的物化理论开启了20世纪工具理性批判;马克思早年对感性的推崇与马尔库塞的新感性一脉相承;马克思的意识形态批判激励人们研究20世纪社会控制方式的变化,启发了文学与文化研究中的意识形态批评;马克思的艺术生产理论从正反两方面预示了本雅明、马歇雷等人的艺术生产理论以及鲍德里亚的消费社会意象结构分析和符号政治经济学批判;等等。詹姆逊认为,马克思主义具有开放性,"马克思主义是一种与众不同、得天独厚的思维模式……马克思主义的'特权'在于它总是介入并斡旋于不同的理论符码之间,其深入全面,远非这些符码本身所能及"④。尤金·伦恩也认为:"马克思主义包含了对资本主义经济、社会和文化毫不含糊的富于穿透力的历史批评,以及强大的辩证分析方法。"⑤这里所说的"马克思主义",指的主要是马克思本人的思想。

恩格斯的现实主义理论以19世纪现实主义文学为论证背景。到了20

---

① 周宪:《20世纪西方美学》,南京大学出版社1997年版,第3页。
② 佩里·安德森:《当代西方马克思主义》,余文烈译,东方出版社1989年版,第2—3页。
③ Alan Carter, *Marx: A Radial Critique,* Brighton: Wheatsheaf Books Ltd, 1988, p.7.
④ 詹姆逊:《晚期资本主义的文化逻辑》,张旭东编,生活·读书·新知三联书店1997年版,第22页。
⑤ Eugene Lunn, *Marxism and Modernism,* Berkeley and Los Angeles: Unversity of California Press, 1982, p.3.

世纪,随着现代主义、后现代主义的兴起和现实主义文学思潮的式微,尤其是现代心理学的发展和人们对交互主体性的重视,动摇了现实主义所依赖的纯客观认知模式,恩格斯的现实主义理论因而失去了文学解释的有效性,其对时代精神、阶级性的倡导沦为为特定文艺政策辩护的教条。在苏联时期、东欧和中国当代,一度都曾把现实主义和世界观、党性、典型、英雄人物塑造等联系在一起,正如马林科夫在苏共十九大报告中所说的:"现实主义艺术的力量就在于:它能够而且必须发掘和表现普通人的高尚的精神品质和典型的正面的特质,创造值得做别人的模范和效仿对象的普通人的明朗的艺术形象。……典型性是和一定社会——历史现象的本质相一致的;它不仅是最普遍的、时常发生的和平常的现象。有意识地夸张和突出地刻画一个形象并不排斥典型性,而是更加充分地发掘它和强调它。典型是党性在现实主义艺术中表现的基本范畴。典型问题经常是一个政治性的问题。"①周扬也说过:"要看先进的东西,真正看到阶级的本质,这是不容易的,真正看到本质之后,作家就是一个社会主义现实主义者了。"②这种现实主义在恩格斯那里能够找到根据。

但是恩格斯的现实主义理论也有富有生命力的方面,那就是他在谈到真实性与倾向性的关系时关于作家主观倾向应服从现实客观倾向的论述。恩格斯认为,生活本身包含着倾向,现实主义文学的倾向性是作家通过对生活的深入观察和研究,在作品中所揭示出来的生活本身所具有的客观真理。所以在恩格斯那里真实性是倾向性的基础,倾向应通过对生活的描写体现出来。他在致敏·考茨基的信中就主张倾向应当从场面和情节中自然而然地流露出来,而不应当特别把它指点出来。恩格斯在给哈克奈斯的信中进一步提出:"作者的见解愈隐蔽,对艺术作品来说愈好。我所指的现实主义甚至可以违背作者的见解而表露出来。"恩格斯以巴尔扎克为例,指出虽然他的同情心是在贵族一边,却毫不掩饰地赞美他政治上的对头圣玛丽修道院共和党的英雄们,这说明作品的客观意义可能与作者的政治观点

---

① 转引自冯雪峰:《学习党性原则,学习苏联文学艺术的先进经验》,《文艺报》1953年11月15日。
② 周扬:《在全国第一届电影创作会议上关于学习社会主义现实主义问题的报告》,《周扬文集》第2卷,人民文学出版社1985年版,第198页。

或倾向不一致，恩格斯称之为"现实主义的最伟大的胜利之一"[①]。佛克马认为恩格斯这种"不一致"理论"对于马克思主义文学理论是一个重大的贡献"[②]。"不一致"的观点表明，作家只要依从他对生活的直感和观察，依从于生活和历史的真实，便可超越他固有的传统观念和偏见，达到艺术的真实性。因此，恩格斯的现实主义理论又为作家反对意识形态对文学的不合理干涉，争取文学的自主性留下一条通道。安纳·杰弗森指出，"许多马克思主义者认为"恩格斯所说的现实主义的最伟大胜利"从理论上表明了现实主义对意识形态、对政治观点的胜利，尽管这些政治观点是相当自觉的……在这里，现实主义似乎是能高瞻远瞩，能透过作家的主观同情心的障碍看到历史的真实和运动"[③]。卢卡契是较早意识到恩格斯论断重要性的理论家。他认为艺术具有间接的直接性，现实主义的使命不在于简单地模仿现实，而在于创造一个统一的、完整的、有别于日常生活的现实形象，艺术作品的统一性产生于对运动着的和有着具体生动联系的生活过程的反映，巴尔扎克现象在他那里被解释成一个现实主义作家正视现实的勇气与诚实阻挡了意识形态的干扰。按照卢卡契的归纳，巴尔扎克的诚实不欺表现在两方面：一是服从于观察；二是在艺术描写上忠实于生活，"不管自己在政治和思想意识上的一切偏见，还是用不受蒙蔽的眼光观察了已经出现的一切矛盾，并且忠实地描写了它们"[④]。受到卢卡契影响的胡风也是如此，他们都否认意识形态能够成为艺术作品美学成就的标准。马克思主义阵营中另类现实主义的存在，说明恩格斯文艺思想中也存在着有待重新思考和发掘的方面。

合理地看待马克思、恩格斯的学术思想包括美学和文艺思想的关系，需要把握恩格斯所具有的双重身份，他既是马克思主义的参与创立者，又是马克思主义最早的解释者，他对艺术的见解既有阐述马克思主义的方

---

① 恩格斯：《致玛·哈克奈斯》（1888年4月），《马克思恩格斯选集》第4卷，人民出版社1995年版，第684页。
② 佛克马、易布斯：《二十世纪文学理论》，林书武等译，生活·读书·新知三联书店1988年版，第98页。
③ 安纳·杰弗森、戴维·罗比等：《西方现代文学理论概述与比较》，陈昭全等译，湖南文艺出版社1986年版，第175页。
④ 卢卡契：《〈农民〉》，《卢卡契文学论文集》第2册，中国社会科学出版社1981年版，第180页。

面，又有自我发挥的成分。正如有的学者注意到的，"'为人们所熟知的马克思的真相'在很大程度上是被晚年的恩格斯所建构的。这种建构很难达到本真的理解"①。从某种程度上说，现实主义或艺术社会学正是恩格斯晚年建构的马克思。

令人遗憾的是，苏联、东欧以及不少中国当代学者恰恰根据恩格斯的论述，把马克思、恩格斯的美学和文艺思想笼统地归结为现实主义或艺术社会学，在很长一段时间里使现实主义或艺术社会学批评一统天下，成为最合乎马克思主义的美学范式与批评范式，马克思主义美学和文艺理论建构因而遭受了很大的局限与挫折。对马克思、恩格斯的美学与文艺思想的关系进行恰当的厘定，不仅有助于我们认清马克思主义美学和文艺理论研究史和发展史上存在的一个误区，更有助于当代中国马克思主义美学与文艺理论形态的建构。

（原载《中国人民大学学报》2010年第3期）

---

① 特雷尔·卡弗：《马克思与恩格斯：学术思想关系》，姜海波等译，中国人民大学出版社2008年版，第140页。

马克思自然观的生态维度

自然是马克思关注的基本话题之一。加拿大学者莱斯指出:"在马克思所有时期的著作中,自然概念都是最重要的范畴之一。"①但是对于马克思自然观的内涵和意义,即使在马克思主义内部也是有分歧的。伊格尔顿高度评价马克思这方面的贡献,认为"在自然和环境问题上,他(按:指马克思)有很多超越时代的惊人观点"②。但是生态马克思主义的代表人物奥康纳虽然肯定马克思自然观的生态学价值,却又认为马克思"更多地把自然界当作人类劳动的外在对象来考虑的"③。另一马克思主义生态批评家本顿则认为,马克思是一种生产主义和人类中心主义,忽视了自然的生态意义。④事实情况究竟如何呢?本文拟对马克思的自然观进行考察,以分析其潜在的生态思想内涵及其与当代生态批评的关联。

一、马克思自然观的基本内涵

马克思毕生关注自然问题,关注人与自然的关系。早在中学毕业论文《青年人在选择职业时的考虑》一文中马克思就写道:"自然本身给动物规定了它应该遵循的活动范围,动物也就安分地在这个范围内运动,而不试图越出这个范围,甚至不考虑有其他范围存在。"而进行选择则是人比

---

① 莱斯:《自然的控制》,岳长龄等译,重庆出版社1996年版,第73页。
② 伊格尔顿:《马克思为什么是对的》,李杨等译,新星出版社2011年版,第235页。
③ 詹姆斯·奥康纳:《自然的理由——生态学马克思主义研究》,唐正东、臧佩洪译,南京大学出版社2003年版,第63页。
④ Ted Benton, "Marxism and Natural Limits", *New Left Review*, 178 (1989), p.82.

其他生物远为优越的地方。①这说明马克思一开始便留意到自然对人的先在制约性和人类活动的能动性。当然细细推究起来,马克思不同时期对自然的关注侧重点有所不同。马克思早期受到浪漫主义和费尔巴哈自然观的影响,从人的自然属性及其需要出发看待人与自然的关系,自然不仅构成物质生产的资料,还具有精神无机界的作用。《1844年经济学—哲学手稿》标志着马克思自然观的初步确立,其特点是唯物主义、人本主义和自然主义相统一。马克思从理论上论证了人是自然界的一部分。"无论在人那里还是在动物那里,类生活从肉体方面说来就在于人(和动物一样)靠无机界生活,而人比动物越有普遍性,人赖以生活的无机界的范围就越广阔。从理论领域说来,植物、动物、石头、空气、光等,一方面作为自然科学的对象,一方面作为艺术的对象,都是人的意识的一部分,是人的精神的无机界,是人必须事先进行加工以便享用和消化的精神食粮;同样,从实践领域来说,这些东西也是人的生活和人的活动的一部分。人在肉体上只有靠这些自然产品才能生活,不管这些产品是以食物、燃料、衣着的形式还是以住房等等的形式表现出来。在实践上,人的普遍性正表现在把整个自然界——首先作为人的直接的生活资料,其次作为人的生命活动的对象(材料)和工具——变成人的无机的身体。自然界,就它本身不是人的身体而言,是人的无机的身体。人靠自然界生活。这就是说,自然界是人为了不致死亡而必须与之持续不断的交互作用过程的、人的身体。所谓人的肉体生活和精神生活同自然界相联系,不外是说自然界同自身相联系,因为人是自然界的一部分。"②马克思把人自身、人类社会和自然视为一个有机的整体,"因为只有在社会中,自然界对人说来才是人与人联系的纽带,才是他为别人的存在和别人为他的存在,只有在社会中,自然界才是人自己的人的存在的基础,才是人的现实的生活要素。只有在社会中,人的自然的存在对他说来才是他的人的存在,并且自然界对他说来才成为人。因此,社会是人同自然界的完成了的本质的统一,是自然界的真正复活,是

---

① 马克思:《青年在选择职业时的考虑》,《马克思恩格斯全集》第1卷,人民出版社1995年版,第455页。
② 马克思:《1844年经济学—哲学手稿》,《马克思恩格斯全集》第3卷,人民出版社2002年版,第272页。

人的实现了的自然主义和自然界的实现了的人道主义"①。

到了中后期,马克思倾向于以一种历史的眼光探讨自然,研究资本主义条件下人与自然关系的新变化,更多地把人的发展与环境的改变联系起来,在人与自然的相互作用中看待二者的关系,认为人的改变和自然及环境的改变具有一致性。在马克思看来,前资本主义的奴隶制社会和农奴制社会,人与自然还没有分离,只有资本主义社会消除了农业社会自然的直接性状态,"只有资本才创造出社会成员对自然界和社会联系本身的普遍占有。由此产生了资本的伟大文明作用;它创造了这样一个社会阶段,与这个社会阶段相比,以前的一切社会阶段都只表现为人类地方性发展和对自然的崇拜。只有在资本主义制度下自然界才不过是人的对象,不过是有用物;它不再被认为是自为的力量;而对自然界的独立规律的理论认识本身不过表现为狡猾,其目的是使自然界(不管是作为消费品,还是作为生产资料)服从于人的需要"。资本主义生产的扩大,使利用自然进入了一个全新的层次,"于是,就要探索整个自然界,以便发现物的新的有用属性;普遍地交换各种不同气候条件下的产品和各种不同国家的产品;采用新的方式(人工的)加工自然物,以便赋予它们以新的使用价值;要从一切方面去探索地球,以便发现新的有用物体和原有物体的新的使用属性,如原有物体作为原料等等的新的属性;因此,要把自然科学发展到它的顶点;同样要发现、创造和满足由社会本身产生的新的需要"②。在资本主义社会,自然转化成一个用科学控制自然过程的工艺学过程,建立了人和自然的新型关系,"自然界没有制造出任何机器,没有制造出机车、铁路、电报、走锭精纺机等等。它们是人类劳动的产物,是变成了人类意志驾驭自然的器官或人类在自然界活动的器官的自然物质。它们是人类的手创造出来的人类头脑的器官;是物化的知识力量"③。马克思甚至认为,自然地理条件,对资本主义生产方式的形成和发展起到了一定的作用,"资本主义生产一旦成为前提,在其他条件不变并且工作日保持一定长度的情况

---

① 马克思:《1844年经济学—哲学手稿》,《马克思恩格斯全集》第3卷,人民出版社2002年版,第301页。
② 马克思:《政治经济学批判(1857—1858年草稿)》,《马克思恩格斯全集》第46卷上,人民出版社1979年版,第392—393页。
③ 马克思:《政治经济学批判(1857—1858年草稿)》,《马克思恩格斯全集》第46卷下,人民出版社1980年版,第219页。

下，剩余劳动量随劳动的自然条件，特别是随土壤的肥力而变化。但绝不能反过来说，最肥沃的土壤最适于资本主义生产方式的生长。资本主义生产方式以人对自然的支配为前提。过于富饶的自然……不能使人自身的发展成为一种自然必然性。资本的祖国不是草木繁茂的热带，而是温带。不是土壤的绝对肥力，而是它的差异性和它的自然产品的多样性，形成社会分工的自然基础，并且通过人所处的自然环境的变化，促使他们自己的需要、能力、劳动资料和劳动方式趋于多样化"①。

从中可见，马克思谈论的自然不仅包括人之外的自然界，还包括作为自然存在的人自身，马克思分别称之为客体的自然和主体的自然。"生产的原始条件表现为自然前提，即生产者生存的自然条件，正如他的活的躯体一样，尽管他再生产并发展这种躯体，但最初不是由他本身创造的，而是他本身的前提；他本身的存在（肉体存在），是一种并非由他创造的自然前提。被他当作属于他所有的无机体来看待的这些生存的自然条件，本身具有双重的性质：（1）是主体的自然；（2）是客体的自然。"②有中国学者指出："马克思的自然概念包括两部分内容：其一为自在自然，其二为人化自然。自在自然包括人类历史之前的自然，也包括存在于人类认识或实践之外的自然。人化自然则是指与人类的认识和实践活动紧密相连的自然，也就是作为人类认识和实践对象的自然。"③这个说法在一般意义上是正确的。但是与其说在马克思那里存在自在自然和人化自然的区分，不如说存在看待自然的不同角度。因为毋庸置疑，在唯物主义哲学认识论层面，马克思始终承认自在自然的优先性。马克思在批判费尔巴哈亘古不变的纯粹自然的直观唯物主义自然观时提到的"澳洲新出现的一些珊瑚礁"④就是自在自然。但是我们要注意的是，在马克思那里人自身也是自然的一部分，人的自然属性生产出人的需要推动生产，而人类劳动实践又不断扩大着人类活动的深度和范围，进而改变人和自然本身并创造人类历史。正如法兰

---

① 马克思：《资本论》第1卷，《马克思恩格斯全集》第23卷，人民出版社1972年版，第561页。
② 马克思：《政治经济学批判（1857—1858年草稿）》，《马克思恩格斯全集》第46卷上，人民出版社1979年版，第488页。
③ 刘仁胜：《生态马克思主义概论》，中央编译出版社2007年版，第190页。
④ 马克思、恩格斯：《德意志意识形态》，《马克思恩格斯选集》第1卷，人民出版社1995年版，第77页。

克福学派第二代的代表人物之一施密特所说的,马克思的自然概念强调"在工业社会中以社会、历史为中介的人和自然的统一","他关心的与其说是自然对象的变化,不如说是它变化的条件"①,因而马克思所说的自然具有社会的历史的性质。马克思的自然既是人自身的自然属性及其需要,又是劳动资料,同时也是认识对象。这样就出现三重视域:哲学唯物论意义上的外界自然;历史唯物主义意义上的人化自然;人本主义意义上具有自然属性的人。

马克思无疑承认外界自然的存在,这是其理论的一般唯物主义层面。但是第二国际理论家和斯大林式苏联教科书哲学模式以外界自然作为马克思主义自然观的核心内容显然有重大偏差。外界自然在马克思那里作为不言自明的前提谈论不多。马克思讨论最多的还是人本身的自然和人对自然的改造以及在此基础上形成的自然关系和社会关系。他在《德意志意识形态》中说:"任何人类历史的第一个前提无疑是有生命的个人的存在。因此第一个需要确定的具体事实就是这些个人的肉体组织,以及受肉体组织制约的他们与自然界的关系。""为了生活,首先就需要衣、食、住以及其他东西。因此第一个历史活动就是生产满足这些需要的资料,即生产物质生活本身。……生活的生产——无论是自己生活的生产(通过劳动)或他人生活的生产(通过生育)——立即表现为双重关系:一方面是自然关系,另一方面是社会关系。"②也就是说,马克思的自然观的显性层面是具有自然属性及需要的人如何与自然对象打交道,形成社会关系并形成社会的人,质言之,是自然如何通达社会和自然人如何成为社会人。这也是历史唯物主义的核心问题。

二、马克思自然观的生态维度

如果依照生态批评的代表人物之一劳伦斯·布伊尔的说法,生态批评

---

① 施密特:《马克思的自然概念》,欧力同等译,商务印书馆1988年版,第15、210页。
② 马克思、恩格斯:《德意志意识形态》,《马克思恩格斯全集》第3卷,人民出版社1960年版,第23、31—33页。

"围绕的核心是一种对环境性的责任感(commitment to environmentality)"[1],而环境包括自然环境和人工环境,那么我们发现马克思充满对环境的责任感。

马克思把对自然的考察同对资本主义私有制的批判联系在一起,"在私有财产和金钱的统治下形成的自然观,是对自然界的真正的蔑视和实际的贬低"[2]。资本主义改变了人与自然的关系,同时也加剧了对自然的掠夺和破坏。马克思对资本主义对自然的破坏进行了反思,"对地力的剥削和滥用……代替了对土地这个人类世世代代共同的永久的财产,即他们不能出让的生存条件和再生产条件所进行的自觉的合理的经营。……大工业和按工业方式经营的大农业一起发生作用。如果说它们原来的区别在于,前者更多地滥用和破坏劳动力,即人类的自然力,而后者更直接地滥用和破坏土地的自然力,那么,在以后的发展进程中,二者会携手并进,因为农村的产业制度也使劳动者精力衰竭,而工业和商业则为农业提供各种手段,使土地日益衰竭"[3]。"资本主义农业的任何进步,都不仅是掠夺劳动者的技巧的进步,而且是掠夺土地的技巧的进步,在一定时期内提高土壤肥力的任何进步,同时也是破坏土地肥力持久源泉的进步。……资本主义生产发展了社会生产过程的技术和结合,只是由于它同时破坏了一切财富的源泉——土地和工人。"[4]所以,有学者评价说:"在马克思关于生产力不断进步的理论和自然不断退化这种更为悲观的观点之间有着一种有趣的对比。"[5]

马克思还对未来社会人与自然可能有的新型关系作了热情的展望与想象。马克思所设想的共产主义,正是人与自然相和谐的社会,"共产主义是私有财产即人的自我异化的积极的扬弃,因而是通过人并且为了人而对人的本质的真正占有;因此,它是人向自身、向社会的即合乎人性的人的复归,这种复归是完全的,自觉的和在以往发展的全部财富的范围内生

---

[1] 劳伦斯·布伊尔:《环境批评的未来》,刘蓓译,北京大学出版社2010年版,第13页。
[2] 马克思:《论犹太人问题》,《马克思恩格斯全集》第3卷,人民出版社2002年版,第195页。
[3] 马克思:《资本论》第3卷,《马克思恩格斯全集》第25卷,人民出版社1974年版,第916—917页。
[4] 马克思:《资本论》第1卷,《马克思恩格斯全集》第23卷,人民出版社1972年版,第552—553页。
[5] 乔恩·埃尔斯特:《理解马克思》,何怀远等译,中国人民大学出版社2008年版,第54页。

成的。这种共产主义，作为完成了的自然主义=人道主义，而作为完成了的人道主义=自然主义，它是人和自然界之间、人和人之间的矛盾的真正解决，是存在和本质、对象化和自我确证、自由和必然、个体和类之间的斗争的真正解决"[1]。在1868年给恩格斯的信中，他赞扬了德国农学家弗腊斯："他断定，农民非常喜欢的'湿度'随着耕作的发展（并且是和耕作的发展程度相适应地）逐渐消失（因此，植物也从南方移到北方），最后形成了草原。耕作的最初影响是有益的，但是，由于砍伐树木等，最后会使土地荒芜……结论是：耕作如果自发地进行，而不是有意识地加以控制（他作为资产者当然想不到这一点），接踵而来的就是土地荒芜，像波斯、美索不达米亚等地以及希腊那样。可见，他也具有不自觉的社会主义倾向！"[2]可见，马克思认为社会主义和共产主义应当包含生态保护和可持续发展。

马克思较早地注意到土壤肥力下降的趋势，创造性地把新陈代谢概念引入对人与自然关系的思考中。"马克思关于城市和乡村、人类和自然关系中的新陈代谢断裂的概念……使他能够对环境恶化进行批判，而这一批判预示着许多当今的生态学思想。"[3]在农业革命的背景下，马克思考察了安德森的土壤级差肥力理论，指出日益增长的城乡分离使得肥料循环无法进行。而农学家李比希的土壤退化理论促使马克思借用其新陈代谢概念表示人和自然之间复杂的相互依赖和平衡状态，"这个领域的自由只能是：社会化的人，联合起来的生产者，将合理地调节他们和自然之间的物质变换，把它置于他们的共同控制之下，而不让它作为盲目的力量来统治自己；靠消耗最小的力量，在最无愧于和最适合于他们的人类本性的条件下来进行这种物质变换"[4]。马克思用新陈代谢解释人类劳动和环境的关系、有机体与所处环境的相互作用富有前瞻性，新陈代谢如今已经成为社会——

---

[1] 马克思：《1844年经济学—哲学手稿》，《马克思恩格斯全集》第3卷，人民出版社2002年版，第297页。

[2] 马克思：《致恩格斯》（1868年3月25日），《马克思恩格斯全集》第32卷，人民出版社1974年版，第53页。

[3] 约翰·贝拉米·福斯特：《马克思的生态学——唯物主义与自然》，刘仁胜、肖峰译，高等教育出版社2006年版，第158页。

[4] 马克思：《资本论》第3卷，《马克思恩格斯全集》第25卷，人民出版社1974年版，第926—927页。"物质变换"也可译为"新陈代谢"。

生态思想的重要概念。

西方自文艺复兴和启蒙运动以来，人与自然二分化，自然被视为外在物、材料，社会实践行为只是对自然的加工过程。我们看到，马克思对待人与自然关系的态度更接近当代生态批评家生态整体论的观点，即"人类既是文化的生产者，又是自然整体的一部分"，文化与自然是同一个世界的组成部分①。马克思把人视为自然的一部分，天赋、才能属于人的自然禀赋，自然的改变和人的改变具有一致性，"事实上，如果抛掉狭隘的资产阶级形式，那么，财富岂不正是在普遍交换中造成的个人的需要、才能、享用、生产力等等的普遍性吗？财富岂不正是人对自然力——既是通常所谓的'自然'力，又是人本身的自然力——统治的充分发展吗？财富岂不正是人的创造天赋的绝对发挥吗？"②马克思引入的劳动实践沟通了两重自然：人自身的自然和外界自然，人类劳动实践的目的性和能动性使之与动物的本能活动区别开来，"劳动首先是人与自然之间的一个过程，是人以自身的活动来引起、调整和控制人与自然之间的物质变换的过程。人自身作为一种自然力与自然物质相对立。为了在对自身生活有用的形式上占有自然物质，人就使他身上的自然力——臂和腿、头和手运动起来。当他通过这种运动作用于他身外的自然并改变自然时，他就同时改变他自身的自然。他使他自身的自然中沉睡着的潜力发挥出来，并且使这种力的活动受到他自己控制。……他不仅使自然物发生形式变化，同时他还在自然物中实现自己的目的，这个目的他是知道的，是作为规律决定着他的活动的方式和方法的，他必须使他的意志服从于这个目的"③。这样，人与自然的物质交换关系便成为一种互动关系，在改变了外界自然的同时，也丰富和发展了人自身。

---

① 雅克·里纳尔、赫尔曼·普瑞格恩：《生态美学或审美生态》，李庆本主编：《生态美学读本》，长春出版社2010年版，第155页。
② 马克思：《政治经济学批判（1857—1858年草稿）》，《马克思恩格斯全集》第46卷上，人民出版社1979年版，第486页。
③ 马克思：《资本论》第1卷，《马克思恩格斯全集》第23卷，人民出版社1972年版，第201—202页。

三、对马克思关于自然的思想的评价

马克思的自然观具有明显的生态内涵。该自然观的重要特征在于注意到社会历史发展的自然前提,把人自身的自然属性和需要及其发展和对外界自然及环境的改变与协调相统一,人类和自然之间的物质变换关系是一种共同进化关系。"在进化的自然观基础之上……自然将被理解成由过程组成。"①马克思中后期的自然观受到生物进化论和近代农业革命的影响,同时又差不多与他创立历史唯物主义同步,因而马克思自然观的深层基础是人文主义意义上人与自然的重新统一。如前所述,西方自文艺复兴和启蒙运动以来,征服自然、改造自然成为资本主义推进的法则。应当说,马克思作为启蒙运动的产儿,从大的方面没有完全摆脱征服自然、改造自然的思路,比如他在展望未来人的发展时说:"在这个转变中,表现为生产和财富的宏大基石的,既不是人本身完成的直接劳动,也不是人从事劳动的时间,而是对人本身的一般生产力的占有,是人对自然界的了解和通过人作为社会体的存在来对自然界的统治,总之,是社会个人的发展。"②西方一些生态批评家如本顿等人正是根据马克思的上述言论断言马克思忽视自然的生态意义。毫无疑问,马克思不会赞同那种离开了人的主体地位来谈论自然的生态中心主义或环境中心主义,但是他所关注的人的自然属性及需要、人口的生产与迁徙、工人的疾病、环境的破坏与恢复在很大程度上正属于生态政治学的范畴。马克思认为,个人和集体需要的满足使人类在更大的世界范围内劳动,在此过程中发展出复杂的生产形式,而这又产生出新的需要,推动生产形式的变革,如此永无止境,"这样,一种关于人与自然相互作用的哲学观点,就变成了一种历史理论的基本原理"③。

其次,在马克思眼中,人对自然的依赖是一个无法超越的事实。马克思批评资本主义对环境的破坏,呼唤对环境的责任意识和一种新型的人与自然的关系,并对以技术理性控制自然持一种怀疑和警觉的态度,"技术

---

① 柯林伍德:《自然的观念》,吴国盛等译,华夏出版社1999年版,第18页。
② 马克思:《政治经济学批判(1857—1858年草稿)》,《马克思恩格斯全集》第46卷下,人民出版社1980年版,第218页。
③ 乔纳森·沃尔夫:《当今为什么还要研读马克思》,段忠桥译,高等教育出版社2006年版,第21页。

的胜利,似乎是以道德的败坏为代价换来的。随着人类愈益控制自然,个人却似乎愈益成为别人的奴隶或自身的卑劣行为的奴隶。甚至科学的纯洁光辉也只能在愚昧无知的黑暗背景上闪耀"[1]。所以生态思想家马特尔认为"马克思关于人与自然的关系的论述能够被绿色政治学理论所采用",马克思的"政治经济学说对于分析资本主义和市场结构所造成的环境问题是一个有益的贡献"[2]。

当然,由于马克思身处资本主义上升时期,资源短缺、环境恶化、生态危机问题还没有表现得像当下那么明显和突出,马克思对自然资源的利用以及人与自然新型关系的展望还怀有比较乐观的预期。

自从卢卡契在《历史与阶级意识》中为反对第二国际把马克思主义实证化、旁观化,指认"自然是一个社会的范畴"[3]以来,在西方马克思主义传统中,自然被社会化,这有它的合理性。但是自然完全被消融到社会里也是不合适的。实际上社会历史过程不可能完全吞噬自然,而人类也不可能战胜自然、摆脱自然或回归自然。重温马克思关于自然的论述,有助于我们在新的历史条件下重新思考和看待人自身及其与自然的关系,对生态批评和生态文明建设大有裨益。

(原载《上海师范大学学报》社会科学版2012年第2期)

---

[1] 马克思:《在"人民报"创刊纪念会上的演说》,《马克思恩格斯全集》第12卷,人民出版社1962年版,第4页。
[2] Luck Martell, *Ecology and Society, An Introduction*, Cambridge:Polity Press, 1994, pp.148-149. 转引自王诺:《欧美生态批评》,学林出版社2008年版,第84页。
[3] 卢卡契:《历史与阶级意识》,杜章智等译,商务印书馆1992年版,第318—319页。

马克思论悲剧与喜剧
——历史哲学、戏剧学与美学的三重透视

马克思在其一生的著作中多处论及悲剧与喜剧。对于这些论述，人们通常只是从美学或现实主义文艺理论的角度来理解。这样做虽然也是必要的，但却是远远不够的，并且带有比较大的理解上的偏差。事实上，马克思并不是在通常的美学意义上谈论悲剧与喜剧的，他谈论悲剧与喜剧从大的方面看其实是其历史哲学思考的一部分。正如雅斯贝尔斯所说："所有悲剧知识的出色表达都熔铸在历史的模型里。"[①]马克思更是如此，他对悲剧和喜剧的思考都熔铸在历史的模型里。而且我们还知道，马克思青年时代创作过悲剧《乌兰内姆》，终身爱读埃斯库罗斯的悲剧和莎士比亚的戏剧，对埃斯库罗斯创造的普罗米修斯形象念念不忘，对戏剧的喜好在马克思一生的写作生涯中留下了深深的印记。因此更确切地说，马克思谈论悲剧和喜剧融合了多个视角，其中历史哲学是切入点，戏剧学是观察点，美学往往只是引申点。这就需要我们从历史哲学、戏剧学和美学等多个角度来进行研究。正因为马克思不是专门的美学家，我们探讨他的悲剧观与喜剧观，就不能仅仅局限于其直接论及悲剧与喜剧的片段文字或个别文章，而是要在马克思思想的整体格局中加以透视，并加以评判。

一、历史哲学视野下的悲剧与喜剧

马克思眼中的悲剧与喜剧首先不是作为美学范畴而出现，而是历史朝向自由的实现过程中的某些辩证的环节，带有特定的历史哲学含义，并且

---

① 雅斯贝尔斯：《悲剧的超越》，亦春译，工人出版社1988年版，第7页。

是以戏剧化的方式来谈论的。马克思学说的这种特性,西方一些学者已经注意到了。例如沃尔什说,马克思"把历史认为在朝着一种在道德上是可愿望的目标而前进着的辩证历程,即一个无阶级的共产主义社会,那事实上才会是一个真正自由的社会;尽管他把达到那种幸福的事情状态放在了不太遥远的未来而不是放在现在。而历史戏剧中的主要演员,在他看来却不是民族或国家而是经济上的各个阶级;虽则在这里每个阶级又是要做出自己的特殊贡献的"①。维塞尔进一步提出,在马克思的历史戏剧中,"无产阶级扮演主角圣普罗米修斯,肩负着世界历史使命,身处斗争冲突中,周围是其他活跃或不活跃的剧中人"②。马克思以戏剧化的方式论述历史事件,展开历史想象,为我们探讨马克思的悲剧观与喜剧观提供了依据。

马克思着眼于人类社会进步的合理性,认为共产主义实现之前的历史,都是人类"史前史",是肯定与否定的辩证运动,因而充满了悲剧性与喜剧性。在马克思看来,"人们自己创造自己的历史,但是他们并不是随心所欲地创造,并不是在他们自己选定的条件下创造,而是在直接碰到的、既定的、从过去承继下来的条件下创造"③,因而会包含很多曲折,马克思正是由此讨论悲剧和喜剧的。他在《〈黑格尔法哲学批判〉导言》中指出:"当旧制度还是有史以来就存在的世界权力,自由反而是个人突然产生的想法的时候,简言之,当旧制度本身还相信而且也应当相信自己的合理性的时候,它的历史是悲剧性的……历史是认真的,经过许多阶段才把陈旧的形态送进坟墓,世界历史形态的最后一个阶段是它的喜剧……历史竟有这样的进程!这是为了人类能够愉快地同自己的过去诀别。我们现在为德国政治力量争取的也正是这样一个愉快的历史结局。"④之所以旧制度的存在是悲剧性的,是因为它还具有某种程度的合理性和存在理由。旧制度的衰亡意味着失去了这种合理性与存在理由。在这种情况下,一味地维

---

① 沃尔什:《历史哲学导论》,何兆武、张文杰译,广西师范大学出版社2001年版,第168—169页。
② 维塞尔:《普罗米修斯的束缚——马克思科学思想的神话结构》,李昀、万益译,华东师范大学出版社2014年版,第223页。
③ 马克思:《路易·波拿巴的雾月十八日》,《马克思恩格斯选集》第1卷,人民出版社1995年版,第585页。
④ 马克思:《〈黑格尔法哲学批判〉导言》,《马克思恩格斯全集》第3卷,人民出版社2002年版,第203—204页。

持旧制度的努力就成了喜剧。海登·怀特对此评论说:"马克思明确地把旧政权的垮台描绘成一场'悲剧',以便将其与他那个时代的德国通过人为方式维持封建制度的'喜剧性'努力相对照。"①按照马克思的看法,人类历史交织着上升和下降两种趋势,一方面,人类通过科学技术的发展获得了对自然更大的控制能力,另一方面,人与自身及他人产生了异化,"对马克思而言,这就暗示了,历史不得不同时以两种方式情节化,即悲剧的和喜剧的模式。因为,当人们处于一种社会状态中,就人们建构一种可行的人类社会的努力总是被支配着历史的规律挫败而论,人们是悲剧性地存在着。尽管如此,人们也是喜剧性地存在着,因为人们与社会之间的这种相互作用逐渐地使人们接近于这样一种情形,在其中,社会本身将消失,而一个真正的共同体,一种共产主义的存在模式将建立起来,这就是他真正的历史命运"②。

我们在这里以马克思《路易·波拿巴的雾月十八日》为例,来说明这一点。马克思认为,资产阶级在其上升时期具有理想主义和牺牲精神,代表了历史前进的方向,因而也具有悲剧性,"不管资产阶级社会怎样缺少英雄气概,它的诞生却是最需要英雄行为,需要自我牺牲、恐怖、内战和民族间战斗的。在罗马共和国的高度严格的传统中,资产阶级社会的斗士们找到了理想和艺术形式,找到了他们为了不让自己看见自己的斗争的资产阶级狭隘内容、为了要把自己的热情保持在伟大历史悲剧的高度上所必需的自我欺骗"③。一旦没有了这种创造的阵痛、理想和牺牲,演变为对先前做法的因袭和维持既定统治的保守,就会丧失合理性,悲剧就转变为喜剧,"黑格尔在某个地方说过,一切伟大的世界历史事变和人物都出现过两次,他忘记补充一点:第一次是作为悲剧出现,第二次是作为笑剧出现"④。这里所说的"笑剧"就是喜剧的一个种类。所以有人说,"马克思在《路易·波拿巴的雾月十八日》里借助文学形式揭去政治的神秘面纱,否

---

① 海登·怀特:《话语的转义》,董立河译,大象出版社2011年版,第68页。
② 海登·怀特:《元史学》,陈新译,译林出版社2004年版,第389页。
③ 马克思:《路易·波拿巴的雾月十八日》,《马克思恩格斯选集》第1卷,人民出版社1995年版,第586页。
④ 马克思:《路易·波拿巴的雾月十八日》,《马克思恩格斯选集》第1卷,人民出版社1995年版,第584页。

定黑格尔关于政治融合全体社会的理念"①。

同样，在谈到戏剧艺术中的悲剧性冲突时，马克思也不是就悲剧谈悲剧，而是着眼于历史哲学，即事件与人物性格在历史上的合理性。马克思在《致斐·拉萨尔》的信中谈到拉萨尔创作的与济金根领导的骑士暴动有关的悲剧《弗兰茨·冯·济金根》时说："你所构想的冲突不仅是悲剧性的，而且是使1848—1849年的革命政党必然灭亡的悲剧性的冲突。因此我只能完全赞成把这个冲突当作一部现代悲剧的中心点。但是我问自己：你所选择的主题是否适合于表现这种冲突？……济金根（而胡登多少和他一样）的覆灭并不是由于他的狡诈。他的覆灭是因为他作为骑士和作为垂死阶级的代表起来反对现存制度，或者说得更确切些，反对现存制度的新形式。"②马克思认为，拉萨尔选择济金根这个骑士暴动的首领作为悲剧主角是可以的，因为济金根领导的骑士暴动也是反对现行封建统治的，具有一定的合理性，他的失败具有悲剧性。但是马克思又认为，这里还需要写出他作为旧势力代表人物的局限性。拉萨尔则认为，济金根没有公开打出反对封建统治的旗号，而是以骑士内部纷争的形式发起暴动，本来这是一个麻痹敌人的策略，但是却没有被农民和市民所领会并响应，所以遭到了失败，即"在构成革命的力量和狂热的思辨观念与表现上十分狡猾的有限的理性之间，看起来似乎存在着某种不可解决的矛盾"③。对此说法，马克思、恩格斯都不赞同。恩格斯在《致斐·拉萨尔》的信中表达了与马克思相类似的观点。他认为拉萨尔的剧本过于执着于贵族运动本身，忽视了济金根命运中真正的悲剧的因素——由反对解放农民的贵族和追求解放的农民这一悲剧性的矛盾所构成的"历史的必然要求与这个要求的实际上不可能实现之间的悲剧性的冲突"④。但是细细推究两个人给拉萨尔信中关于悲剧冲突的相关论述，马克思好像更为看重合理性，恩格斯似乎更注重必然性。

---

① 米歇尔·德·塞尔托:《历史与心理分析》，邵炜译，中国人民大学出版社2010年版，第54页。
② 马克思:《致斐·拉萨尔》(1859年4月19日)，《马克思恩格斯选集》第4卷，人民出版社1995年版，第553页。
③ 拉萨尔:《关于悲剧观念的手稿》，里夫希茨编:《马克思恩格斯论艺术》(一)，中国社会科学出版社1982年版，第15页。
④ 恩格斯:《致斐·拉萨尔》(1859年5月18日)，《马克思恩格斯选集》第4卷，人民出版社1995年版，第560页。

马克思的历史哲学带有一定的因果论和目的论的色彩,这一点也体现在他对悲剧与喜剧的论述中。

二、作为戏剧的悲剧与喜剧

戏剧具有双重性:它既是活态的表演艺术形式,又是静态的案头艺术(剧本)。马克思谈论悲剧与喜剧时正好涵盖了上述两个方面。就前者来说,马克思谈论悲剧与喜剧时有意无意运用了戏剧化的场景展示和戏剧性的表演模式分析,充满了文学性,常常是修辞性或比喻性的;就后者而言,马克思讨论的是案头剧,即编纂学意义上的戏剧,涉及戏剧的写作技巧。

众所周知,历史上一些思想家或哲学家在表达他们的思想时,采取了类似戏剧的展开方式,最典型的例子有柏拉图的对话录、尼采的《查拉斯图拉如是说》等。马克思在从历史哲学的角度论及悲剧与喜剧时,也采用了类似戏剧化的表达方式,即把历史事件和人物戏剧化,各个阶级成为历史戏剧舞台上的演员。怀特曾经指出,"马克思以戏剧式的语言对一系列历史上的重要现象"进行分析,"每一个具有历史意义的事件序列结构,从痛苦开始,经过冲突、分裂,再到突转,都表现出一种要么趋向解放,要么趋向奴役的运动……对马克思来说,就像黑格尔那样,人类与其自身并且与自然达成了喜剧式和解的情形,但借助的是悲剧式冲突的方式,而在人类自身之中,悲剧式冲突看上去提供的只不过是一种安慰,是关于人类高贵品质的一种哲学理解"。①维塞尔干脆称马克思写作中的这种现象为"戏剧维",即具有戏剧的动态品质。②这是很有见地的一个判断。我们知道,马克思早年受到浪漫主义很深的影响,创作过悲剧和诗歌,而浪漫主义的一个做法就是把人生戏剧化,为了"解释人在实在戏剧中的位置,我们一定要思考浪漫派的意识概念。实在就是生成。这种生成看成是本我的性质,比如,从初我的心理维度看,生成可以定义为'活动'。……尽管如此,演员(主体)和扮演对象(客体)都是附属和衍生的范畴。活动或

① 海登·怀特:《元史学》,陈新译,译林出版社2004年版,第448页。
② 维塞尔:《普罗米修斯的束缚——马克思科学思想的神话结构》,李昀、万益译,华东师范大学出版社2014年版,第22页。

者'行动'当然也是本我寻求理解之道。当主体和客体融为一体时，便产生了自我意识"①。

我们以马克思探讨法国近代史上所发生的两次重大历史事件——雾月政变和巴黎公社的著作为例，《路易·波拿巴的雾月十八日》从大的方面看算得上是喜剧，而《法兰西内战》从整体上看则属于悲剧。马克思谈到保皇党人在雾月政变时的表现时说："联合的保皇党人……总是互相倾轧。在幕后，他们又穿起他们旧时的奥尔良派的和正统派的制服，进行他们的旧时的比武。但是在公开的舞台上，在大型政治历史剧演出时，在扮演一个议会大党的角色时，他们对自己的可敬的王朝只是敬而远之，无止境地推迟君主制的复辟。"②这分明是在进行戏剧化的分析。由于马克思把历史和人生视为一个大舞台，他对历史人物的分析类似于进行戏剧角色的分析，路易·波拿巴便是雾月政变这出大戏中的丑角，"他扮演了一个不被赏识而被全世界当作傻瓜的天才角色"。"波拿巴想要扮演一切阶级的家长似的恩人。""这个老奸巨猾的痞子，把各国人民的历史生活和这种生活所演出的大型政治历史剧，都看作最鄙俗的喜剧，看作专以华丽的服装、辞藻和姿势掩盖最鄙陋的污秽行为的化妆舞会……当资产阶级毫不违反法国演剧格式的迂腐规则，十分严肃地表演最纯粹的喜剧时，当它一半被骗一半信服自己的大型政治历史剧的庄严时，一个把喜剧仅仅看作喜剧的冒险家当然是要获得胜利的。只有当他战胜了盛装的敌人，并且认真演起自己的皇帝角色，在拿破仑的假面具下装做真正的拿破仑以后，他才会成为他自己的世界观的牺牲品，成为一个再不把世界历史看作喜剧而是把自己的喜剧看作世界历史的认真的丑角。"③路易·波拿巴凭借农民对其叔父老拿破仑解放农民的记忆依靠农民拥护而上台，但是却代表大资本家特别是金融资本家的利益，穷兵黩武，成为自己世界观的牺牲品。可见，当马克思论述历史现象时，历史被文学化和戏剧化了，"文学是对历史的理论表

---

① 维塞尔：《马克思与浪漫派的反讽》，陈开华译，华东师范大学出版社2008年版，第45页。
② 马克思：《路易·波拿巴的雾月十八日》，《马克思恩格斯选集》第1卷，人民出版社1995年版，第612页。
③ 马克思：《路易·波拿巴的雾月十八日》，《马克思恩格斯选集》第1卷，人民出版社1995年版，第625、687、635—636页。

述。文学开辟了一处无罪空间，社会行为在这个空间里被表述出来"①。马克思在《法兰西内战》里讨论的巴黎公社则是悲剧性的。巴黎公社是人民自己实现的人民自我管理的典范。公社社员由巴黎各区普选出的城市代表组成，其薪水不高于工人的最高工资。巴黎公社废除了常备军和警察，建立了由工人组成的国民自卫军，全体成员"努力劳动、用心思索、战斗不息、流血牺牲的巴黎——它在培育着一个新社会的同时几乎把大门外的食人者忘得一干二净——正放射着它的历史首创精神的炽烈的光芒"②。但是这个尝试建设新社会的努力遭到资产阶级临时政府的血腥镇压而归于失败，马克思高度赞扬了巴黎公社社员和无产阶级在这场悲剧中所表现出来的英勇精神。然而，在马克思看来，在巴黎公社这部悲剧里面也有喜剧，"梯也尔一开始就竭力想……在他的部长们企图在法国建立恐怖统治的同时，表演一出和解小戏。这出小戏要达到几个目的：蒙蔽外省视听，诱骗巴黎的中等阶级分子"③。在这出悲喜交加的大戏中，各个阶级扮演了不同的角色。

  马克思从戏剧角度谈论悲剧与喜剧的第二个层面，是戏剧编纂学意义上的，这是非常重要的一个层面，却又是我们以往讨论马克思悲剧观与喜剧观时特别容易忽略的方面。马克思早年有过戏剧创作实践，对于戏剧编纂有自己的眼光和鉴别力。比如，在《致斐·拉萨尔》的信中讨论拉萨尔创作的悲剧《弗兰茨·冯·济金根》时就谈到编剧技术。马克思首先称赞该剧本结构和情节比现代德国剧本高明，其次指出该剧富有感染力。在谈到剧本缺点的时候，马克思"第一"谈的"纯粹是形式问题"，批评该剧虽然是用韵文写作，但是韵律安排得不够艺术化；其次，马克思批评该剧本"在性格描写方面看不到什么特出的东西"，济金根被描写得太抽象化了；最后，马克思批评该剧在细节方面不够自然，"让人物过多地回忆自己"④。马克思认为拉萨尔没有写出济金根生活的时代环境，没有写出济金根性格的特点，其实也有戏剧编纂学的依据。美国戏剧理论家劳逊说，

---

  ① 米歇尔·德·塞尔托：《历史与心理分析》，邵炜译，中国人民大学出版社2010年版，第45页。
  ② 马克思：《法兰西内战》，《马克思恩格斯选集》第3卷，人民出版社1995年版，第66页。
  ③ 马克思：《法兰西内战》，《马克思恩格斯选集》第3卷，人民出版社1995年版，第69—70页。
  ④ 参见马克思：《致斐·拉萨尔》(1859年4月19日)，《马克思恩格斯选集》第4卷，人民出版社1995年版，第553页。

"剧本中必须具有结实的社会背景;剧作者把环境体现得愈彻底,我们就愈能深刻地了解性格。一个孤立的性格是不成其为性格的"[①]。恩格斯在致拉萨尔的信中也注意到《弗兰茨·冯·济金根》编纂学上存在的问题。他甚至直言该剧由于冗长的对白和论证性的辩论而不适合演出,只能称得上是一部"文学剧",而不能成为"舞台剧"。

当然,马克思(包括恩格斯)即便是探讨戏剧剧本《弗兰茨·冯·济金根》的编纂学问题,也始终有着历史哲学的考量,即认为该剧的写作不应该过于突出以济金根为代表的贵族反对派,而忽视以托马斯·闵采尔为代表的平民反对派的重要性。

三、作为美学范畴的悲剧与喜剧

我们看到,马克思从历史哲学入手谈论悲剧与喜剧时,采用了戏剧化的表达方式,又在引申意义上使之成为美学范畴。上述三重含义相互关联、相互依存又相互渗透。例如,马克思说历史上的事件发生过两次,第一次是悲剧,第二次是喜剧或笑剧。他在评价法兰西第二帝国的命运时还说过,"第二帝国的丧钟已经在巴黎敲响了。它以一场模仿丑剧开始,仍将以一场模仿丑剧告终。但是不应该忘记,正是欧洲各国政府和统治阶级使路易·波拿巴能够把复辟帝国的残酷笑剧表演了18年之久"[②]。这些说法本身就包含了对悲剧和喜剧的美学属性的探讨,因为上述说法暗含了悲剧具有首创性、奋斗和牺牲,而喜剧则带有模仿、单调和重复。同时也说明,在马克思那里,悲剧和喜剧本身也是可以互相转化的。

虽然我们说马克思是在三重意义上谈论悲剧与喜剧的,其中美学内涵只是引申意义上的,但这并不意味着马克思的悲剧与喜剧观念没有自己的特点。实际上,马克思的悲剧观与喜剧观具有鲜明的个性,包含着重大的理论创造,为悲剧及喜剧理论的发展做出了重要贡献。

[①] 劳逊:《戏剧与电影的剧作理论与技巧》,邵牧君、齐宙译,中国电影出版社1989年版,第349页。

[②] 马克思:《国际工人协会总委员会关于普法战争的第一篇宣言》,《马克思恩格斯选集》第3卷,人民出版社1995年版,第17页。

首先，马克思的悲剧观与喜剧观是对亚里士多德、黑格尔以来悲剧观与喜剧观的发展，这主要体现在他对悲剧冲突性的重视。黑格尔视戏剧特别是悲剧为艺术的最高形式，这一点无疑马克思是赞同的。但是黑格尔把悲剧归结为两种具有合理性的伦理力量的冲突后所达成的和解。黑格尔上述观点与其历史哲学及法哲学有关。他认为家庭及市民社会内部及其之间的种种冲突，在现代国家里都能得到调和。这自然是马克思所不能同意的。马克思把悲剧和喜剧纳入人类解放这个宏大视域中，考察无产阶级、资产阶级等各个阶级及社会力量在历史发展的不同时期及同一时期的分裂与对立，即重视从不同社会力量的冲突中看待悲剧与喜剧，这是其悲剧观与喜剧观中最引人注目的方面。

其次，马克思在与悲剧、喜剧有关的论述中间接地表达了他对悲剧人物性格的看法。自亚里士多德以来的西方悲剧理论推崇悲剧人物的勇敢和高尚，"悲剧中理想人物所具有的普遍的、固定的特征中，有两种似乎可以涵盖其它一切方面的主要特征，即勇敢和高尚（心灵的伟大）"①。马克思也是如此，但是马克思对勇敢和高尚有自己的理解，那就是勇挑重担，承担历史责任，为全人类服务。"历史把那些为共同目标工作而自己变得高尚的人称为最伟大的人物……如果我们选择了最能为人类而工作的职业，那么，重担就不能把我们压倒，因为这是为大家做出的牺牲；那时我们所享受的就不是可怜的、有限的、自私的乐趣，我们的幸福将属于千百万人，我们的事业将悄然无声地存在下去，但是它会永远发挥作用，而面对我们的骨灰，高尚的人们将洒下热泪。"②马克思之所以称赞普罗米修斯为"哲学历书上最高尚的圣者和殉道者"③，也是因为这位埃斯库罗斯在《被缚的普罗米修斯》中塑造的悲剧形象不仅创造了人，还盗取天火，教会人类建筑、航海、医疗、书写等，造福人类，却被宙斯下令绑在悬崖峭壁上。马克思所概述的巴黎公社无产阶级的特征，也可以视为悲剧人物应该具有的品格。

---

① 萝西娅·克鲁克：《英雄悲剧》，克尔凯郭尔等：《悲剧：秋天的神话》，程朝翔、傅正明等译，中国戏剧出版社1992年版，第135页。

② 马克思：《青年在选择职业时的考虑》，《马克思恩格斯全集》第1卷，人民出版社1995年版，第459—460页。

③ 马克思：《德谟克利特的自然哲学和伊壁鸠鲁的自然哲学的差别》，《马克思恩格斯全集》第1卷，人民出版社1995年版，第12页。

最后，马克思的悲剧观和喜剧观带有明显的反讽色彩。马克思认为，无产阶级"这个阶级……与整个社会亲如兄弟，汇合起来，与整个社会混为一体并且被看作和被认为是社会的总代表；在这瞬间，这个阶级的要求和权利真正成了社会本身的权利和要求，它真正是社会的头脑和社会的心脏"[①]。无产阶级被视为推动历史发展和人类解放的自觉主体，最终会消灭阶级使人类走向大同。这一"大历史"观及其超级主体的引入树立了一个衡量悲剧性与喜剧性的新标杆，使马克思对历史上的悲剧人物和喜剧人物的评判常常带有一种冷峻的静观，而这就是一种反讽的态度。按照浪漫派的理解，对人的实然和应然、无限的潜能和经验现实的矛盾的否定，便是反讽。马克思借鉴并改造了浪漫派的反讽观念，来观察各个阶级在历史进程中的表现进而判别其历史地位。例如，在马克思看来，不同历史阶段通过奋斗和牺牲推动人类进步和解放的人物及事件便是悲剧，反之，利用传统的旗号、形象及其荣光维护现行统治的合法性或者复辟旧秩序的做法就成了喜剧。而人类历史交织着发展进步与停滞退步的曲折与回环，进一步印证了马克思的悲剧叙述与喜剧叙述。特别是马克思经常把悲剧和喜剧这两个概念对举使用，更是增强了反讽效果。比如，纵向方面，马克思在资产阶级衰落期谈论其上升期的悲剧性，就包含了对资产阶级后来日益走向反动的喜剧性的否定；横向方面，在尝试建设和保卫新社会如巴黎公社的过程中，无产阶级的追求与抗争具有悲剧性，而资产阶级的挣扎和反扑则带有喜剧性。此外，我们还注意到，马克思谈到悲剧时用的词都是"悲剧"，谈到喜剧时则分别使用了"喜剧""笑剧""丑剧"等系列概念，以表示对喜剧人物嘲讽程度的加深或具体化。

但是显而易见，马克思悲剧观与喜剧观的上述美学内涵是相对而言的，从大的方面看仍然从属于马克思的历史哲学。

---

① 马克思：《〈黑格尔法哲学批判〉导言》，《马克思恩格斯全集》第3卷，人民出版社2002年版，第210—211页。

结语　对马克思悲剧观与喜剧观的再思考

综上所述，在马克思那里，历史、戏剧、美学成了一个整体，历史被赋予某种特殊的戏剧化的文学形式，悲剧与喜剧在这里充当了一种社会文化批评的范式。用伊格尔顿的话说，"悲剧扮演着通向科学知识之智慧、通向理性之智力的角色，因此正好就是我们今天所了解的人文科学，或者传统上所谓文化批评的范式"[①]。作为一种社会文化批评范式，马克思对悲剧与喜剧概念的应用大大地超出了通常的美学意义以及戏剧学的文体意义，具有了历史意义与现实意义。雅斯贝尔斯曾经提出过"悲剧意识"（tragic awareness）这一概念，表示人类对于自身的一种生存体悟和生存智慧。如果我们把雅斯贝尔斯的这个说法稍微扩展一下，把喜剧意识也视为人类对于自身的一种生存体悟和智慧的话，那么，马克思不仅是一个有着深刻的悲剧意识的思想家，同时还是一个具有强烈的喜剧意识的思想家。马克思运用悲剧与喜剧概念品评历史事件及人物，总结过去历史的教训并畅想人类未来的前景，做出了出色的历史判断，发挥了重要的社会作用，也产生了独到的美学效果。

然而，历史、戏剧、审美三者既可能具有统一性，也有可能是存在裂痕或差异的，或者说，由于分属于不同的领域，它们在一定程度上具有各自的特点或自主性。马克思把历史、人生戏剧化或戏剧人生化和美学三者合一，既产生了强大的文化批判力量，又无形中暴露了它们之间所存在的裂痕，即放大了的历史哲学视野不经意间造成了对戏剧学维度和美学维度的遮蔽。正是因为历史哲学与戏剧学、戏剧学与美学、历史哲学与美学这种不完全对应性，使得马克思的分析有时候出现了偏差。例如，当马克思（还有恩格斯）在致拉萨尔的信中费尽笔墨讨论济金根所代表的阶级归属及其在当时各个社会阶层中的地位时，济金根领导的骑士暴动和闵采尔领导的农民起义哪一个更具有戏剧性，更适合作为戏剧艺术的题材？拉萨尔创作的《济金根》这部悲剧独有的美学魅力或者缺憾究竟是什么？这些真正意义上的戏剧学和美学问题似乎没有得到足够的发掘和应有的阐发，历

[①] 伊格尔顿：《甜蜜的暴力——悲剧的观念》，方杰等译，南京大学出版社2007年版，第218页。

史的分析淹没了戏剧学和美学的分析。而且我们进一步分析还会发现，马克思非常善于抓住历史进程中那些具有戏剧性的重大事件如雾月政变、巴黎公社等，给予戏剧化的呈现并作出了富有远见卓识的论述，但是一旦涉及具体的戏剧编纂学问题如济金根的骑士暴动时，他又过多地纠缠于该事件的历史哲学意义而相对忽视其戏剧编纂学意义。也就是说，在马克思那里，戏剧艺术的双重性——作为活态的表演艺术和作为静态的案头艺术，也存在着某种分裂，因为这两者在马克思那里都只是其阐述其历史哲学的文学手段，从而导致一个非常具有戏剧性的历史事件如济金根领导的骑士暴动不能在戏剧编纂学上得到充分的估量和体现。在这里，历史哲学—活态戏剧—戏剧编纂学—美学四者之间甚至都出现了裂痕。这是一个特别令人深思的现象。深入地考察和探究马克思论述悲剧与喜剧的言说语境与复杂内涵及其得失，有助于我们全面地理解和把握马克思的悲剧观与喜剧观，进而推进马克思主义美学与文艺理论建设。

（原载《中国人民大学学报》2018年第2期）

马克思与意识形态批判的三重维度

马克思在意识形态概念发展史上的贡献为西方学者所公认。正如汤普森所说的："马克思的著作在意识形态概念史中占有中心地位。由于马克思，这个概念获得了新的地位，成了一种批判手段和新的理论体系中的一个组成部分。"[①]20世纪之后形成的三种主要的意识形态批判维度：哲学的、社会学的和美学或文学批评的批判维度都与马克思有关。本文拟对马克思与上述三种意识形态批判维度的关联进行分析。

一、马克思与作为哲学批判概念的意识形态

"意识形态"概念在其创始人托拉西那里原本是研究认识的起源、界限和性质的基础科学。拿破仑执政时期嘲笑主张共和的托拉西等人为"意识形态学家"，意思是不切实际的空谈家。马克思最早是1842年在《关于林木盗窃法的辩论》中提到意识形态概念，"我们究竟应如何来了解意识形态的这一突然的造反表现呢？要知道，我们在思想方面所遇到的只是些拿破仑的追随者"[②]。从中可以看出，马克思对意识形态的初次使用便受到拿破仑的影响。接下来马克思沿袭并光大了意识形态的否定含义，在《德意志意识形态》中用于批判青年黑格尔派高估观念的作用、以理论批判替代现实改造的思辨唯心主义。意识形态在哲学层面上获得虚假意识的内涵，被视为现存事物或关系颠倒的反映，"如果在全部意识形态中，人们和他们的关系就像在照相机中一样是倒现着的，那么这种现象也是从

---

① 汤普森：《意识形态与现代文化》，高铦等译，译林出版社2005年版，第36页。
② 马克思：《关于林木盗窃法的辩论》，《马克思恩格斯全集》第1卷，人民出版社1995年版，第265页。

人们生活的历史过程产生的，正如物象在眼网膜上的倒影是直接从人们生活的物理过程中产生的一样"①。也就是说，马克思是用社会存在和社会意识的镜像关系来表示意识形态，意识形态被认为是歪曲的、颠倒的意识的表征。

但是在这个批判中，马克思又表达了一个重要思想：占据了物质生产资料的统治阶级，同时也支配着精神资料的生产。统治者为了使自己的统治具有合法性并万古长存，总要制造各种各样的幻想，把自己打扮成全体民众的代表。意识形态作为统治阶级的意识形式总是掩盖或扭曲现实关系，在整个社会生活里完成一种特殊的欺骗或神秘化功能，为既有的社会秩序服务。"每一个企图代替旧统治地位的新阶级，就是为了达到自己的目的而不得不把自己的利益说成是社会全体成员的共同利益，抽象地讲，就是赋予自己的思想以普遍性的形式，把它们描绘成唯一合理的、有普遍意义的思想。"②因此在马克思那里，意识形态同时被赋予了社会学层面的内涵，即维护现行统治的虚假的思想体系，包括使得社会控制关系合法化的某些非透明的程序。到了后期，马克思较多关注作为观念上层建筑意义上的意识形态。这种意义的意识形态作为经济基础的观念反映，是社会形态的结构性要素。马克思把资产阶级意识形态的形成和资本主义制度下物役性现象相联系。"所有这些现象，似乎都和价值由劳动时间决定相矛盾，也和剩余价值由无酬劳动形成的性质相矛盾。因此，在竞争中一切都颠倒地表现出来。经济关系的完成形态，那种在表面上、在这种关系的现实存在中，从而在这种关系的承担者和代理人试图说明这种关系时所持有的观念中出现的完成形态，是和这种关系的内在的、本质的、但是隐藏着的基本内容以及与之相适应的概念大不相同的、并且事实上是颠倒的和相反的。"③这样，意识形态既成为对唯心主义哲学进行批判的哲学概念，也与异化、商品拜物教和货币拜物教等相关概念一起，构成了马克思对资本主义进行社会批判的范畴。所以大卫·麦克里兰认为："在马克思自己看来，

---

① 马克思、恩格斯：《德意志意识形态》，《马克思恩格斯全集》第3卷，人民出版社1960年版，第29—30页。

② 马克思、恩格斯：《德意志意识形态》，《马克思恩格斯全集》第3卷，人民出版社1960年版，第54页。

③ 马克思：《资本论》第3卷，《马克思恩格斯全集》第25卷，人民出版社1974年版，第232—233页。

意识形态的变异主要包括两个方面：首先，意识形态与唯心主义相联系在一起，而唯心主义作为一种哲学观是和唯物主义相对立的：任何正确的世界观在某种意义上都必定是一种唯物主义观点；第二，意识形态与社会中的资源和权力的不公平分配联系在一起：如果社会的和经济的安排受到怀疑，那么作为其一部分的意识形态也会如此。"①

既然意识形态是物质和意识镜像关系的歪曲表征，那么意识形态自然也包含了部分真实。在《资本论》中，马克思便认为流通领域中的自由交换掩盖了生产关系中的剥削和不平等，导致平等、自由、所有权一类资产阶级意识形态的产生，"劳动力的买和卖是在流通领域或商品交换领域的界限以内进行的，这个领域确实是天赋人权的真正乐园。那里占统治地位的只是自由、平等、所有权和边沁。自由！因为商品例如劳动力的买者和卖者，只取决于自己的自由意志。他们是作为自由的、在法律上平等的人缔结契约的。契约是他们的意志借以得到共同的法律表现的最后结果。平等！因为他们彼此只是作为商品所有者发生关系，用等价物交换等价物。所有权！因为他们都只支配自己的东西。边沁！因为双方都只顾自己"②。

马克思对资产阶级意识形态的哲学批判运用的是还原法，把颠倒的镜像恢复过来，"思辨终止的地方，即在现实生活面前，正是描述人们的实践活动和实际发展过程的真正实证的科学开始的地方"。"只要按照事物的本来面目及其产生根源来理解事物，任何深奥的哲学问题都会被简单地归结为某种经验的事实。"③我们知道，卢梭在《社会契约论》中宣称"人是生而自由的，但却无往不在枷锁之中"④。这说明，资产阶级思想家倾向于将自然法的依据表述为抽象的"自然状态"。但在马克思看来，这是把市民社会，"也就是把需要、劳动、私人利益和私人权利等领域看作自己持续存在的基础，看作无须进一步论证的前提"⑤，法律就是这种意识形态的

---

① 大卫·麦克里兰：《意识形态》，孔兆政等译，吉林人民出版社2005年版，第13页。
② 马克思：《资本论》第1卷，《马克思恩格斯全集》第23卷，人民出版社1972年版，第199页。
③ 马克思、恩格斯：《德意志意识形态》，《马克思恩格斯全集》第3卷，人民出版社1960年版，第30—31、49页。
④ 卢梭：《社会契约论》，何兆武译，商务印书馆1982年版，第8页。
⑤ 马克思：《论犹太人问题》，载《马克思恩格斯全集》第3卷，人民出版社2002年版，第188页。

表现，"在这些关系中占统治地位的个人……还必须给予他们自己的、由这些特定关系所决定的意志以国家意志即法律的一般表现形式……为了维护这些条件，他们作为统治者，与其他的个人相对立，而同时却主张这些条件对所有的人都有效。由他们的共同利益所决定的这种意志的表现，就是法律"①。也就是说，意识形态是具有内化、意义化倾向的，马克思意识形态批判的方向是解意义化和去蔽的，它把社会意识的形成还原为历史和阶级。马克思看到了"自然权利"的非自然特征，这具有很大的杀伤力。但是由于社会意识形态是一定社会关系下的存在，不能完全归结为镜像关系。在马克思对自然法等的意识形态批判中，他是用事实来批判"应然有效性"（法律等），但在解决这个问题时，他又用"应然"（私有制的废除、共产主义）来应对事实。这说明马克思本人也意识到镜像关系的还原难以揭示意识形态的社会历史内涵。

我们看到，20世纪对意识形态的哲学批判超出了物质和意识的镜像关系分析，而融入更多的社会历史分析的元素。卢卡契指出，资产阶级意识形态之所以是非历史的、虚假的是由资产阶级的阶级境遇、结构位置以及由此而来的看待问题的方法论上的直接性决定的。"资本主义社会的人面对着的是由他自己（作为阶级）'创造'的现实，即和他根本对立的'自然'，他听凭它的'规律'的摆布，他的活动只能是为了自己的（自私自利的）利益而利用个别规律的必然进程。但即使在这种'活动'中，他也……不是主体。他的主动性的活动范围因而将完全是向内的：他一方面是关于人利用的规律的意识。另一方面是关于他内心对事件进程所作的反应的意识。"②商品交换逻辑对社会的全面渗透和操控使得人与人之间的社会关系变为商品交换关系，社会历史规律表现为社会的自然规律。资产阶级执着于经济生活的表面，拘泥于商品拜物教的范畴，把人与人的关系变为纯粹的物的关系，这样就必然落在客观情势发展的后面，没有能力揭示经济现象背后的动力，所以资产阶级意识形态以一种无意识的方式表现为虚假意识。

---

① 马克思、恩格斯：《德意志意识形态》，《马克思恩格斯全集》第3卷，人民出版社1960年版，第378页。
② 卢卡契：《历史与阶级意识》，杜章智等译，商务印书馆1992年版，第210页。

二、马克思与作为社会学批判概念的意识形态

艾伦·斯温伍德指出，马克思"把具体的思想类型与特定的社会、政治和经济条件相结合，揭示一定的社会物质基础如何产生社会上层建筑的观念和价值观，阐发了具有现代意义的意识形态概念"①。由于马克思的意识形态理论包含了一个非常重要的思想，即人们的思想意识总是不可避免地与其物质生活状况和经济利益相联系，20世纪20年代末，德国社会学家卡尔·曼海姆在《意识形态与乌托邦》中，试图超越原先的党派性质把意识形态研究发展成一门知识社会学，用以阐明社会中实际的利益集团同它们所支持的观点和思想方法之间的联系，论证了意识形态是"用来表示特定的历史和社会环境以及世界观和与之有密切联系的思维方式不可避免地联系在一起的观点"。正因为"一个人对历史怎么看，怎样从特定的事实解释全局都有赖于这个人在社会中所处的地位"。因此，"意识形态概念的重要因素是这样发现的：政治思想与社会生活在整体上紧密联系在一起"②。曼海姆把意识形态看作受社会环境制约的为集体所共有的思想或观念体系，进而分析这些思想或观念体系被它所处的历史与社会环境影响的方式，推动了对意识形态的社会学研究。

在马克思那里，虽然意识形态兼具哲学和社会学含义，但是偏于思想体系。到了西方马克思主义那里，意识形态批判逐步开始从哲学到社会学和美学、从抽象思想体系向日常体验和话语实践层面转化，并更多地与对资产阶级统治的社会结构与功能分析相联系。汤普森说："意识形态解释可以揭发对权力与统治关系、它们的基础、它们的根据以及它们得到支撑的方式进行批判性思考。正是在这个意义上，意识形态解释同所谓的统治的批判具有内在的联系：它在方法论上预先倾向于揭发对权力与统治关系的一种批判性思考。"③

卢卡契关于资产阶级意识形态从虚假意识走向虚伪意识的分析就是一种从哲学批判走向社会学批判的尝试。他认为随着无产阶级、资产阶级的斗争成为阶级意识的时候，资产阶级必须创立一种能自圆其说的关于经

---

① Alan Swingwood, *Marx and Modern Social Theory*, New York: John Wiley & Sons, 1975, p.59.
② 卡尔·曼海姆：《意识形态与乌托邦》，黎鸣、李书崇译，商务印书馆2000年版，第127页。
③ 汤普森：《意识形态与现代文化》，高铦等译，译林出版社2005年版，第27—28页。

济、国家和社会等的学说，有意识地掩盖现实社会关系的本质，这时候资产阶级意识形态便由虚假意识走向虚伪意识，"当这种资本主义发展的没有被意识到的革命原则由于无产阶级的理论和实践而被社会意识到了的时候，资产阶级就在思想上被逼迫进了自觉反抗的境地。资产阶级'虚假'意识中的辩证矛盾加剧了：'虚假'意识变成了虚伪的意识。开始时只是客观存在的矛盾也变成主观的了：理论问题变成了一种道德立场，它决定性地影响着阶级在各种生活环境和生活问题上所采取的实际立场"①。其做法是使资本主义社会现实关系"自然化"、永恒化。

到了葛兰西和阿尔都塞，更是把意识形态引向日常体验和话语实践。葛兰西在《狱中札记》中认为意识形态是"含蓄地表现于艺术、法律、经济活动和个人与集体生活的一切表现之中"的世界观，意识形态包括哲学、宗教、常识和民间传说等，它能"'组织'人民群众，并创造出这样的领域——人们在其中进行活动并获得对其所处地位的意识，从而进行斗争"②。

葛兰西突出了意识形态的实践功能，认为正是意识形态创造了主体并使他们行动。他提出的文化霸权理论便同意识形态问题息息相关。他之所谓"霸权"意指统治的权力赢得它所征服的人们赞同其统治的方式，也就是说霸权的实现是一个协商和获得共识的过程。霸权包括意识形态，但涵盖了国家机器以及介于国家与经济中间的机构如新闻媒体、学校、教会、社会团体等范围。打破资产阶级的文化霸权是无产阶级夺取政权的前提。阿尔都塞更是把意识形态普遍化，将意识形态视为一种存在于特定社会历史中"具有独特逻辑和独特结构的表象（形象、神话、观念或概念）体系"，"人类通过并依赖意识形态，在意识形态中体验自己的行动"③。意识形态是对生存条件的想象的反映，规约并支配着每一个人的思想与行为。在《意识形态与意识形态国家机器》一文中，阿尔都塞把国家机器分为镇压性的国家机器如政府、军队、警察、法庭、监狱等和宗教、教育、家庭、法律、政治、工会、传播、文化等意识形态国家机器两部分，"镇压性国家机器'运用暴力'发挥功能，而意识形态国家机器则'运用意识

---

① 卢卡契：《历史与阶级意识》，杜章智等译，商务印书馆1992年版，第123页。
② 葛兰西：《狱中札记》，曹雷雨等译，中国社会科学出版社2000年版，第239、292页。
③ 阿尔都塞：《保卫马克思》，顾良译，商务印书馆2006年版，第227—228、230页。

形态'发挥功能"。他借鉴了拉康关于镜像阶段的婴儿如何通过身份确认而形成自我的精神分析理论，认为"所有意识形态都通过主体这个范畴发挥的功能，把具体的个人呼唤或传唤为具体的主体"①。意识形态通过对社会现实的想象性关系而作用于主体，参与主体的建构过程。受葛兰西和阿尔都塞的影响，英国伯明翰学派从威廉斯开始，进一步放弃了过去那种将文化当作统治阶级的意识形态骗局的说法，把意识形态看作"意义和观念的一般生产过程"②，意识形态成了社会多元决定中的思想观念的生产形式。在这个过程中，意识形态的独立性被强调，经济基础与上层建筑的决定论关系被淡化。

　　晚近西方意识形态批判一方面受到拉康精神分析的影响，凸显意识形态的主体建构和社会认同功能，另一方面借鉴福柯的权力话语理论，致力于探讨意识形态的社会控制功能和控制形式。斯洛文尼亚学者齐泽克以"幻象"来命名意识形态，认为社会秩序的维持和运行有赖于我们对这一幻象的遵守，"意识形态不是掩饰事物的真实状态的幻觉，而是建构我们社会现实的（无意识）幻象"。其作用是以一种梦幻的方式建构现实以免遭遇真实界的创伤，即"填补他者中的空缺，隐藏其非一致性……幻象隐藏了下列事实，他者（符号秩序）是围绕着某些创伤性的不可能，围绕难以符号化的某物——即无法成为快感的实在界的某物，构建起来的"，"意识形态作为梦一样的建构，同样阻碍我们审视事物、现实的真实状态"③，但却在更深层面决定了人在现实中的反应与行为。齐泽克借用了拉康的"真实界"概念，认为意识形态构造着现实，形成人们现实的社会存在，掩盖了阶级对抗这个"真实界"。在《意识形态导论》一书中，伊格尔顿列举了意识形态的16种不同的含义，但也认为意识形态"通常指的是符号、意义和价值观用以表现一种支配性社会权力的方式，但是，它也能够表示话语和政治利益之间任何意味深长的连接"④。

---

　　①　阿尔都塞:《意识形态与意识形态国家机器》，陈越编:《哲学与政治：阿尔都塞读本》，吉林人民出版社2003年版，第336、364页。
　　②　Raymond Williams, *Marxisim and Literature*, Oxford:Oxford University Press, 1977, p.55.
　　③　齐泽克:《意识形态的崇高客体》，季广茂译，中央编译出版社2002年版，第45、173、67页。
　　④　Terry Eagleton, *Ideology:An Introduction,* London:Verso, 1991, p.221.

三、马克思与作为美学批判概念的意识形态

马克思曾经论及艺术与审美与意识形态的关系。在《〈政治经济学批判〉序言》中，马克思把社会结构分为四个层次：生产力、生产关系、上层建筑和意识形态。"法律的、政治的、宗教的、艺术的或哲学的"形式都被称为"意识形态的形式"[①]，受到特定生产方式的制约。按照马克思、恩格斯的说法，文学艺术是一种特殊的意识形态，是"更高地悬浮于空中的思想领域"[②]，与物质生产常常存在不平衡关系。按照马克思的见解，文学属于整个社会生产关系的网络，这些社会关系被历史地决定和转换，也同其他意识形态相联系。表面看来，马克思较少直接把意识形态分析推延至文学与审美领域，然而尽管"马克思的意识形态分析通常关注的不是审美现象，而是经济学理论中一方面暴露另一方面又掩盖资本主义社会关系的种种方式。但是对审美领域的批评的意识形态性是显而易见的。艺术作品需要探讨的不仅仅是其审美和社会内涵，还包括对使其功能合法化以及使社会历史关系普遍化和合理化的方式的洞察"[③]。因而马克思的意识形态批判对文学批评和美学研究具有方法论意义。

正如尤金·伦恩所说："绝大多数马克思主义批评试图破解文学或隐或显的意识形态内容，即对那些关于人类社会生活的含蓄的基本假设的揭露，这些假设反过来被认为内在于一个阶级在社会结构中的处境。"[④]恩格斯在1888年《致玛·哈克奈斯》的信中，认为"现实主义甚至可以不顾作者的见解而表露出来"。恩格斯曾经以巴尔扎克为例，指出他的同情心虽然是在贵族一边，但却毫不掩饰地赞美他政治上的死对头——圣玛丽修道院共和党的英雄们[⑤]。按照卢卡契的说法，巴尔扎克作为一个艺术家的伟大

[①] 马克思：《〈政治经济学批判〉序言》，《马克思恩格斯选集》第2卷，人民出版社1995年版，第33页。

[②] 恩格斯：《致康·施米特》，《马克思恩格斯选集》第4卷，人民出版社1995年版，第703页。

[③] William Adams, "Aesthetics:Liberating the senses", in *The Cambridge Companion to Marx*, edited by Terrell Carver, Cambidge University Press, 1991, p.261.

[④] Eugene Lunn, *Marxism and Modernism*, Berkeley and Los Angeles:Unversity of California Press, 1982, p.18.

[⑤] 恩格斯：《致玛·哈克奈斯》（1888年4月），《马克思恩格斯选集》第4卷，人民出版社1995年版，第683页。

性，正是因为他对社会历史的深入观察与他的保皇主义意识形态出现了断裂。这说明作品的客观意义有可能和作者的政治观点不一致，从而将作者的意识形态立场撕下了裂口。阿尔都塞则认为，伟大的艺术与现实的联系是通过艺术对意识形态的反叛关系即对意识形态的颠倒实现的。他在《皮科罗剧团，贝尔多拉西和布莱希特》一文中写道："在意识的任何意识形态形式中，不可能有由其内在的辩证法而离开自身的成分……因为，意识不是通过它的内在发展，而是通过直接发现他物才达到真实的。"①他认为伟大的艺术在某种程度上超越了意识形态的束缚，将意识形态的"他物"转变成个人的形象，从而与意识形态的现实形成了特殊的差异性认识关系。巴尔扎克等作家的伟大在于其作品呈现了作者与他的意识形态之间的抽象的真实关系，以"'看到''觉察到'和'感觉到'的形式（不是以认识的形式）所给予我们的，乃是它从中诞生出来、沉浸在其中、作为艺术与之分离开来并且暗指着的那种意识形态"②。在阿尔都塞之后，马歇雷对文学与意识形态的关系进行了重新思考。马歇雷认为，文学既产生于意识形态，又生产出意识形态。现实的意识形态作为一种"幻觉"（illusion）的思想体系协调着整个社会结构，构成文学创作的原料，但文学的虚构性使它发生扭曲与变形，因而"文本里存在着文本和它的意识形态内容之间的冲突"，"文学通过使用意识形态而挑战意识形态"。③由此形成文本意识形态与现实意识形态的差异和距离，从而使我们觉察到现实意识形态的运行机制及其内在矛盾。文学是一种语言艺术。文学的意识形态批评常常是通过对语言和叙事分析来切入的。詹姆逊认为，文学叙事中包含着意识形态，"审美行为本身就是意识形态的，而审美或叙事形式的生产将被看作是自身独立的意识形态行为，其功能是为不可解决的社会矛盾发明想象的或形式的'解决办法'"。④因而文学的意识形态分析致力于探讨意识形态作用于文学的种种方式和文学叙事颠覆意识形态的可能路径。

  随着美学和文学研究的文化转向，当代意识形态批判越来越多地逾出

---

 ① 阿尔都塞：《保卫马克思》，顾良译，商务印书馆2006年版，第135页。
 ② 阿尔都塞：《一封论艺术的信——答安德烈·达斯普尔》，杜章智译，见陆梅林选编：《西方马克思主义美学文选》，漓江出版社1988年版，第520—521页。
 ③ Pierre Macherry, *A Theory of Literary Production,* London:Routledge & Kegan Paul, 1978 . p.124, p.133.
 ④ 詹姆逊：《政治无意识》，王逢振等译，中国社会科学出版社1999年版，第67—68页。

哲学分析甚至社会学分析的框架，渗透到大众文化、社会心理、性别、种族、国家及身份认同等领域，旨在揭露各种文化形式中所隐含的意识形态策略或社会意识的控制形式，成为文化研究和文化批评的一种重要模式。阿多诺在分析大众文化的欺骗性时说："这种可以任意确定某种没经证实的内容的科学的偏向，充当了统治的工具。这种意识形态，被用来强调和有计划地宣传现存事物。文化工业具有概括记录的趋势，正因为如此，所以它也能无可辩驳地对存在事实预先作出估计。它通过一再忠实地重复迷惑视线的现象，不断地把现实的现象美化为理想，而轻而易举地克服重大的错误信息与公开的真实情况之间的矛盾。"[①]女权主义批评家则对根深蒂固的男权主义意识形态大加挞伐。后殖民理论家赛义德在《东方主义》中，指认西方学者所说的东方其实是西方意识形态的话语建构，是长期处于强势的西方对处于劣势的东方的殖民话语压迫方式。而汤普森自述其意识形态研究"首要关心的是象征形式与权力关系交叉的方式。它关心的是社会领域中意义借以被调动起并且支撑那些占据权势地位的人与集团的方式……研究意识形态就是研究意义服务于建立和支撑统治关系的方式"[②]。依他的看法，从日常话语行动如仪式、节庆到学校、大学、博物馆、电视节目等总是包罗在具体的社会历史背景与进程之中，被生产、传播与接受，因此文化现象表达了一定的权力关系。近来的意识形态批判致力于剖析各种晚期资本主义的权力关系，如将全球化等同于政治上的自由化、经济上的市场化和文化上的盎格鲁－撒克逊主义的新殖民主义意识形态，标榜市场经济无所不能的神话般的力量的新自由主义经济意识形态，张扬"人权高于主权"进而干涉别国内政的新帝国主义意识形态等，其特征是将某个有限或特殊的价值观普遍化，或将少数集团或国家的利益说成是人类的普遍利益，进而造成一种似是而非的伪普遍性。

虽然意识形态批判在很大程度上超出了马克思当年设定的范围，但仍然秉承了马克思主义批判传统的印记。因为意识形态的运作目标是隐藏并神秘化资本主义制度下阶级结构和社会关系的真正实质，所以意识形态批判担负了一种去神秘化的解蔽功能，作为一套激进的批判资本主义的话语

---

① 霍克海默、阿多诺：《启蒙辩证法》，洪佩郁、蔺月峰译，重庆出版社1990年版，第138页。
② 汤普森：《意识形态与现代文化》，高铦等译，译林出版社2005年版，第62页。

体系发挥了重要作用。

当然，我们还应当看到，意识形态批判把复杂的社会意识理解为物质和意识的镜像反映关系，有一定的局限性。哈贝马斯认为，现代法律的合法性主要建立在交往领域的社会协商和理性互动关系中，而不是建立在意识与存在的反映关系中。意识形态批判对现代社会法律、民主等的规范性建构视而不见，使自然法长期在社会主义阵营中声誉扫地，产生了重大的理论偏差。①鲍德里亚说："整个唯物主义的意识形态批判，对意识、文化价值自治的揭发，对理念现实原则的模拟的指责，整个批判以整体的方式回过头来反对着唯物主义，也就是反对着作为决定事件的经济的自治化。"②即意识形态批判有隐性唯心主义嫌疑。这些说法虽不无可商榷之处，却提醒我们，在新的历史条件下或许需要重新定位意识形态概念，探讨意识形态批判的适用性及其限度。

[原载《陕西师范大学学报》（社会科学版）2012年第2期]

---

① 哈贝马斯：《理论与实践》，郭官义等译，社会科学文献出版社2010年版，第84—86页。
② 鲍德里亚：《生产之镜》，仰海峰译，中央编译出版社2005年版，第136页。

马克思的艺术生产理论：多重内涵、当代发展及面临的挑战

一、马克思的艺术生产理论：语境与内涵

马克思曾经在哲学和政治经济学两个层面上论及艺术生产问题。虽然前者是总体的层面，后者是延伸的层面，但在具体的论述中，这两个层面是相互渗透、相互支持的。马克思在创立历史唯物主义哲学的过程中，物质生活资料的生产是其哲学思维的基础性范式。他在《德意志意识形态》中写道："一旦人们自己开始生产他们的生活资料的时候（这一步是由他们的肉体组织所决定的），他们就开始把自己和动物区别开来。"[①]并且在与物质生产相对应并受物质生产所制约的意义上论及精神生产（艺术生产）、人口生产，"思想、观念、意识的生产最初是直接与人们的物质活动，与人们的物质交往，与现实生活的语言交织在一起的。观念、思维、人们的精神交往在这里还是人们的物质关系的直接产物"[②]。这里的思想、观念、意识理应涵盖早期的艺术创作。在《1844年经济学—哲学手稿》中，马克思把艺术视为精神生产的一种形式，"私有财产的运动——生产和消费——是以往全部生产的运动的感性表现，也就是说，是人的实现或现实。宗教、家庭、国家、法、道德、科学、艺术等等，都不过是生产的一些特殊的方式，并且受生产的普遍规律的支配"[③]。在研究政治经济学的过

[①] 马克思、恩格斯：《德意志意识形态》，《马克思恩格斯全集》第3卷，人民出版社1960年版，第24页。
[②] 马克思、恩格斯：《德意志意识形态》，《马克思恩格斯全集》第3卷，人民出版社1960年版，第29页。
[③] 马克思：《1844年经济学—哲学手稿》，《马克思恩格斯全集》第3卷，人民出版社2002年版，第298页。

程中，马克思多次把艺术视为生产的一种形式，并从生产、消费等的关系上看待艺术品、艺术家与消费者的关系。在1857—1858年经济学手稿的《导言》中，马克思明确提出艺术生产问题，"就某些艺术形式，例如史诗来说，甚至谁都承认：当艺术生产一旦作为艺术生产出现，它们就再不能以那种在世界史上跨时代的、古典的形式创造出来"。这里暗示了艺术生产成为一种自觉的甚至组织化的行为是一种现代意义上的艺术创作方式。他还指出："消费对于对象所感到的需要，是对于对象的知觉所创造的。艺术对象创造出懂得艺术和能够欣赏美的大众——任何其他产品也都是这样。因此，生产不仅为主体生产对象，而且也为对象生产主体。"这段话说明，生产会生产出新的需要，这种新的需要会推动生产进一步发展。尤其值得我们注意的是，马克思在此指出了消费者对产品的知觉在消费中起很重要的作用，这实际上指出了产品的形式在消费中的地位。马克思还认为，生产与消费具有"直接的同一性：生产是消费；消费是生产"①。在《资本论》中特别是在《剩余价值论》中马克思还多次谈到精神生产（艺术生产）。马克思一方面指出，精神生产受物质生产普遍规律的作用，当然这个作用是通过多重中介来实现的，"从物质生产的一定形式产生：第一，一定的社会结构；第二，人对自然的一定关系。人们的国家制度和人们的精神方式由这两者决定，因而人们的精神生产的性质也由这两者决定"②。另一方面，马克思又谈到，包括艺术生产在内的一切生产劳动都可以归结为生产物质产品的劳动，"一切艺术和科学的产品，书籍、绘画、雕塑等等，只要它们表现为物，就都包括在这些物质产品中"③，都要凝聚为物。

既然艺术是一种生产，就牵涉艺术生产力或生产技术问题。在《德意志意识形态》中，马克思说："人们是自己的观念、思想等等的生产者，但这里所说的人们是现实的，从事实际活动的人们，他们受着自己的生产力的一定发展以及与这种发展相适应的交往（直到它的最遥远的形式）的制

---

① 马克思：《〈政治经济学批判〉导言》，《马克思恩格斯选集》第2卷，人民出版社1995年版，第28、10、10页。

② 马克思：《剩余价值理论》，《马克思恩格斯全集》第26卷Ⅰ，人民出版社1972年版，第296页。

③ 马克思：《剩余价值理论》，《马克思恩格斯全集》第26卷Ⅰ，人民出版社1972年版，第442—443页。

约。"①从逻辑上看，马克思在这里谈的精神生产应该包括艺术生产，他认为精神生产受生产力发展水平的制约，这说明艺术生产也应该受生产力的制约。在谈到拉斐尔的绘画时，马克思说："和其他任何一个艺术家一样，拉斐尔也受到他以前的艺术所达到的技术成就、社会组织、当地的分工以及与当地有交往的世界各国分工等条件的制约。"②马克思把技术列为艺术生产制约因素的首要环节，对本雅明等人产生了影响。

既然艺术生产是社会生产的一部分，那么艺术就具有商品性，特别是在资本主义制度下，各种职业包括写作都具有雇佣劳动的特征。在《共产党宣言》中，马克思就指出，"资产阶级抹去了一切向来受人尊敬的职业的灵光。它把医生、教士、诗人和学者变成了它出钱招雇的雇佣劳动者"③。但是马克思并不简单地看待艺术的商品性问题，而看到艺术家身份的多重性，马克思说："演员对观众说来，是艺术家，但是对自己的企业说来，是生产工人。"④也就是说，他可以作为自由艺术家，也可以作为雇佣劳动者。马克思还以创作《失乐园》的密尔顿和受雇于书商的作家为例，指出密尔顿像春蚕吐丝一样创作作品，他的创作活动"是他的天性的能动表现"，而受雇于书商的作家"因为他的产品从一开始就从属于资本，只是为了增加资本的价值才完成的"，是"生产资本"的生产者。⑤这说明马克思仍然受到浪漫主义思潮的影响，认为艺术创作应该是一种"高贵天性"的表现，这与他早年的思想一脉相承。马克思在《第六届莱茵省议会的辩论》（第一篇论文）中说："作者当然必须挣钱才能生活，写作，但是他决不应该为了挣钱而生活，写作……作者绝不把自己的作品看作手段。作品就是目的本身；无论对作者本人还是对其他人来说，作品都绝不是手段，在必要

---

① 马克思、恩格斯：《德意志意识形态》，《马克思恩格斯全集》第3卷，人民出版社1960年版，第29页。
② 马克思、恩格斯：《德意志意识形态》，《马克思恩格斯全集》第3卷，人民出版社1960年版，第459页。
③ 马克思、恩格斯：《共产党宣言》，《马克思恩格斯选集》第1卷，人民出版社1995年版，第275页。
④ 马克思：《剩余价值理论》，《马克思恩格斯全集》第26卷Ⅰ，人民出版社1972年版，第164—165页。
⑤ 马克思：《剩余价值理论》，《马克思恩格斯全集》第26卷Ⅰ，人民出版社1972年版，第432页。

时作者可以为了作品的生存而牺牲他自己的生存。"①而且，在《评普鲁士最近的书报检查令》中，马克思还把文学创作视为作家精神个体性的形式，认为精神个体性应该有多种表现方式。②而受雇用的创作有可能体现不了作者的精神个体性。这是因为，马克思认为资本主义生产有逐利的本性，"资本主义生产的真正限制是资本自身，这就是说：资本及其自行增殖，表现为生产的起点和终点，表现为生产的动机和目的；生产只是为资本而生产，而不是相反"③。这与艺术生产的自由性相背离，马克思正是在这样的语境下谈到资本主义生产与艺术和诗歌相敌对的问题，"要研究精神生产和物质生产之间的联系，首先必须把物质生产本身不是当作一般范畴来考察，而是从一定的历史的形式来考察。例如，与资本主义生产方式相适应的精神生产，就和中世纪生产方式相适应的精神生产不同。……只有在这种基础上，才能够理解统治阶级意识形态的组成部分，也理解一定社会形态下自由的精神生产。……资本主义生产就同某些精神生产部门如艺术和诗歌相敌对"④。即便如此，马克思也承认在私有制生产条件下，既存在"统治阶级的意识形态组成部分"，也存在"自由的精神生产"。也就是说，资本主义生产与艺术生产的敌对是相对的，不是绝对的。可见，马克思虽然在哲学层面上认定物质生产对精神生产（艺术生产）的决定地位，同时也在政治经济学层面上研究商品条件下艺术生产的一般规律，但却是在批判私有制对于精神生产的自由性与个体性的制约性的意义上研究艺术生产问题，这与他对资本主义的政治经济学批判是一致的，所以马克思的艺术生产具有两层意义三重内涵：物质生产制约下的精神生产，资本主义商品生产条件下的一种生产，自由的精神生产。第一重内涵具有始基意义，第二重内涵带有历史限定的意义，第三重内涵与马克思早年受浪漫主义影响以及19世纪作家取得独立地位的历史状况有关。因此，我们应该

---

① 马克思：《第六届莱茵省议会的辩论》（第一篇论文），《马克思恩格斯全集》第1卷，人民出版社1995年版，第192页。

② 参见马克思：《评普鲁士最近的书报检查令》，《马克思恩格斯全集》第1卷，人民出版社1995年版，第111页。

③ 马克思：《资本论》第3卷，《马克思恩格斯全集》第25卷，人民出版社1974年版，第278—279页。

④ 马克思：《剩余价值理论》，《马克思恩格斯全集》第26卷Ⅰ，人民出版社1972年版，第296页。

勘察马克思谈论艺术生产时的具体语境和多重内涵，不宜把马克思的艺术生产理论仅仅看成是对商品生产条件下艺术生产一般规律的概括。

二、马克思艺术生产理论在20世纪的发展

马克思的艺术生产理论在20世纪马克思主义文艺理论家那里得到了继承和发展，但是各自继承和发展的路径并不一致。总体来看，本雅明、布莱希特等人偏重政治经济学这一层面，马歇雷、伊格尔顿等人偏重于哲学这一层面。

本雅明、布莱希特比较看重艺术生产的技术问题，关注马克思看到的消费者对产品的知觉在消费中的作用，具体到艺术生产中，就是关注现代技术对于艺术形式进步的意义。本雅明在《机械复制时代的艺术作品》中，考察了印刷术、石印术、照相术、电影等的发明造就的技术复制时代的到来，"人类的感知方式随整个人类生存方式的变化而变化。人类感知的组织形态，它赖以完成的手段不仅由自然来决定，而且由历史环境来决定"。"艺术的机械复制改变了大众对艺术的反应。"[①]本雅明从马克思的艺术生产理论中得到启发，把艺术生产当作如同物质生产一样由生产与消费，生产者、产品与消费者等要素组成。其中艺术家是生产者，艺术作品是产品或商品，读者观众是消费者；艺术的创作和欣赏是生产和消费，艺术生产的技术构成艺术生产力，代表了艺术发展水平。而艺术家与消费者之间的关系构成了艺术生产关系。艺术活动的特点、性质由艺术生产力与生产关系的矛盾运动所造成。当艺术生产力与生产关系发生矛盾时，就会发生艺术上的革命。所以本雅明极其推崇艺术生产技术技巧的作用，认为这些技巧可消除形式与内容间的僵硬对立，改变传统的感知方式。本雅明抓住了生产工具这一生产要素看待技术进步在艺术生产中的意义，"改造生产工具就意味着摆脱了又一个障碍，超越了又一个对立，这些障碍与对立束缚了知识分子的生产，在写作与形象之间形成了屏障。……在这里，

---

① 本雅明：《机械复制时代的艺术作品》，参见阿伦特编：《启迪——本雅明文选》，张旭东等译，生活·读书·新知三联书店2008年版，第237、254页。

对作为生产者的作家来说，技术的进步是其政治进步的基础"①。本雅明的观点对法兰克福学派的其他成员产生了影响。例如，马尔库塞也在形式革命对知觉改变的意义上看待艺术的革命性，"在形式中'包含着'否定的东西，形式总是一个'破碎的''升华了'的对立，它使现存现实发生形式和实质的变化，即从现存现实中解放出来"。"在这个意义上，每一真正的艺术作品，遂都是革命的，即它倾覆着知觉和知性方式，控诉着既存的社会现实，展现着自由解放的图景。"②布莱希特则认为戏剧包含物质生产技术在舞台上的运用。他在谈到如何填平史诗与戏剧之间的鸿沟、铸就史诗剧时说，"由于技术的成果使得舞台有可能将叙述的因素纳入戏剧表演的范围里来……幻灯的出现，舞台借助机械化而取得的巨大转动能力，电影，使舞台装备日趋完善"③。他还说，"戏剧也可以让它的观众享受他们时代的、从生产劳动中产生的特殊伦理。把批判，亦即把生产劳动的伟大方法变成娱乐"④。这就意味着与物质生产相关的艺术技巧对戏剧活动有着重要的意义。尤金·伦恩评论说："布莱希特坚持知性实践的相对独立性，认为艺术通过可以预期的对经济系统的改变，帮助改变给定的现实。"⑤

在马克思艺术生产理论哲学层面的当代转换中，阿尔都塞发挥了特殊作用。阿尔都塞指出，马克思关于经济基础和上层建筑、生产力和生产关系的不平衡、矛盾发展的说法指的是由社会整体结构造成的多重关系，"既然不平衡的概念并不意味着外在数量的比较，那我就会说，马克思主义的矛盾是'由不平衡性所规定的'，只要大家愿意承认，这里的不平衡性具有它所确指的内在本质：多元决定"⑥。后来，伊格尔顿用阿尔都塞多元决定的理论来解释文学文本的生产过程：

一般生产方式；

---

① Walter Benjamin, *Reflections: Essays Apborisms, Autobiographbical Writings*, edited by Peter Demetz, New York: Harcourt Jovanovich, 1986, p.230.
② 马尔库塞：《审美之维》，李小兵译，生活·读书·新知三联书店1989年版，第158、205页。
③ 布莱希特：《布莱希特论戏剧》，丁扬忠等译，中国戏剧出版社1990年版，第69页。
④ 布莱希特：《布莱希特论戏剧》，丁扬忠等译，中国戏剧出版社1990年版，第15页。
⑤ Eugene Lunn, *Marxism and Modernism*, Berkeley and Los Angeles: Unversity of California Press, 1982, p.120.
⑥ 路易·阿尔都塞：《保卫马克思》，顾良译，商务印书馆2006年版，第209页。

文学生产方式；
一般意识形态；
作者意识形态；
审美意识形态；
文本。

一般生产方式是社会物质生产力和生产关系的总体，文学生产方式是一定社会形态下文学生产力和生产关系的总体。在文学社会中存在着不同的文学生产方式，其中一个占据主导地位。文学生产方式的生产力是由文学生产方式作为其上层建筑的一般生产方式提供的。一般意识形态是一种生产方式下产生的占统治地位的意识形式。作者意识形态指的是由作者的社会阶层、性别、民族、宗教、地域等一系列独特因素造就的特点，文本是上述多种因素的产物。一般意识形态在以一定方式进入文本的过程中，文学的语言、形式也在对其进行重构从而使之移位和变形。[①]这一流程指明了从一般生产方式到具体文学文本的多个中介环节。

同样受到阿尔都塞影响的马歇雷，借鉴了阿尔都塞把意识形态视为一个与社会信仰有关的幻象系统的观点，主要关注的是意识形态在文学生产中的变形。在马歇雷看来，文学生产是一种意识形态的生产，但在他的眼里事实上存在着两种意识形态，毋宁分别称为一般意识形态和文本意识形态。一般意识形态协调着整个社会结构，是一种"幻觉"（illusion）的思想体系。作为文学生产的原料，它规定着文学参与社会主导想象模式的形成和运作，但是文学生产凭借其虚构性开辟出多样的精神空间，形成对意识形态"幻觉"的抵制。虽然一般意识形态是文学生产的原料，但文学的虚构性使它发生扭曲与变形，"即使意识形态本身看起来总是坚固的、丰富的，但却由于它在小说中的在场，由于小说赋予它以可见的、确定的形式，它开始言说自己的不在场。借助于作品，使逃出意识形态的自发领域，摆脱对于自己、历史和时代的虚假意识成为可能"[②]。因而"文本里存在着文本和它的意识形态内容之间的冲突"，"文学通过使用意识形态而挑

[①] Terry Eagleton, *Criticism and Ideology*, London:Verso, 1978, pp.44-45.

[②] Pierre Macherry, *A Theory of Literary Production*, London:Routledge & Kegan Paul, 1978, p.132.

战意识形态"。①文学不仅受制于意识形态，还以其虚构的策略颠覆了意识形态，生产出自己的意识形态。有人评价说，马歇雷的"'文学生产'理论从意识形态角度切入，既深刻体察意识形态'虚幻'的无所不在带来的困境，又充分肯定文学'虚构'的卓尔不群所建构的超越价值"②。

我们发现，虽然本雅明、布莱希特的艺术生产理论尚未脱离政治经济学语境，马歇雷、伊格尔顿的艺术生产理论逸出了政治经济学框架，但他们共同指认了艺术形式在艺术生产中的革命意义，并赋予艺术生产以能动的社会批判内涵，是对马克思艺术生产理论的一个推进。

三、马克思艺术生产理论面临的挑战

随着消费社会的来临，一些学者质疑单纯的政治经济学视野的失效，对马克思的艺术生产理论构成了挑战。在《消费社会》中，鲍德里亚指出，当下的社会已经进入消费社会，消费社会"是进行消费培训、进行面向消费的社会驯化的社会——也就是与新型生产力的出现以及一种生产力高度发达的经济体系的垄断性质调整相适应的一种新的特定社会化模式"。丰盛和消费"总是同时被当作神话（超越历史和道德的幸福假定）来体验，又被当作对某种新型集体行为方式进行适应的一种客观程式来忍受"③。其实，德波早在《景观社会》中已经把景观视为一个自主的目标，提出以娱乐、广告等为代表的影像性的景观生产已经成为一种主导的生产形式，"作为当今物品生产不可缺少的背景，作为制度基本原理的陈述，作为一个直接塑造不断增长的影像对象的发达经济部门，景观成为当今社会的主要生产"④。这个说法隐含了对马克思物质生产决定性结构的改写，而这一点又启发了鲍德里亚的仿像理论。在《象征交换与死亡》中，鲍德里亚指责马克思的经济学为古典经济学，因为在那里"使用价值作为交换

---

① Pierre Macherry, *A Theory of Literary Production*, London: Routledge & Kegan Paul, 1978, p.124, p.133.
② 程一聪：《意识形态与文学的双重变奏——马歇雷文学生产理论浅探》，《马克思主义美学研究》第9辑，中央编译出版社2006年版，第138页。
③ 鲍德里亚：《消费社会》，刘成富、全志刚译，南京大学出版社2000年版，第73、75页。
④ 德波：《景观社会》，王昭凤译，南京大学出版社2006年版，第5页。

价值系统的远景和目的性而起作用",而消费社会是一个仿像社会,商品结构具有自主性,不依赖于参照价值和使用价值,"参照价值为了唯一的价值结构游戏的利益而被摧毁了。结构维度自主化,参照维度被排除,前者建立在后者的死亡之上。生产、意指、情感、实体、历史等各种参照都终结了……现在是另一个价值阶段占优势,即整体相关性、普遍替换、组合以及仿真的阶段"[1]。在《生产之镜》中,鲍德里亚批评马克思的政治经济学是一种生产中心主义,进而质疑马克思哲学层面的生产理论以及艺术生产这个说法本身,"通过艺术作品这一问题,我们能进一步澄清历史唯物主义从生产方式出发,只能根据社会—历史决定论模式、机械的或结构的模式来理解它,根本不能说明艺术品的创作过程以及它的根本差异"[2]。约翰·斯道雷也认为:"政治经济学的失败之处在于并未认清下述事实:资本主义的商品生产基于商品的交换价值,而受众对商品的消费则基于商品的使用价值。于是就有两种经济——使用的经济与交换的经济。"[3]此外,布尔迪厄把从马克思政治经济学研究中引入的资本概念纳入他的社会学框架中讨论艺术生产,也可算是对马克思艺术生产理论的一个修正。布尔迪厄认为,不同社会属性的人们或机制形成不同的场域,其内部由权力关系所建构,艺术生产场是其中的一种。场域的力量由资本所制造。但他所谓资本除了马克思所说的经济资本以外,还有社会资本(人际关系等)、文化资本(知识、技能等)、象征资本(荣誉、地位等)。

的确,马克思的政治经济学研究是以生产为中心的。在生产、流通、分配和消费各个环节的关系上,马克思明确地把生产置于中轴位置,"无论我们把生产和消费看作一个主体的活动或者许多个人的活动,它们总是表现为一个过程的两个要素,在这个过程中,生产是实际的起点,因而也是起支配作用的要素。消费,作为必需,作为需要,本身就是生产活动的一个内在要素。但是生产活动是实现的起点,因而也是实现的起支配作用的要素,是整个过程借以重新进行的行为"[4]。在这里,马克思是把消费作

---

[1] 鲍德里亚:《象征交换与死亡》,车槿山译,译林出版社2006年版,第3—4页。
[2] 鲍德里亚:《生产之镜》,仰海峰译,中央编译出版社2005年版,第83—84页。
[3] 约翰·斯道雷:《文化理论与大众文化导论》,常江译,北京大学出版社2010年版,第285页。
[4] 马克思:《〈政治经济学批判〉导言》,《马克思恩格斯选集》第2卷,人民出版社1995年版,第12页。

为生产活动的一个部分来看待的,没有预料到消费社会的来临,所以鲍德里亚对马克思政治经济学的批评有一定的道理。但是马克思在从政治经济学层面讨论艺术生产时,恰恰更为看重消费与生产的互动关系,看重消费者对产品的知觉在消费中的作用,这一点仍然具有现代意义和超前的预见性。而马克思具有浪漫主义背景的对资本主义生产与艺术及诗歌相敌对的考察,看到了艺术被资本主义物质关系所支配破坏了生产、社会、艺术之间的内在联系①,更是具有敏锐的观察力。更为重要的是,即便是在消费社会,社会的大多数产品仍然以物质产品的形式存在。艺术产品的价值固然受各种偶然因素的影响,也不好说完全由象征价值所决定。从哲学层面看,马克思关于物质生产始基性地位的断言并未过时,鲍德里亚忽视了物质性凝聚在消费社会产品价值生成中的作用。当代不少思想家继续在维护马克思的生产论。比如詹姆逊认为马克思的生产论仍然有效,特别是他关于生产方式从狩猎和采集、新石器时代的农业、城邦、奴隶制、封建主义、资本主义到共产主义的论述,"这些共时模式并不单纯地指定具体和独特的经济'生产'或劳动过程和技术的模式,它们同时也标示出文化和语言(或符号)生产的具体和独特的模式(同其他传统马克思主义上层建筑中的政治、法律、意识形态等等在一起)"②。

马克思主义的基本观点生产方式决定意识形态关系,生产方式影响一切意识形态产品,包括文学作品和思想理论,在大的方面还是成立的。

总之,马克思的艺术生产理论具有丰富的内涵,在20世纪产生了很大的反响,是马克思与20世纪文论与美学关联性的一个重要方面。恰当地厘定马克思艺术生产理论的多重内涵与语境,不仅有助于认识这一理论的当代价值,也有助于我们破解我国目前商品生产条件下艺术生产所面临的现实问题。

(原载《江西社会科学》2009年第7期)

---

① 嵇山:《论"敌对"》,《马克思主义美学研究》第9辑,中央编译出版社2006年版,第149页。

② 詹姆逊:《晚期资本主义的文化逻辑》,张旭东编,生活·读书·新知三联书店1997年版,第186页。

"现实主义的最伟大胜利"：一段问题史

恩格斯1888年在《致玛·哈克奈斯》的信中，认为"现实主义甚至可以违背作者的见解而表露出来"。恩格斯以巴尔扎克为例，指出他的同情心虽然是在贵族一边，但却毫不掩饰地赞美他政治上的死对头——圣玛丽修道院的英雄们。这说明作品的客观意义有可能和作者的政治观点或倾向不一致，恩格斯称这一现象为"巴尔扎克不得不违反自己的阶级同情心和政治偏见；他看到了他心爱的贵族们灭亡的必然性，从而把他们描写成不配有更好命运的人；他在当时唯一能找到未来的真正的人的地方看到了这样的人——这一切我认为是现实主义的最伟大胜利之一"①。荷兰学者佛克马认为，恩格斯所提出的这种"不一致"理论把批评家的注意力导向作品本身，"对于马克思主义文学理论是一个重大贡献"②。英国学者杰弗森也说，恩格斯"这封信从理论上表明了现实主义对意识形态、对政治观点的胜利，尽管这些政治观点是相当自觉的……在这里，现实主义似乎是能高瞻远瞩，能透过作家的主观同情心的障碍看到历史的真实和运动"③。卢卡契更是称恩格斯所说的现实主义的伟大胜利"是深入到现实主义艺术创作的真正老根的一个问题。这个问题已经接触到真正现实主义的实质……一个伟大的现实主义作家，如巴尔扎克，假使他所创造的场景和人物的内在的艺术发展，跟他本人最珍爱的偏见，甚至跟他认为最神圣不可侵犯的信念发生了冲突，那么，他会毫不犹豫地立刻抛弃他本人的这些偏见和信念，来描写他真正看到的，而不是描写他情愿看到的事物。对自己的主观

---

① 恩格斯:《致玛·哈克奈斯》(1888年4月初),《马克思恩格斯选集》第4卷，人民出版社1995年版，第684页。
② 佛克马、易布思:《二十世纪文学理论》，林书武等译，生活·读书·新知三联书店1988年版，第98页。
③ 安纳·杰弗森、戴维·罗比等:《西方文学理论概述与比较》，陈昭全等译，湖南文艺出版社1986年版，第175页。

世界图景的这种无情态度,是一切伟大现实主义作家的优质标志"①。正是由于恩格斯这段话蕴含了较为宽广的理论探讨空间,在东西方马克思主义文艺理论界之间及其内部,围绕着恩格斯的论断及其所谈论的巴尔扎克现象,展开了旷日持久的讨论甚至论争。回顾和探讨这场争论,不仅能够厘清马克思主义文艺理论发展史上的一个重要理论问题,也会有助于思考长期以来困扰我国文艺理论界的一些问题,对于坚持和发展马克思主义文艺理论具有重要意义。

一

西方马克思主义文艺理论家一般从作家与现实生活的关系入手来理解恩格斯所论及的巴尔扎克现象,把它看作是作家遵从社会生活本身从而超越了个人主观价值判断的一个生动事例。但由于这些理论家注重将马克思主义文艺理论与各自的理论立场相结合,所得出的结论又各有侧重。卢卡契是较早意识到恩格斯论断重要性的理论家。他认为艺术具有间接的直接性,现实主义的使命不在于简单地模仿现实,而在于创造一个统一的、完整的、有别于日常生活的现实形象,艺术作品的统一性产生于对运动着的和有着具体生动联系的生活过程的反映。由于卢卡契把马克思所说的理论和实践的统一归结为主体与客体在历史过程中的相互关系并把方法限于历史现实方面,巴尔扎克现象在他那里被解释成一个作家正视现实的勇气与诚实阻挡了其他意识形态的干扰。卢卡契在《〈农民〉》一文中写道,"使巴尔扎克成为一个伟大人物的,是他描写现实时的至诚,即使这种现实正好违反他个人的见解、希望和心愿,他也是诚实不欺的",所以"他在这部小说里实际做到的,恰恰和他准备要做的相反:他所描绘的并不是贵族庄园,而是农民小块土地的悲剧。正是这种主观意图和客观实践之间的矛盾,这种政治思想家巴尔扎克和《人间喜剧》作者巴尔扎克之间的矛盾,

---

① 卢卡契:《欧洲现实主义研究·英文版序》,《卢卡契文学论文集》2,中国社会科学出版社1981年版,第53页。

构成了巴尔扎克的历史伟大性"。①按照卢卡契的归纳,巴尔扎克的诚实不欺表现在两方面:一是服从于观察,"现实主义的胜利并非奇迹,而是一种十分复杂而辩证的过程的必然结果,也即是著名作家与现实的丰富多彩相互关系的必然结果"②。"不管自己在政治和思想意识上的一切偏见,还是用不受蒙蔽的眼光观察了已经出现的一切矛盾,并且忠实地描写了它们。"③二是在艺术描写上"始终是绝对忠实于生活的。换句话说,他从来没有使他的人物说过、想过、感到过或是做过的任何事情,不是从他们的社会存在中必然产生出来而又完全符合他们的社会存在的一般和特殊的决定性因素的"④。在卢卡契看来,这是一种符合现实的本质上正确的表现方式。

西方马克思主义的另一代表人物阿尔都塞则把巴尔扎克现象归结为文学艺术对意识形态的反叛关系的表现。由于他认为意识形态通过各种社会控制形式渗透到社会生活的各个方面,艺术免不了受到意识形态的影响,但伟大的艺术又在某种程度上超越了意识形态的束缚,与意识形态的现实形成了特殊的差异性认识关系。巴尔扎克、托尔斯泰等人刻画了作家与他的意识形态之间的抽象的真实关系:一方面作家坚持其政治上的意识形态;另一方面作家又在自己的作品中通过艺术体验以感觉到的方式造成了意识与现实的差异与裂隙,使我们读者能够看到这个内部距离,从而产生批判性的看法。虽然他们"根本没有使我们认识他们所描写的世界,他们只是使我们'看到'、'觉察到'或'感觉到'那个世界的意识形态的现实"。"巴尔扎克和托尔斯泰作品的内容与他们政治上的意识形态'分离开',并且在某种程度上使我们从外部'看到'它,使我们通过在那个意识形态内部造成的距离'觉察到'它,这个事实是以那个意识形态本身作为前提的。肯定可以说,是他们作为小说家的艺术

---

① 卢卡契:《〈农民〉》(1934),载《卢卡契文学论文集》2,中国社会科学出版社1981年版,第159—160页。
② 卢卡契:《马克思和意识形态的衰落问题》,载《卢卡契文学论文集》1,中国社会科学出版社1981年版,第223页。
③ 卢卡契:《〈农民〉》(1934),载《卢卡契文学论文集》2,中国社会科学出版社1981年版,第180页。
④ 卢卡契:《〈农民〉》(1934),载《卢卡契文学论文集》2,中国社会科学出版社1981年版,第184页。

的'效果'在他们的意识形态内部造成这个距离，使我们得以'觉察到'它。"①这是因为，文学作品作为作家的主观性现象是特殊的美学存在，它以对人们和作家所处的真实的生存条件的结构关系的观察同现存的想象性关系总体（意识形态实体）保持距离，提供了一种让读者思考的征候，去追问作品中所描写的那个世界的意识形态真相。由于托尔斯泰与巴尔扎克的情况相似，马歇雷在《列宁——托尔斯泰的批评家》一文中表达了与阿尔都塞相类似的观点。他认为，托尔斯泰作品对历史结构的准确描绘告诉了那个时代所能告诉我们的，从而超出了他本人对那个时代的分析。他说："托尔斯泰的个人观点是由他的社会出身决定的：托尔斯泰伯爵自发地代表了地主贵族。但是作为一个作家……托尔斯泰在他的作品中吸取了一种并非'天然地'属于他自己的思想，眼睛望着农民，而同他当时的历史建立了一种新关系。"②

在西方马克思主义者当中马尔库塞并不推重现实主义。在他眼里，艺术具有反抗异化的社会现实、展示新的感性经验的无限潜能，《人间喜剧》的魅力在于它以一个个特定个体的故事提供了谴责现行世界秩序的美学形式。他甚至认为作者并没有违反自己的政治偏见，巴尔扎克现象只是证明作者描写了永恒的生活内容，"《人间喜剧》的美学质量及其真实性在于社会内容的个人化"。作者描写的人物所显示的普遍内容超出了阶级社会，代表了全人类"特殊的社会对抗被发展成个人与个人之间、男性和女性之间、人与自然之间的种种超社会力量的发挥。生产方式的变化取消不了这种动态"③。

这说明，西方马克思主义文艺理论家更多地受到马克思早期的异化和社会批判理论的影响，又借鉴了西方各种现代哲学与文艺思潮中的一些观点，在讨论巴尔扎克现象时虽然也将现实世界与文学的审美意象世界相联系，但其着眼点在于艺术和审美怎样通过改变主体进而改变主体所生活的世界，怎样认识并有助于克服资本主义异化与分裂的现实。因此，他们看

---

① 阿尔都塞：《一封论艺术的信——答安德烈·达斯普尔》，陆梅林选编：《西方马克思主义美学文选》，漓江出版社1988年版，第521—523页。
② 马歇雷：《列宁——托尔斯泰的批评家》，陆梅林选编：《西方马克思主义美学文选》，漓江出版社1988年版，第591页。
③ 马尔库塞：《现代美学析疑》，绿原译，文化艺术出版社1987年版，第19—20页。

重艺术对资本主义意识形态的异质性与反叛性,巴尔扎克作为资本主义现实的社会批判家而为他们所赏识,故而他们对恩格斯的论断存在着"过度诠释"的情况,即恩格斯所论及的这一现象成为他们建构各自理论体系的支援背景和理论依据。

二

中国与苏联对恩格斯论断的讨论是在本国强调意识形态斗争的特定历史时期展开的,在这样的情况下恩格斯论断所包含的承认艺术特殊性的思想理所当然地不被重视,他所论及的巴尔扎克现象被归结为世界观与现实主义创作方法的关系问题,占主导地位的观点是在承认世界观对创作方法的决定作用的前提下将巴尔扎克现象说成是其世界观复杂性的表现。例如,苏联权威的文艺理论家波斯彼洛夫说,"巴尔扎克在他本来的创作意图中,打算批判贵族阶级中盛行的风俗,但并不想否定这个阶级本身的存在。但是,他在正确地现实主义地再现贵族阶级的性格及这个阶级内在的深刻的道德腐化时,却十分明显地表现了贵族阶级的社会灭亡的必然性,它的必遭灭亡的历史命运。而反之,巴尔扎克想对贵族阶级的某些部分,似乎是优秀部分的生活作道德上的肯定的企图,却导致这位作家对这部分贵族的代表人物的歪曲的和非现实主义的描写"[①]。另一著名文艺理论家弗里德连杰尔认为:"恩格斯在谈到巴尔扎克时,并不是把巴尔扎克的'世界观'和'创作'看作两个互相排斥的对立面。恩格斯认为,他对法国现实历史的客观逻辑的深刻理解抵制了他的'偏见'。因此,恩格斯把巴尔扎克创作中的'现实主义的胜利'首先同他的世界观联系起来,同这种世界观中强有力的和富有成果的方面联系起来。正是他的世界观的这些方面使巴尔扎克在他的长篇小说中感觉到历史发展的现实的辩证法,因而战胜了他原有的政治偏见和对贵族阶级的同情。"[②]但恩格斯的论断也同时给那些反对意识形态对文学不合理干预的理论家提供了一个绝佳的理论依据,

---

[①] 波斯彼洛夫:《文学原理》,王忠琪等译,生活·读书·新知三联书店1985年版,第384页。
[②] 弗里德连杰尔:《马克思恩格斯和文学问题》,郭值京等译,上海译文出版社1984年版,第189页。

去为艺术的特殊性和创作方法的能动性进行论证。30年代初恩格斯《致玛·哈克奈斯》的信在苏联公开发表后，苏联文艺理论界就恩格斯论及的巴尔扎克现象围绕世界观与现实主义创作方法的关系问题发生了"不问派"与"多亏派"（也称进步派）的争论。"不问派"以里夫希茨和当时在苏联工作的卢卡契为代表，认为一个伟大的艺术家不论他的世界观如何，即便是反动的，仍然能创作出伟大的作品，"现实主义的最伟大胜利"表明了现实主义对意识形态和政治观点的胜利。如卢卡契就说过，"严肃的伟大现实主义作家们的世界观和政治态度，似乎是无关紧要的事情"[①]。里夫希茨更主张："像巴尔扎克这样的艺术家，他向历史运动的道义力量作出了让步——这是天才的让步。……在违反了人们的偏见的每一次'现实主义的胜利'中所诞生的东西，正如在压倒了现实主义的每一次反动偏见的胜利中死去的东西一样，是以'进步'这个常用字眼为代表的社会发展的积极种子。"[②]"如果艺术家具有反动的世界观，但创作过一部伟大的艺术作品，那么，虽然他的世界观是反动的，但并没有因此而影响了他的作品的伟大，而正好相反。"[③]"多亏派"以法捷耶夫为后盾，张扬世界观的决定作用，认为多亏进步的世界观或世界观中的进步因素才创作出伟大的作品。"不问派"具有反抗当时官方意识形态政策的意味，很快便受到苏联官方的批判。此后，我国和苏联在很长一段时间都认为恩格斯那段话谈论的是世界观与创作方法的关系并强调世界观对创作的最终决定作用。

我国左翼文艺界一开始介绍马、恩文艺思想时尚能意识到恩格斯论断所包含的对艺术自身特性的指认。瞿秋白30年代初写的《马克思恩格斯和文学上的现实主义》是我国最早阐发恩格斯致哈克奈斯信的主要内容的文章，文章认为恩格斯所分析的现象说明巴尔扎克"敢于暴露贵族和资产阶级的弱点，用强有力的讽刺和讪笑揭穿内部的矛盾，希望资产阶级因此而

---

① 卢卡契：《欧洲现实主义研究·英文版序》，《卢卡契文学论文集》2，中国社会科学出版社1981年版，第53页。

② 里夫希茨：《马克思论艺术和社会理想》，吴元迈等译，人民文学出版社1983年版，第477页。

③ 里夫希茨：《令人厌烦》，转引自吴元迈：《恩格斯论现实主义》，《马克思主义文艺理论研究》第1辑，文化艺术出版社1982年版，第189—190页。

警醒些，努力些，周密些，去改良自己的'秩序'"①。周扬稍后写的《关于"社会主义的现实主义"与"革命的浪漫主义"》一文，也说巴尔扎克现象说明了"忽视艺术的特殊性，把艺术对于政治，对于意识形态的复杂而曲折的依存关系看成直线的、单纯的，换句话说，就是把创作方法的问题直线地还原为全部世界观的问题，却是一个决定的错误"②。但是在周扬后来的理论实践中，他更多地强调现实主义和世界观的一致性，把巴尔扎克现象只是看作特殊的例外，强调"我们所达到的世界观却是一个完整的，各部一致的，没有内在矛盾的世界观。假如说以前的现实主义者艺术家违反了自己的世界观，达到了现实之正确的表现，那么我们的现实主义是借我们的世界观之助给与现实更正确的表现的"，"作家的世界观和创作方法的矛盾是他所属的社会层的主观的利害和现实性的客观倾向之间的矛盾的反映。这矛盾并不是永久的，它将在历史的发展中得到解决"。③ 40年代之后，世界观问题在左翼文艺界占了核心地位，周扬要求革命的现实主义文学"应当具有两个最显著的特点：一个是它是以马克思主义的世界观为基础……再一个是它应当是以大众，即工农兵为主要的对象"④。50年代中国文艺理论界也就恩格斯谈论的现象进行了讨论，主流意见仍然是巴尔扎克世界观中的先进成分对保守成分的决定作用。钱学熙认为："因为恩格斯的所谓现实主义明明是'看出了'现实真相的现实主义，这种'看出'当然是理性认识而不是感性认识；何况恩格斯认为巴尔扎克的现实主义所看出了的，还根本不是什么现象而是贵族和人民命运中的必然性，是'贵族的必然没落'，'真正的将来人物'的必然兴起，是现实中的发展规律。""把巴尔扎克、托尔斯泰这种矛盾解释为世界观与创作方法的相矛盾，实在是完全无视事实、抹杀事实的。"⑤蔡仪认为，恩格斯所说的巴尔扎克现象，包括列宁所说的发疯地笃信宗教的托尔斯泰却忠实地再现了俄

---

① 瞿秋白：《马克思恩格斯和文学上的现实主义》，《瞿秋白文集》第2卷，人民文学出版社1954年版，第1022页。

② 周扬：《关于"社会主义的现实主义"与"革命的浪漫主义"》，《周扬文集》第1卷，人民文学出版社1984年版，第106页。

③ 周扬：《现实主义试论》，《周扬文集》第1卷，人民文学出版社1984年版，第159页。

④ 周扬：《艺术教育的改造问题》，《周扬文集》第1卷，人民文学出版社1984年版，第418页。

⑤ 钱学熙：《作家的世界观与创作方法的关系问题》，《社会主义现实主义论文集》(第1集)，新文艺出版社1958年版，第256页。

国社会的某些基本特点的现象,说明了巴尔扎克、托尔斯泰世界观本身是有矛盾的,因为世界观包含了政治观、宗教观、文艺观等部分,"这种情况不能证明他们的世界观和创作方法的矛盾,倒是证明了他们的世界观本身是矛盾的。而恩格斯的话,也是说的巴尔扎克政治偏见、阶级同情和他的现实主义矛盾;列宁的话,也是说的托尔斯泰的宗教观念与某些政治观点和他的现实主义矛盾,并不是说他们的世界观和创作方法矛盾"①。在新中国成立后流行的文艺学教科书中,也普遍采用世界观与创作方法一致性的观点,但承认世界观不是铁板一块的,而包含了各种成分,巴尔扎克现象说明了"杰出的现实主义作家,因为世界观中的进步因素,掌握了正确的创作方法,要按照现实生活本身的样子去描写作品中的人物事迹,因此生活实践和艺术实践加深了对生活的认识,纠正了世界观中的某种错误的观点"②。"不论是巴尔扎克还是列甫·托尔斯泰的创作,都并不能证明他们世界观中的反动因素会被现实主义的创作方法所克服,恰恰相反,只是证明他们世界观中的反动因素,不可避免地会这样那样地削弱作品的真实性及其思想意义,歪曲了某些人物的形象。"③在极左文艺学那里,现实主义的伟大胜利被说成世界观中的革命因素对反动因素的胜利,"巴尔扎克哲学观点上的唯物主义的一面(这同他的文学观点和创作方法结合着),他所受的资产阶级进化论思潮的影响,帮助他创造了资产阶级胜利贵族阶级人物灭亡时代广阔的社会生活的图画。由于世界观中的保守反动的一面,巴尔扎克的批判现实主义,又同时存在明显的阶级局限性"④。

里夫希茨、卢卡契等"不问派"的观点在中国也有一些人响应。例如在冯雪峰那里,巴尔扎克现象说明了生活对艺术的胜利。冯雪峰也指认"最好的创作方法是现实主义",但批评周扬"将'世界观'和'创作实践'分开,并且强调着和重复着'世界观'机械论的老调,实在是抽象的主观论的机械的创作观点。他抱着作家研究'正确的世界观',批评家宣传'正确的世界观'就'保证'使作家走向正确的方向去的见解。……据

---

① 蔡仪:《再论现实主义问题》,蔡仪:《美学论著初编》(下),上海文艺出版社1982年版,第719页。
② 蔡仪主编:《文学概论》,人民文学出版社1979年版,第256页。
③ 以群主编:《文学的基本原理》,上海文艺出版社1980年版,第246页。
④ 姚文元:《现实主义是万古不变的吗》,姚文元:《文艺思想论争集》,作家出版社1964年版,第63页。

我们的理解,世界观是表现在作家对于现实的关系上的,所以只有在实践上才表现出来。作家和一个人一样,读社会科学书当然是必要的补助,但主要的应当在他的生活上,在他对于历史的当时的事象的关心和分析上,在他对于题材的摄取上,在他的写作过程上去获得'正确的世界观'"[1]。胡风则把这一现象说成是现实主义本身的胜利,他说"真实的现实主义的创作方法,能够补足作家底生活经验的不足和世界观上的缺陷"[2]。秦兆阳在《现实主义——广阔的道路》一文中指出:现实主义是"艺术地真实地反映真实"的态度和方法,这种态度和方法"不是指人们的世界观(虽然它被世界观所影响所制约),而是指:人们在文学艺术创作的整个活动中,是以无限广阔的客观现实为对象,为依据,为源泉,并以影响现实为目的","世界观并不是决定他的创作活动的唯一条件"[3]。这些人强调的是现实生活本身的重要性和创作方法的相对独立性。从这个方面看,在中国和苏联发生的这场争论的实质是部分马克思主义文艺理论家在维护现实主义正统的前提下坚持现实生活的地位和作家的能动性,也就是艺术对意识形态的某种自主性。这一点在里夫希茨、胡风等人那里表现得较为显著,也是他们与西方马克思主义者相通的地方。

然而,如果我们仔细考察一下在中国和苏联发生的这场争论,便不难发现争论双方所运用的理论资源与思维模式具有同一性,即都将艺术视为认识现实的一种方式,均主张艺术为社会变革服务,而且排斥现代主义,把现实主义作为唯一合理的创作模式。只不过一方执着于艺术对思想意识的单纯传达功能,另一方则注意到艺术审美地表征现实世界的特殊性。与同期西方马克思主义文艺理论界对同一问题的讨论相比较,我们这边对恩格斯所说的现象存在着"诠释不足"的现象,即没能够正视恩格斯论断的相对确定的内涵,而且所运用的理论资源要贫乏得多,讨论角度过于单一化,所达到的理论水平也比较低。甚至可以说,由于过分纠缠于意识形态与世界观因素,这种讨论在中国和苏联还未能进入充分的学理层面。这说

---

[1] 冯雪峰:《关于抗日统一战线与文学运动》,《雪峰文集》第2卷,人民文学出版社1983年版,第11、14页。
[2] 胡风:《关于解放以来的文艺实践情况的报告》,《新文学史料》1988年第4期。
[3] 秦兆阳:《现实主义——广阔的道路》,《社会主义现实主义论文集》(第1集),新文艺出版社1958年版,第486、497页。

明，长期的思想教育与意识形态倡导瓦解了文艺理论家的学术个性和理论建构能力，培植了共同的知识背景和思维模式。

三

纵观上述对巴尔扎克现象的分析可以看出，虽然每人各有偏重，西方马克思主义文论家大多肯定了巴尔扎克直面现实的勇气与诚实，正是这一点使巴尔扎克突破了个人观点的局限性，达到了对当时社会结构的真实把握，巴尔扎克现象表明艺术拥有的疏离与反抗意识形态的功能。中国与苏联的情况则明显不同。由于列宁将在马克思、恩格斯那里主要作为否定性概念来使用的意识形态，改造成描述性的中性概念，把马克思主义当作与资产阶级意识形态相抗衡的无产阶级的意识形态，所以讨论中占主导地位的意见便是进步世界观或意识形态对文学创作的决定作用，巴尔扎克现象只不过说明了作者世界观的复杂性在其创作中的复杂表现。为什么面对同一种现象在东西方马克思主义那里会产生两种判然有别的解释呢？这是因为西方马克思主义对马、恩思想的接受和理解与其所置身的资本主义社会的理论语境及其个性化的学术立场有关，他们非常推崇巴尔扎克以及现实主义文学所具有的社会批判功能。卢卡契的情况就较为典型。他坚持他之所谓马克思的现实是整体的现实的概念，觉得巴尔扎克的作品成功地塑造了在社会整体联系中个人的命运，而"不仅仅是一个主观上从整个联系中攫取出来的、经过抽象的孤立瞬间，这就是本质与现象在艺术上的统一。这种统一愈是强烈地抓住生活中的活生生的矛盾，抓住丰富多彩的矛盾统一，抓住社会现实的统一，现实主义就愈加伟大，愈加深刻"[①]。中国与苏联主导意见对世界观的偏重则无疑与特定历史时期的意识形态需要有关。列宁认为"工人本来也不可能有社会民主主义的意识。这种意识只能从外面灌输进去。……社会主义学说则是由有产阶级的有教养的人即知识分子创造的哲学、历史和经济的理论中成长起来的。……同样，俄国社会民主

---

① 卢卡契：《问题在于现实主义》，卢永华译，张黎编选：《表现主义论争》，华东师范大学出版社1992年版，第162页。

主义的理论学说也是完全不依赖于工人运动的自发增长而产生的，它的产生是革命的知识分子的思想发展的自然和必然的结果"[1]。工人阶级的自发运动只能产生工联主义意识，因此必须持续不懈地对工人阶级和广大群众进行马克思主义的思想教育，所以进步的世界观或意识形态被赋予特殊的重要性。中国的情况类似于苏联。毛泽东说过，"马克思主义只能包括而不能代替文艺创作中的现实主义"[2]，这种说法本身表明了在他那儿世界观、认识论、方法论具有一致性，现实主义方法是合乎马克思主义的唯物论的。后来的一些理论家对此说得更直露，比如冯牧就说："所谓现实主义，我认为，不外是唯物论的反映论在文学领域里的具体表现。"[3]

上述把世界观与方法论相等同并赋予世界观以特殊重要性的说法造成了中国和苏联理论界曾经盛行过的"泛世界观"或"泛意识形态"现象，即把文学创作与理论研究中的方法和范式应用与世界观、意识形态立场的选择相等同——现实主义被认为接近于唯物主义而被奉为唯一正确的创作模式和审美范式。这和恩格斯对革命理论生成状况的解释以及对现实主义的看法是不尽一致的。恩格斯不止一次说过马克思主义是社会革命的客观情势在理论上的表现。他曾经说德国科学社会主义的特征在于真实地描述某一事物，"也就是说明这一事物——我们描述经济关系，描述这些关系如何存在和如何发展，并且严格地从经济学上来证明这些关系的发展同时就是社会革命各种因素的发展"[4]，理论的力量在于它对于真实的社会发展状况的分析力和把握力。文学作品的力量也在于它通过社会关系的真实描写所揭示的社会真理。所以恩格斯在致考茨基夫人的信中认为，一部具有社会主义倾向的现实主义小说，"如果能通过现实关系的真实描写来打破关于这些关系的流行的传统幻想，动摇资产阶级世界的乐观主义"，即使没有提出问题的解决办法甚至没有表明立场，作品也完成了它的历史使

---

[1] 列宁：《怎么办》，《列宁选集》第1卷，人民出版社1960年版，第247—248页。
[2] 毛泽东：《在延安文艺座谈会上的讲话》，《毛泽东选集》第3卷，人民出版社1953年版，第875页。
[3] 冯牧：《关于文学的创新问题》，《冯牧文学评论选》，湖南人民出版社1983年版，第163页。
[4] 恩格斯：《论住宅问题》，《马克思恩格斯全集》第18卷，人民出版社1964年版，第305页。

命。①这样看来，恩格斯论断的真实含义是生活本身包含了意识形态属性或客观倾向，现实主义的胜利是生活本身的胜利，是巴尔扎克观察到的生活战胜了他的偏见所获得的胜利。这个论断包含了对艺术特殊性的承认。卢卡契晚年说："如果意识形态的表现是以直接的社会现实……为直接对象的话，那么只要勇敢地、公正地正视现实，世界观的缺陷往往是可以得到补救的。文学向我们提供了许多这样作家和例子。……这些作家们虽然抱有相反的思想，然而在他们的作品中却能如实地反映出人的关系。"②这种说法是较为接近恩格斯原意的。而中国和苏联的一些理论家正是看到了恩格斯论断的潜在意义来为艺术存在的某种程度的自主性进行辩护。

有趣的是，虽然对恩格斯论断的理解不相一致，不少西方马克思主义者却与中国和苏联学者一样自觉地维护现实主义正统。不仅卢卡契如此，受恩格斯、卢卡契重视现实主义的影响，法国的加洛蒂和奥地利的恩斯特·费歇尔甚至把卡夫卡的作品如《城堡》也归入"现实主义"。他们既欲推崇自己心目中的伟大作家，又要在形式上合乎现实主义正统，便不得不对"现实""现实主义"进行重新限定。加洛蒂认为现实世界和我们对它的观念处于经常的变革的过程中，内心观念世界的客观化也可以达到现实与真实，卡夫卡属于描写"内心生活辩证法"的抽象现实主义。费歇尔则主张现实不是人们通常所说的那样只限于外在世界，它还包括人们所梦想、所感知而尚未显现的主观经历，卡夫卡是描写心理现实及其变形的心理现实主义。③虽然他们力求对"现实主义"的内涵重新定位以使之适合20世纪文学创作的新变化，但继续用这一审美范型去分析卡夫卡早已显得陈旧和牵强。而我国和苏联较长时间以为卡夫卡的荒诞、变形不属于现实主义而把他打入追求颓废的资产阶级现代主义艺术的另册，在解释上则更加偏颇。

可见，我们的文艺理论研究存在着比较突出的范型滞后现象。一个基本理论倾向是从马克思、恩格斯、列宁等人偏爱古典文学，提倡过现实主

---

① 参见恩格斯：《致敏·考茨基》(1885年11月26日)，《马克思恩格斯选集》第4卷，人民出版社1995年版，第673页。
② 卢卡契：《存在主义还是马克思主义》，韩润棠等译，商务印书馆1962年版，第15页。
③ 参见加洛蒂：《论无边的现实主义》，吴岳添译，上海文艺出版社1986年版，第134—135页；费歇尔：《卡夫卡学术讨论会》，见叶廷芳编选：《论卡夫卡》，中国社会科学出版社1988年版，第506—507页。

义，便把他们划归"古典作家"阵营，并以此为理由标举现实主义，排斥现代主义。①在里夫希茨这样的马克思主义理论家那里情况尚且如此，说明这种思维模式带有普遍性。这种情况造成了现实主义一统天下的局面，而这样一种依托于传统文本的单一的审美范式已经无法应对20世纪文学创作和人文科学发展的事实。实际上，某一种审美范式或创作原则的选择未必与作家本人的意识形态立场或世界观有关。在马克思、恩格斯所处的时代，现代主义文艺才刚刚萌芽，现实主义达到了全盛时期，所以马、恩对以巴尔扎克为代表的现实主义投入了极大的热情和关注，恩格斯以真实性和典型性为核心的现实主义理论是对经典现实主义的一种概括，具有时代的和历史的价值。但是经典现实主义又有它的缺点和历史局限性，其兴盛与当时资本主义统治新秩序的确立以及实证主义思潮的流行有关。它将古希腊以来的模仿—再现理论奉为圭臬，崇尚真实、精确、客观、中立，不注重发挥创作主体的能动作用。巴尔扎克就说："作家应该熟悉一切现象，一切情感。他心中应有一面难以明言的把事物集中的镜子，变化无常的宇宙就在这面镜子上反映出来。"②韦勒克曾批评这种现实主义"排斥虚无缥缈的幻想，排斥神话故事，排斥寓意与象征，排斥高度的风格化……它还包含对不可能的事物，对纯粹偶然和非凡事件的排斥。因为在当时，现实尽管仍具有地方和一切个人的差别，却明显地被看作一个19世纪科学的秩序井然的世界，一个由因果关系统治的世界，一个没有奇迹、没有先验世界的世界"③。20世纪心理学的发展、物理学革命和交互主体性哲学的出现向这种纯客观认知模式发动了挑战，传统的再现型文学也向现代的表现型文学转化。在现代主义文学那里，生活已经失去了整体感，流动的、片断的、倏忽而至的心灵世界占据了中心位置。罗伯·格里耶说："巴尔扎克的时代是稳定的，刚刚建立的新秩序是受欢迎的，当时的社会现实是一个完整体，因此巴尔扎克表现了它的整体性。但20世纪则不同了，它是不稳定的，是浮动的，令人捉摸不定，因此，要描写这样一个现实，就不能再用

---

① 参见里夫希茨：《马克思论艺术与社会理想》，吴元迈等译，人民文学出版社1983年版，第23页。

② 巴尔扎克：《〈驴皮记〉初版序言》，《欧美作家论现实主义和浪漫主义》2，中国社会科学出版社1981年版，第106页。

③ 韦勒克：《批评的诸种概念》，丁泓等译，四川文艺出版社1988年版，第230—231页。

巴尔扎克时代的那种方法，而要从各个角度去写，要用辩证的方法去写，把现实的飘浮性、不可捉摸性表现出来。"①因此20世纪的一些西方作家，即使大致遵循现实主义创作范式，也有意吸收了现代主义的技术与手法而不墨守成规。

　　而在我国和苏联，特定时期意识形态的需要干扰了学术讨论，马、恩对现实主义的倡导与总结让现实主义具备了方法论和世界观的多重属性，使对恩格斯论断的讨论没能达到应有的学术水准，更没能使之成为发展马克思主义文艺理论的一个契机。如何历史地、开放地看待马克思主义文艺理论研究是我们应当从这场讨论中吸取的教训。应该区分"马克思、恩格斯的文学理论"和"马克思主义文艺理论"。前者属历史文本，是马、恩着眼于当时的理论与实际对文学的研究与论述，它包括很多生动、丰富的内涵，所谓"马列文论"学科可以从文本出发，从各个侧面探讨其思想内涵，而不囿于某一固有的成见。而所谓"马克思主义文艺理论"即当代文论则是流动的现实文本，它要以马克思主义为指导，不断从"马克思、恩格斯的文学理论"及其新的理论阐发中吸收养分，同时它必须时刻关注当代文学思潮和文学理论研究的整体性进展，以便及时作出自己的理论应答，因而它应当具有文学观念、知识建构方式和方法论的多元性。

（原载《文艺理论研究》2002年第5期，收入本书略有增补）

---

① 转引自柳鸣九：《巴黎对话录》，湖南文艺出版社1983年版，第15页。

马克思与20世纪美学的对话

马克思的感性论与20世纪美学的感性解放

一、马克思感性论的理论渊源

根据英国马克思主义美学家雷蒙德·威廉斯的考证，与感性（sensibility）最接近的拉丁文sensibilitas含义接近法文sensible和后期拉丁文sensibilis，原来的意思是"被感觉到""被意识到""通过（身体）感官的"。[①]该词到了18世纪，特别是鲍姆嘉通之后获得了美学的内涵，用来表示人的感受和判断，"整体而言，这个词的意涵是从'各种各类的感受'转移到'一种特别心智的形成'：一个完整的活动、一个完整的感知与回应方式，无法被化约为'思想'或'情感'"[②]。众所周知，美学在其学科的创始人鲍姆嘉通那里被命名为"Asthetik"，意思是"感性学"。鲍姆嘉通对这门学科的研究对象进行了定位。在《美学》一书中，鲍姆嘉通直接把美学看作感性认识的科学，"美学的目的是感性认识本身的完善"[③]。他认为，在自然状态中，感觉、想象、虚构、记忆等低级认识能力（即他之所谓感性）通过使用得以发展，这种状态可以称为自然美学。也就是说，美的对象是感觉的对象，美不仅是感性的，而且是完善的感觉。受到当时大陆理性主义哲学特别是沃尔夫的影响，鲍姆嘉通把认识区分为高级部分和低级部分，即思维和感觉。在鲍姆嘉通那里，感性认识的普遍美是现象的统一体，美学审查感觉，以达到适用它的完善。卡西尔认为，鲍姆嘉通"不仅

---

① 威廉斯：《关键词：文化与社会的词汇》，刘建基译，生活·读书·新知三联书店2005年版，第428页。
② 威廉斯：《关键词：文化与社会的词汇》，刘建基译，生活·读书·新知三联书店2005年版，第432页。
③ 鲍姆嘉通：《美学》，简明、王旭晓译，文化艺术出版社1987年版，第18页。

想要把感受性从各种约束中解放出来，而且想使感受性达到精神上的完善。这种完美不可能存在于完美之中，而只能存在于美之中。美就是快感，但是这种快感与其他源于纯感官刺激的快感有具体差别。它不受纯欲望力量的支配，而是受对纯思和纯认识的渴望的支配。因此，只有通过美所能提供的这种快感，我们才能体验到内在的生命力和寓于感性的东西之中即寓于'感性认识的生命'之中的纯自发性"①。可见，在鲍姆嘉通那里，审美是感受性与精神性、此岸与彼岸的统一体。

此后，康德、席勒、费尔巴哈等人从不同层面丰富了感性的内涵，推进了对感性问题的研究。但是在启蒙理性笼罩的氛围中，总的来说感性的地位要低于理性，这一点影响了德国古典美学的思维方式。康德认为知识的形成离不开感性直观，感性直观的对象内容是经验的，形式如时间、空间直观是先天的。感性提供对象，知性整理感性提供的材料，因而感性是被动的，是受刺激时接受表象的能力。知性是能动的，对感性的材料加以思维。在《判断力批判》中，康德所讨论的美学中的感性对象是从个别事物出发去寻找普遍一般，审美通过反思的判断力以感性观照的方式在人的经验中沟通现象与本体、自然与自由。他在谈到感性（审美）表象时说："凡是在一个客体的表象上只是主观的东西，亦即凡是构成这表象与主体的关系、而不是与对象的关系的东西，就是该表象的审美性状；但凡是在该表象上用作或能够被用于对象的规定（知识）的东西，就是该表象的逻辑有效性。在一个感官对象的知识中这两种关系是一起出现的。"②审美表象只与主体的情感有关，而不涉及与对象的认识关系，"鉴赏判断并不是认识判断，因而不是逻辑上的，而是感性的（审美的），我们把这种判断理解为其规定根据只能是主观的……这表象是在愉快与不愉快的情感的名义下完全关联于主体，也就是关联于主体的生命感的：这就建立起来一种极为特殊的分辨和评判的能力"③。由于康德区分了快感、道德感与审美情感，认为快感是被动地接受对象刺激产生的感觉，没有普遍性，只有审美情感与对象的形式相关联，把审美情感归结为"无利害感"，因而发展了审美的静观与超验性。在席勒的《美育书简》中，人的感性虽然被赋

---

① 卡西勒：《启蒙哲学》，顾伟铭等译，山东人民出版社1988年版，第352页。
② 康德：《判断力批判》，邓晓芒译，人民出版社2002年版，第24页。
③ 康德：《判断力批判》，邓晓芒译，人民出版社2002年版，第37—38页。

予一定的地位，但是只具有本能性与冲动性，并局限于事物个别的存在方式。席勒认为在人的身上同时存在着感性冲动和形式冲动，如果说感性冲动提供的是事件，形式冲动提供的便是法则。感性冲动的对象是最广义的生命，形式冲动包括事物一切形式方面的性质以及它与各种思考力的关系（形象），二者需要第三种冲动即游戏冲动来调节各自的片面性。但是，席勒赋予感性冲动比形式冲动更为基础性的地位，认为"感性冲动的作用先于理性冲动的作用，因为感觉是走在意识之前的，在这种感性冲动在先的过程中，我们开辟了人的自由的全部历史"①。这无疑对马克思产生了影响。

黑格尔的哲学是绝对唯心论，自然重视理性而轻视感性。在《美学》中，黑格尔把艺术中的美说成是理念的感性显现，把文学形象及其性格当成以观念形式存在着的理念的反映，就说明了这一点。但是黑格尔把精神的外化称为对象化，对马克思把美的创造视为按照实践理念进行的感性活动有启发。

到了费尔巴哈，才恢复了感性在哲学中的地位，并把感性与审美活动相联系。他明确提出，"只有在人身上，感官的感觉从相对的、从属于较低的生活目的的本质成为绝对的本质、自我目的、自我享受"②。人的"感官的对象不限于这一种或那一种可感觉的东西，而是包括一切现象、整个世界、无限的空间；而且他们所以常常追求这些，又仅仅是为了这些现象本身，为了美的享受。……人的存在只归功于感性"③。费尔巴哈提出应当把属于人的东西归还给人，具体说就是感觉、感性和需要等。感觉、受动和需要是费尔巴哈对人的类本质的规定。他把感性、现实性、真理性视为一体，"真理性，现实性，感性的意义是相同的。只有一个感性的实体，才是一个真正的、现实的实体。只有通过感觉，一个对象才能在真实的意义之下存在"④。正因为把感觉视为人的绝对官能，费尔巴哈把黑格尔

---

① 席勒：《美育书简》，徐恒醇译，中国文联出版公司1984年版，第106页。
② 费尔巴哈：《反对身体和灵魂、肉体和精神的二元论》，《费尔巴哈哲学著作选集》上，生活·读书·新知三联书店1959年版，第212页。
③ 费尔巴哈：《反对身体和灵魂、肉体和精神的二元论》，《费尔巴哈哲学著作选集》上，生活·读书·新知三联书店1959年版，第213页。
④ 费尔巴哈：《未来哲学原理》，《费尔巴哈哲学著作选集》上，洪谦等译，生活·读书·新知三联书店1959年版，第166页。

所说的艺术在感性事物中表现真理修改为"艺术表现感性事物的真理"①。科尔纽评价说，费尔巴哈的唯物主义主张"从有感觉的人和自然界出发"，"这种世界观已不再把观念或意识的发展看作是本质要素，而是把在自然界和社会中活动的具体的人看作是本质要素了"。②但是费尔巴哈的感性论存在两个问题：一是他把感性的特征归结为自发性和受动性；二是他把对象化只是看作主体与对象的接近过程，"哲学，一般科学的任务，并不在于离开感性事物即实际事物，而在于接近这些事物——并不在于将对象转变成思想和观念，而在于使平常的，看不见的东西可以看得见，亦即对象化"③。这使他的感性论及其对美学的适用性受到很大的局限。

二、马克思论感觉和感性的解放

马克思早期多次谈到感觉与感性问题，他的感性论虽然建立在物质生产实践的基础之上，却与美学息息相通。早在博士学位论文中，马克思就写道："是自然在听的过程中听到它自己，在嗅的过程中嗅到它自己，在看的过程中看见它自己。所以，人的感性是一个媒介，通过这个媒介，犹如通过一个焦点，自然的种种过程得到反映，燃烧起来形成现象之光。"④

马克思部分吸收借鉴了康德、席勒的思想，更为直接地借鉴了费尔巴哈的美学思想，确认人是感性的、自然的存在物，赋予感性以非常突出的地位，指认感性"必须是一切科学的基础。科学只有从感性意识和感性需要这两种形式的感性出发，因而，科学只有从自然界出发，才是现实的科学。可见，全部历史是为了使'人'成为感性意识的对象和使'人作为人'的需要成为需要而作准备的历史"⑤。与费尔巴哈相比，马克思凸显了

---

① 费尔巴哈：《未来哲学原理》，《费尔巴哈哲学著作选集》上，洪谦等译，生活·读书·新知三联书店1959年版，第171页。
② 科尔纽：《马克思的思想起源》，王瑾译，中国人民大学出版社1987年版，第57页。
③ 费尔巴哈：《未来哲学原理》，《费尔巴哈哲学著作选集》上，洪谦等译，生活·读书·新知三联书店1959年版，第174页。
④ 马克思：《论德谟克利特的自然哲学和伊壁鸠鲁自然哲学的差别》，《马克思恩格斯全集》第1卷，人民出版社1995年版，第54—55页。
⑤ 马克思：《1844年经济学—哲学手稿》，《马克思恩格斯全集》第3卷，人民出版社2002年版，第308页。

人的感觉、感性的实践性与主动性。在《关于费尔巴哈的提纲》中，马克思指出："从前的一切唯物主义（包括费尔巴哈的唯物主义）的主要缺点是：对对象、现实、感性，只是从客体的或者直观的形式去理解，而不是把它们当作感性的人的活动，当作实践去理解，不是从主体方面去理解。"①

马克思认为人是对象性的存在物，把人的自我对象化看作人的现实的对象性，人的本质力量在于凭借外部对象并在外部对象中充分利用一切"对象性"的东西，"一个有生命的、自然的、具备并赋有对象性的即物质的本质力量的存在物，既拥有它的本质的现实的、自然的对象，它的自我外化又设定一个现实的、却以外在性的形式表现出来因而不属于他的本质的、极其强大的对象世界"②，这个对象世界体现了人的本质，是对人的肯定。在马克思看来，正是这种对象性活动，"这种连续不断的感性劳动和创造、这种生产，正是整个现存的感性世界的基础"③。人的对象性活动的最一般形式就是劳动。马克思把全部人类历史看成是人类通过劳动的诞生，"劳动的对象是人的类生活的对象化：人不仅像在意识中那样在精神上使自己二重化，而且能动地、现实地使自己二重化，从而在他所创造的世界中直观自身"④。马克思正是从人的实践活动的自由自觉的类特性方面看待人的生产和动物"生产"的区别，并提出"人也按照美的规律来构造""美的规律"学说的。关于美的规律，国内学界讨论很多，在这里不拟展开论述。但是有一点是肯定的，马克思强调人的对象化劳动具有一种把主体尺度和对象尺度融为一体的实践理念，所以它"不仅使自然物发生形式变化，同时他还在自然物中实现自己的目的"⑤。可见，在马克思那里，实践论、感性学（美学）是联系在一起的。

---

① 马克思：《关于费尔巴哈的提纲》，《马克思恩格斯选集》第1卷，人民出版社1995年版，第54页。
② 马克思：《1844年经济学—哲学手稿》，《马克思恩格斯全集》第3卷，人民出版社2002年版，第323页。
③ 马克思、恩格斯：《德意志意识形态》，《马克思恩格斯选集》第1卷，人民出版社1995年版，第77页。
④ 马克思：《1844年经济学—哲学手稿》，《马克思恩格斯全集》第3卷，人民出版社2002年版，第274页。
⑤ 马克思：《资本论》第1卷，《马克思恩格斯全集》第23卷，人民出版社1972年版，第202页。

马克思不仅确立了人的感性活动是人的本质的对象化活动，还进一步在肯定人的本质的多样性的基础上肯定了人的本质的对象化活动的多样性。马克思把人的对象化与实践活动相结合，人之所以能在所创造的世界中直观自身，是因为对象体现了它的类本质："随着对象性的现实在社会中对人来说到处成为人的本质力量的现实，成为人的现实，因而成为人自己的本质力量的现实，一切对象对他来说也就成为他自身的对象化，成为确证和实现他的个性的对象，成为他的对象，这就是说，对象成为他自身。对象如何对他来说成为他的对象，这取决于对象的性质以及与之相适应的本质力量的性质；因为正是这种关系的规定性形成一种特殊的、现实的肯定方式。眼睛对对象的感觉不同于耳朵，眼睛的对象是不同于耳朵的对象的。每一种本质力量的独特性，恰好就是这种本质力量的独特的本质，因而也是它的对象化的独特方式，它的对象性的、现实的、活生生的存在的独特方式。因此，人不仅通过思维，而且以全部感觉在对象世界中肯定自己。"①马克思所说的一切对象对于人来说成为他自身的对象化，人不仅通过思维，还以全部感觉在对象世界中肯定自己，包含了把审美活动由感性认识引向感性活动的意思在里面。

马克思超越了近代追问美的本质的认识论思路，在主体与对象的相互作用中探讨美的生成。在马克思看来，人和对象统一于社会实践之中，人的对象化活动不仅改变了自然界，使之全面人化，也发展和丰富了感觉、感性乃至人自身，"任何一个对象对我的意义（它只是对那个与它相适应的感觉来说才有意义）恰好都以我的感觉所及的程度为限。因此，社会的人的感觉不同于非社会的人的感觉。只是由于人的本质客观地展开的丰富性，主体的、人的感性的丰富性，如有音乐感的耳朵、能感受形式美的眼睛，总之，那些能成为人的享受的感觉，即确证自己是人的本质力量的感觉，才一部分发展起来，一部分产生出来。因为，不仅五官感觉，而且连所谓精神感觉、实践感觉（意志、爱等），一句话，人的感觉、感觉的人性，都是由于它的对象的存在，由于人化的自然界，才产生出来的。五官

---

① 马克思：《1844年经济学—哲学手稿》，《马克思恩格斯全集》第3卷，人民出版社2002年版，第304—305页。

感觉的形成是迄今为止全部世界历史的产物"①。

马克思对感性活动的倡导与对资本主义私有制的批判联系在一起。私有财产制度是一种物对人的统治，它不仅把人与人的关系变成商品生产和交换的物的关系，而且把人对物的感觉变成单纯的拥有的感觉。废除私有制可以使需要和享受失去利己主义性质，因而也使感觉获得解放。私有制使得"一切肉体的和精神的感觉都被一切感觉的单纯异化即拥有的感觉所代替。……私有财产的扬弃，是人的一切感觉和特性的彻底解放；但这种扬弃之所以是这种解放，正是因为这些感觉和特性无论在主体上还是在客体上都成为人的。眼睛成为人的眼睛，正像眼睛的对象成为社会的、人的、由人并为了人创造出来的对象一样。因此，感觉在自己的实践中直接成为理论家"②，而感觉的异化会破坏审美的丰富性，"囿于粗陋的实际需要的感觉，也只具有有限的意义……忧心忡忡的、贫穷的人对最美丽的景色都没有什么感觉；经营矿物的商人只看到矿物的商业价值，而看不到矿物的美和独特性；他没有矿物学的感觉。因此，一方面为了使人的感觉成为人的，另一方面为了创造同人的本质和自然界的本质的全部丰富性相适应的人的感觉，无论从理论方面还是从实践方面来说，人的本质的对象化都是必要的"③。只有全面地占有对象，才能展示人的全部感觉并导致审美的发生："对私有财产的积极的扬弃，就是说，为了人并且通过人对人的本质和人的生命、对象性的人和人的作品的感性的占有，不应当仅仅被理解为直接的、片面的享受，不应当仅仅被理解为占有、拥有。人以一种全面的方式，就是说，作为一个总体的人，占有自己的全面的本质。人对世界的任何一种人的关系——视觉、听觉、嗅觉、味觉、触觉、思维、直观、情感、愿望、活动、爱——总之，他的个体的一切器官，正像在形式上直接是社会的器官的那些器官一样，是通过自己的对象性关系，即通过自己同对象的关系而对对象的占有，对人的现实的占有；这些器官同对象的关

---

① 马克思：《1844年经济学—哲学手稿》，《马克思恩格斯全集》第3卷，人民出版社2002年版，第305页。

② 马克思：《1844年经济学—哲学手稿》，《马克思恩格斯全集》第3卷，人民出版社2002年版，第303—304页。

③ 马克思：《1844年经济学—哲学手稿》，《马克思恩格斯全集》第3卷，人民出版社2002年版，第305—306页。

系，是人的现实的实现。"①人的感性的对象性活动可以丰富和提升人的感觉和本质力量，并与世界产生进一步的对象性关系，在这个过程中又使自己的五官感觉不断进化，如此不断取得进步。所以有学者评价说，"马克思的感性不仅是感性知觉或感性直观，而且是感性活动，因而是实践，所以这种主观感性同时具有一种证明和肯定客观世界的主体性能力"②。

马克思所展望的共产主义社会就是一个非异化的、感觉与感性得到解放的社会。马克思对感觉和感性活动丰富性与全面性的倡导，改变了德国古典美学中感觉、感性被压抑的状况，恢复了美学原本具有的身体性与精神性的双重维度，使马克思融入近代到20世纪所发生的从感性认识到感性活动这样巨大的美学潮流之中。20世纪美学出现了感性回归的趋势，马克思在某种程度上是先行者。伊格尔顿就说："现代化时期的三个最伟大的'美学家'——马克思、尼采和弗洛伊德——所大胆开始的正是这样一项工程：马克思通过劳动的身体，尼采通过作为权力的身体，弗洛伊德通过欲望的身体来从事这项工程。"③

三、20世纪美学的感性解放

在20世纪反形而上学的大潮中，美学出现了以感性的名义对身体感知含义的回归并使之发扬光大的趋势，我们姑且称之为"感性解放"，"传统本体论遭到了非议：与以逻各斯为基础的存在观相抗衡，出现了一种以非逻辑的东西即以意志和快乐为根据的存在观。这股逆流也想表明其自身的逻各斯，即满足的逻辑"④。从世纪之交的尼采，到弗洛伊德、梅洛-庞蒂、马尔库塞、福柯、德勒兹、苏珊·桑塔格、伊格尔顿、舒斯特曼等人都可以纳入这个大的链条之中。这股思潮虽然在突显感性的重要性方面与早期马克思一脉相承，但是又出现了一个大的变化和逆转，即以当下性、现实

---

① 马克思：《1844年经济学—哲学手稿》，《马克思恩格斯全集》第3卷，人民出版社2002年版，第303页。
② 邓晓芒：《实践唯物论新解：开出现象学之维》，武汉大学出版社2007年版，第192页。
③ 伊格尔顿：《美学意识形态》，王杰等译，广西师范大学出版社1997年版，第189页。
④ 马尔库塞：《爱欲与文明》，黄勇、薛民译，上海译文出版社1987年版，第89页。

性取代超越性，张扬感性而贬低理性。在回到鲍姆嘉通口号下，美学原本具有的与身体相关的知觉和感觉的含义得到了释放，"美学是作为有关肉体的话语而诞生的。在德国哲学家亚历山大·鲍姆嘉通所作的最初的系统阐述中，这个术语首先涉指的不是艺术，而是如古希腊的感性所指出的那样，是指与更加崇高的概念思想领域相比照的人类的全部知觉和感觉领域"①。

尼采便颠倒了柏拉图——基督教——笛卡尔以来重视心灵贬低身体的思路，认为心灵是身体的工具，在审美活动中身体是比心灵更加活跃有力的因素，"兽性快感和渴求的细腻神韵相混合，就是美学的状态。后者只出现在有能力使肉体的全部生命力具有丰盈的出让性和满溢性的那些天性身上；生命力始终是第一推动力"②。弗洛伊德更是赋予无意识与本能以空前重要的位置，把艺术视为被压抑的本能和无意识的升华。他说："我们假设存在于'本我'的需要所导致的紧张背后的那种力量，就叫作'本能'。本能代表的是肉体对于心灵的要求。"③阿多诺也说，"每一种感觉都是一种肉体的感受……像'感官的''感觉的'以及'感觉'这样的词在语言学上的细微差别本身就表明了所意指的事实很少像认识论对待它们的那样是认识的纯粹要素。对万物世界的主观内在的重构是以感觉作为它的等级制度的基础"④。在《知觉现象学》中，梅洛-庞蒂质疑笛卡尔以来的身心二元论，认为人通过身体向世界和他人开放，我们对世界的知觉是通过看、触摸、感受来进行的，诸如视觉、性、运动机能等都无法区分出主体与客体、身体与意识，所以他致力于研究感性世界的复杂性，以语言与身体、意识与潜意识的汇通淡化主客体关系，感知者与被感知对象融为一体。福柯倡导的以自我呵护为原则的生存美学甚至把感官快乐与麻醉相联系。"我以为，那种真正的快乐是如此深沉强烈、压倒一切，会令我窒息，我会因此而死去……某些麻醉毒品对我来说也很重要，因为它们能缓解我

---

① 伊格尔顿:《美学意识形态》，王杰等译，广西师范大学出版社1997年版，第1页。译文略有改动。
② 尼采:《权力意志》，张念东、凌素心译，商务印书馆1996年版，第178、253页。
③ 弗洛伊德:《精神分析纲要》，刘福堂等译，见《性爱与文明》，安徽人民出版社1996年版，第286页。
④ 阿多诺:《否定的辩证法》，张峰译，重庆出版社1993年版，第191页。

对那种强烈而又寻觅不得的快乐的渴望。"①福柯鼓吹超越性欲的各种身体愉悦，主张通过人与事物、人和身体的多形态关系来创造多种愉悦，所以他不仅关注到生物能量、性别建构和身体的社会管制问题，而且热衷于从同性恋、性虐待、吸毒等渠道取得高感官强度的满足和愉悦。随着消费社会的到来，身体成为审美化的消费品，"在消费的全套装备中，有一种比其他一切都更美丽、更珍贵、更光彩夺目的物品——它比负载了全部内涵的汽车还要负载了更沉重的内涵。这便是身体"②。感性替代了理性，当下替代了永恒。

在这个过程中，马尔库塞提出的新感性就是对马克思早期感性论的一个继承与发挥，也是对现代社会中审美感性化、世俗化倾向的一个理论回应。考虑到德语中"感性"一词sinnlichkeit兼有本能与感性知觉之意，马尔库塞抓住马克思的感性论引申为"新感性"。他认为美"既'与感官有关'，又'与艺术有关'，因此可以用来表达自由环境中的生产—创造过程的性质"③。马尔库塞试图从个人最直接和最彻底地体验世界和自身的地方，即感性和本能需求之中，寻找社会关系变革的基础，所以他提出"新感性"的说法，"新感性并非仅仅是在群体和个体中的'心理现象'，而是使社会变革成为个人需求的中介，是在'改变世界'的政治实践与追求个人解放之间的调节者"④。在马尔库塞看来，"新感性已成为实践：新感性诞生于反对暴行和压迫的斗争，这场斗争，在根本上正奋力于一种崭新的生活方式和形式；它要否定整个现存体制，否定现存的道德和现存的文化；它认定了建立这样一个社会的权利：在这个新的社会中，由于贫困和劳苦的废除，一个新的天地诞生了，感性、娱乐、安宁、和美，在这个天地中成为生存的诸种形式，因而也成为社会本身的形式"⑤。他声称他的新感性来自于马克思的《1844年经济学—哲学手稿》，"认为感性具有破坏旧历史的潜能，从而把自然作为解放的领域，是马克思《1844年经济学—哲学手稿》的主题……所谓'感觉的解放'，意味着感觉在社会的重建过程中

---

① 福柯:《福柯访谈录:权力的眼睛》，严锋译，上海人民出版社1997年版，第10页。
② 波德里亚:《消费社会》，刘成富等译，南京大学出版社2000年版，第139页。
③ 马尔库塞:《现代美学析疑》，绿原译，文化艺术出版社1987年版，第46页。
④ 马尔库塞:《审美之维》，李小兵译，生活·读书·新知三联书店1989年版，第130页。
⑤ 马尔库塞:《审美之维》，李小兵译，生活·读书·新知三联书店1989年版，第108页。

成为有'实际作用'的东西，意味着它们在人与人、人与物、人与自然之间创造出新的（社会主义的）关系"①。审美的感受力已经成为反抗资本主义现实的政治形式，艺术的感觉革命可以培养全新的感官系统，同造成压抑的现行体制相决裂。马尔库塞致力于探讨现代技术或工业文明"制度化的反升华"所造就的从爱欲向性欲的转变。认为这种力比多的动员、管制和释放恰恰与对社会的顺从相匹配的。性欲的解放，使人摆脱了大部分不幸和不满意识，成功地压制了人们生活中的超越性追求。他呼唤的是爱欲的解放，爱欲的解放和性欲的解放不同，"在一个异化的世界上，爱欲的解放必将成为一种致命的破坏力量，必将全盘否定支配着压抑性现实的原则。在西方文明中，文学巨著只赞颂'不幸的爱情'……与解放了的爱欲所具有的破坏性不同，在垄断控制的坚固制度内部，性道德的松弛倒是有助于这个制度本身的。否定与肯定、黑夜与白天、梦想世界与工作世界、幻想与挫折，都被协调一致起来了"②。因此，他寄希望于幻想与艺术，娱乐和游戏。于是爱欲的解放成了马尔库塞的乌托邦。一般认为苏珊·桑塔格所倡导的"新感受力"是受到马尔库塞新感性的启迪而提出来的。她自以为她的新感受力涵盖了从身体到精神的总体反应。但就其具体论述来看，桑塔格的新感受力主要还是着眼于身体性与当下性，放弃了马尔库塞新感性中的超越性诉求。

李泽厚20世纪80年代后期也提出过建立新感性的问题。他认为："从主体性实践哲学或人类学本体论来看美感，这是一个'建立新感性'的问题，所谓'建立新感性'也就是建立起人类心理本体，又特别是其中的情感本体。"③李泽厚批评马尔库塞把"新感性"理解为纯自然性的东西，是对马克思的误解。他认为对新感性应当从马克思所说的人的本质的对象化，具体说就是"自然的人化"方面去理解，即"研究理性的东西是怎样表现在感性中，社会的东西怎样表现在个体中，历史的东西怎样表现在心理中……美感便是对自己存在和成功活动的确认，成为自我意识的一个方面和一种形态。它是对人类生存所意识到的感性肯定，所以我称之为'新

---

① 马尔库塞：《审美之维》，李小兵译，生活·读书·新知三联书店1989年版，第108、135页。
② 马尔库塞：《爱欲与文明》，黄勇、薛民译，上海译文出版社1987年版，第67—68页。
③ 李泽厚：《美学四讲》，生活·读书·新知三联书店1989年版，第94页。

感性',这就是我解释美感的基本途径"①。李泽厚把马克思所说的自然的人化分为外在的自然人化（山河大地的人化）与内在的自然人化（感官、情欲的人化）两个部分，其中外在的自然人化形成了美，内在的自然人化形成了美感，把新感性的形成视为内在的自然人化的历史成果。

在晚近的美学家中，新实用主义代表人物舒斯特曼在容纳后现代审美化生存和文化多元主义的基础上，进一步提出"身体美学"的构想，试图重构鲍姆嘉通使美学涵盖美和艺术、既包含理论也包含实践练习的改善生命的认知科学的观念，把身体美学定义为"对一个人的身体——作为审美欣赏及创造性的自我塑造场所——经验和作用的批判的、改善的研究。因此，它也致力于构成身体关怀或对身体的改善的知识、谈论、实践及身体上的训练"②。身体美学研究身体感知、身体体验和身体应用。舒斯特曼视身体为感性审美欣赏与创造性自我塑造的核心场所，"身体是我们身份认同的重要而根本的维度。身体形成了我们与这个世界融合的模式。它常常以无意识的方式，塑造着我们的各种需要、种种习惯、种种兴趣、种种愉悦，还塑造着那些目标和手段赖以实现的种种能力"③。因而舒斯特曼更看重"体验性"的身体训练如舞蹈、瑜伽、打禅等，而不是化妆、节食、塑身这些外在的身体训练，认为后者属于诱使大众对身体的审美观趋向标准、统一的表象的"身体美学"。但是，由于舒斯特曼把审美、伦理、生活合而为一，同样忽视了审美的升华需要和提升潜能。

四、重估马克思感性论的美学意义

马克思的感性论具有重要的美学意义。威廉·亚当斯就把马克思的美学称为"解放感觉"的美学，认为马克思把近代以前关于美的本质探讨转向美的生成，"马克思富有成效地利用审美维度作为钥匙去想象非异化的世界会是什么样子。它看起来似乎很像是某种艺术才能和审美追求的统一体。在一个有序的充满人性的世界中，劳动将是我们内在的创造力的实

---

① 李泽厚：《美学四讲》，生活·读书·新知三联书店1989年版，第105页。
② 舒斯特曼：《实用主义美学》，彭锋译，商务印书馆2002年版，第354页。
③ 舒斯特曼：《身体意识与身体美学》，程相占译，商务印书馆2011年版，第13页。

现，如同艺术的创造过程实现了艺术家的创造力一样。……马克思通过把生产与创造、创造与人的本质力量的实现联系起来，使经济领域负载了审美的含义与可能性"①。

应该说，马克思的感性论思想对美学这一学科的发展做出了独特贡献，在近现代美学发展史上起到了某种承前启后的作用。

首先，马克思的感性论思想把传统美学对美的认识论研究，转向人的实践、人和对象的关系，与20世纪美学一脉相通，体现了马克思美学思考的现代性。如同海德格尔说的，马克思通过实践沟通主客体，在某种程度上开启了对西方"形而上学的颠倒"②。20世纪西方美学很少追问美的本质，艺术和审美中主客体的交互关系或主体间性成为美学研究的一个基本问题。这一理论趋向无疑也与马克思对传统哲学的批判和强调人的感性的实践活动有关。正如海德格尔所说的马克思完成了对哲学的形而上学颠倒一样，马克思也通过感性活动沟通了主体与客体、需要与对象。

其次，马克思对感觉、感性的丰富性与全面性的强调预示了20世纪美学对与身体有关的感性问题的研究。邓晓芒认为，马克思的唯物主义包含了一种"感性学"，其特点是"强调感性个体的自由、自发的创造性"③，"马克思的感性本身不是一种静止的直观形式，而是一种充满内在矛盾冲突的过程。它有着各种不同的丰富内容，也有由于自身矛盾而带来的片面化、抽象化的趋势，因而体现为一种自我对象化、异化并在实践中扬弃异化的历史，但这个历史本身仍然是感性的"④。这个说法是有一定道理的。马克思提出以人的感性活动即实践为基础，就意味着把审美活动同人的现实需要、现实活动紧密结合起来，从人的感性活动的丰富性和深刻性出发，充分肯定了人类认识和把握对象世界形式的多样性。在马克思那里感性本身也是社会的和工业历史的产物，感性中包含了精神性，感觉通过自己的实践直接变成了理论家，这里面包含了一种审美的人生态度和创造方式。马克思所展望的共产主义社会，是感性和个性的极大发展和人的创

---

① William Adams, "Aesthetics: Liberating the senses", in *The Cambridge Companion to Marx*, edited by Terrell Carver, Cambridge University Press, 1991, pp.252-253.
② 海德格尔:《面向思的事情》，孙周兴译，《海德格尔选集》，生活·读书·新知三联书店1996年版，第1244页。
③ 邓晓芒:《实践唯物论新解：开出现象学之维》，武汉大学出版社2007年版，第4页。
④ 邓晓芒:《实践唯物论新解：开出现象学之维》，武汉大学出版社2007年版，第7页。

造性的全面实现，"任何人都没有特殊的活动范围，而是都可以在任何部门内发展，社会调节着整个生产，因而使我有可能随自己的兴趣今天干这事，明天干那事，上午打猎，下午捕鱼，傍晚从事畜牧，晚饭后从事批判，这样就不会使我老是一个猎人、渔夫、牧人或批判者"[①]。也就是说，感性兼有当下性与超验性。审美不仅是感觉的全面解放，还与个性的塑造以及完美社会的创造联系在一起。所以有人说，马克思把人的本质定位于以劳动实践为中心的自我实现与自我超越，感性第一次进入了本体论范畴，这样不仅他的感觉和感性的论述，即便是他的劳动、分工、私有制、意识形态以及人的全面发展的学说也获得了全新的美学意义，因而马克思的感性论思想"是对西方数千年形而上学美学的一次真正的颠覆和解放。感性学和美学的人本维度与社会政治维度以及自然的人化向度有机地结合成了一个整体"[②]。

但是，感性特别是与身体知觉相关的感性既可能推进人的解放，也可能以无意识的形式使人不知不觉步入欲望的牢笼。20世纪的美学特别是后现代语境中的美学常常以"感性"为名耽溺于欲望和快感，其实遮蔽了感性的复杂性且缺乏对本能以及商业对感性的本能化利用的反思。由于马克思的感性论包含了人的全面解放的思想旨趣，从现代到后现代更大的语境来审视，他的感性论更具有辩证性与警醒意义。

（原载《学习与探索》2014年第5期）

[①] 马克思、恩格斯:《德意志意识形态》,《马克思恩格斯选集》第1卷,人民出版社1995年版,第85页。
[②] 栾栋:《感性学发微》,商务印书馆1999年版,第119页。

马克思与20世纪艺术社会学研究的走向

马克思的艺术社会学思想十分丰富，在艺术社会学发展史上占有重要的位置。比起先前斯达尔夫人对文学与地理、气候关系的重视和丹纳对文学发展种族、时代、环境三要素的认定，马克思对文学艺术的考察融入了更多的社会历史元素。柏拉威尔认为："当马克思考虑到文学时，他是在一种广泛的经济、社会、历史的条件下考虑到文学的。"[①]马克思对文艺内在的美学特征及其与社会的关联也有自己的看法。德国艺术社会学家西尔伯曼认为："马克思主义理论……一方面，从作品内容出发，将作品视为构成一种现象的要素的总合，即正像商品的内容是其价值一样，作品的内容是特定的社会、政治和道德观念；另一方面从作品的形式出发，从表达形式、作品的内在结构和组织出发，即正像一个物体的价值是由金钱表示的价格一样，文学作品的形式是语言、表达方法、文体等。这两个方面汇合在一起，就必然导致艺术作品同人的生活和思想的综合体相互依赖。"[②]马克思对文艺的社会性质与社会功能、艺术的生产与消费以及文学艺术在资本主义的命运做了多方面的思考，后人也对此形成了不同的理解，对20世纪的艺术社会学研究产生了显著的影响。

一、艺术与真实，艺术形式的社会功能

马克思的艺术社会学思考奠基于其对艺术的社会性质和社会功能的认识。马克思坚持唯物主义观点，认为文学艺术属于上层建筑，由经济基础

[①] 柏拉威尔：《马克思和世界文学》，梅绍武等译，生活·读书·新知三联书店1980年版，第564页。

[②] 西尔伯曼：《文学社会学引论》，魏育青、于汛译，安徽文艺出版社1988年版，第57页。

所决定。马克思也是在文学如何刻画与表现资本主义社会关系的层面上看待艺术的真实性的,在《神圣家族》中,马克思批评了法国作家欧仁·苏的小说《巴黎的秘密》从观念出发,由抽象到具体的创作模式。他在评论小说中的人物麦克格莱哥尔伯爵夫人时说:"欧仁·苏小说中伯爵夫人的生活道路,同小说中大多数人物的生活道路一样,是描写得很不合理的。"并且就作家如何描写现实,他提出了自己的建议——"真实地评述人类关系"[1]。在《资本论》中,马克思称赞巴尔扎克"对现实关系具有深刻理解"[2]。强调文学要"真实地评述人类关系""对现实关系具有深刻理解"、人物描写的合理性,表明马克思在艺术与社会的关系上持一种接近现实主义的见解,并且表明马克思重视文学艺术在变革社会中的作用。而艺术描写的合理性、真实性又与艺术形式有关。由此也在一定程度上引发了20世纪艺术社会学研究中文学与真实的关系以及艺术的社会功能的讨论。

卢卡契引入了反映论与现实主义理论模式来解释艺术的真实,认为"反映的理论,是通过人的意识从理论和实践上掌握现实的所有形式的共同基础。因而,它同样也是关于现实的艺术反映理论的基础"。他把马克思主义的文学观念概括为现实主义。在卢卡契这里,现实主义被视为一种审美原则或艺术形式。包含了对社会关系整体的揭示,"每一种伟大艺术,它的目标都是要提供一幅现实的画像,在那里现象与本质、个别与规律、直接性与概念等的对立消除了,以致两者在艺术作品的直接印象中融合成一个自发的统一体,对接受者来说是一个不可分割的整体"[3]。现实主义的艺术反映具有独立的直接性,可以显现出生活运动完整的联系和结构,清晰地描写出所刻画人物的意识得以产生和进一步发展的前提和条件。但是现实主义又只是反映现实的一种特殊形式,它必须把内容转化为形式,即进行高度的浓缩和抽象,提供了综合了生活一般过程的审美假象,因而不同于从自然主义到现代主义的直观描写。正是在这一点上,卢卡契把现实主义和自然主义、现代主义的直观描写区分开来,并赋予其通达整体性、

---

[1] 马克思、恩格斯:《神圣家族》,《马克思恩格斯全集》第2卷,人民出版社1957年版,第84、246页。

[2] 马克思:《资本论》第3卷,《马克思恩格斯全集》第25卷,人民出版社1974年版,第47页。

[3] 卢卡契:《艺术和客观真实》,胡经之、张首映主编:《西方二十世纪文论选》第4卷,中国社会科学出版社1989年版,第205、214页。

穿破资本主义物化的帷幕的社会政治功能。

阿多诺不赞成从反映论角度看待艺术真实，认为卢卡契关于艺术作品是"对客观现实的反映"的观点，"是一个把自己与顽固庸俗的唯物主义捆绑在一起的谬论"①。而引入了语用学的维度。对于阿多诺来说，艺术的真实是一种隐喻，它在把对抗性的、破裂的现实展现出来的时候，又通过对支离破碎的成分进行综合造成了某种和解的表象，对现实产生启示力，因而也具有社会实践的功能。所以有人说："阿多诺发现了在杰出的艺术作品中如实地反映出意义和主体在现实中的日益崩溃，在这一点上，他和对手卢卡契不无相似之处。"②但是对于阿多诺而言，"他者的要素皆存在于现实之中，但为了聚合一起，它们必须得到转换（无论多么细微），并藉此被植入新的星座。与模仿现实大相径庭的是，艺术作品实际上是向现实表明这种转换是如何进行的——这样一来，我们就得将现实主义美学的复制理论颠倒过来，即：现实在一种微妙的意义上应当模仿艺术作品，而不是艺术作品来模仿现实。艺术作品借助自身的存在标志着非存在事物的可能性；艺术作品的现实性证明了非现实事物与可能事物的可行性"③。现实以感性存在的方式被表现，因而在艺术中又是表现自身之物。这样阿多诺的艺术真实就不是认识论意义上的，而是语用学意义上的，即把艺术作品理解为具有真实需求的载体。④布尔迪厄的看法与阿多诺相似，文学表达现实是通过形式对现实的否定关系在文学阅读中实现的，"构造，也就是造就形式，文学表现实行的否定允许一种现实的有限表现，这种现实，换句话说，可能是令人难以忍受的。'真实的效果'是文学虚构通过对指定真实的否定参照而生产出的极其特殊的信仰形式，这指定真实在拒绝认识真实的同时，能够认识真实"⑤。如此一来，艺术的社会功能问题就转变为艺术形式的社会功能问题。

从具体的文艺批评实践看，马克思认为艺术有其自身的规律，把艺术形式放在比较突出的位置。比如在1859年就拉萨尔的悲剧《弗兰

---

① Theodor.W.Adorno, "Extorted Reconcilation:On Georg Lukacas' Realism in our time", in Rolf Tiedemann(eds), *Notes to Literature*, vol.1, New York: Columbia University Press, 1974, p.218.
② 维尔默：《论现代和后现代的辩证法》，钦文译，商务印书馆2003年版，第28页。
③ 阿多诺：《美学理论》，王柯平译，四川人民出版社1998年版，第231页。
④ 维尔默：《论现代和后现代的辩证法》，钦文译，商务印书馆2003年版，第32页。
⑤ 布尔迪厄：《艺术的法则》，刘晖译，中央编译出版社2001年版，第39页。

茨·冯·济金根》给拉萨尔的信中，马克思就首先称赞该剧本结构和情节比现代德国剧本高明，其次说该剧富有感染力。在谈缺点的时候，马克思"第一"谈的"纯粹是形式问题"，批评该剧虽然是用韵文写作，但是韵律安排得不够艺术化，然后再批评该剧内容处理方面的问题。①但是马克思把形式置于文学内容与形式辩证关系的整体框架之内，虽然多少带有黑格尔形式观的印记，却对后来马克思主义文艺批评把语言形式研究与社会历史研究结合起来的做法有启示作用。对于卢卡契来说，艺术形式与社会的整体存在相联系，提供了通向社会生活和历史活动的途径。"每一种艺术形式的产生和发展都依从于一定的社会前提和由社会而产生的世界观的前提……形式产生于社会历史内容，而且它的任务，就是把这一内容提高到艺术所描写的客观性的高度。"②卢卡契的后继者戈德曼延续了他研究文学形式的社会性质这一思路，认为"小说的社会学会涉及的最首要的问题，却是小说形式本身和使它得以发展的社会环境的结构之间的关系"③。在戈德曼的《隐蔽的上帝》中，卢卡契的上述研究模式变成了对阶级环境、世界观和文学形式之间同构关系的研究，流于简单的机械对应。阿多诺突破了上述带有黑格尔唯心主义辩证法意味的形式观念，把它扩大为接近于本雅明意义上的技巧程式概念，但对艺术具有根本性，"真正的形式在下述意义上与批判会聚在一起，那就是无论艺术作品在任何地方发动自我批评，都是通过形式进行的……作品的存在应归功于形式，因此形式是它们的中介体，是它们在自身中得以反思的客观条件"④。实际上，20世纪在马克思主义美学和文艺理论阵营发生的现实主义与现代主义之争，在很大程度上也是围绕着艺术形式的社会功能进行的。

---

① 马克思:《致斐·拉萨尔》(1859年4月19日),《马克思恩格斯选集》第4卷，人民出版社1995年版，第553页。
② 卢卡契:《艺术和客观真实》，胡经之、张首映主编《西方二十世纪文论选》第4卷，中国社会科学出版社1989年版，第234—235页。
③ 吕西安·戈尔德曼:《论小说的社会学》，吴岳添译，中国社会科学出版社1988年版，第10页。
④ 阿多诺:《美学理论》，王柯平译，四川人民出版社1998年版，第251页。

二、艺术的生产和消费

在研究政治经济学的过程中，马克思多次把艺术视为生产的一种形式，并从生产、消费等的关系上看待艺术品、艺术家与消费者的关系。马克思认为，生产与消费具有"直接的同一性：生产是消费；消费是生产"。具体到艺术生产，马克思指出，"艺术对象创造出懂得艺术和具有审美能力的大众——任何其他产品也都是这样。因此，生产不仅为主体生产对象，而且也为对象生产主体"①。艺术生产和其他生产一样会生产出新的需要，这种新的需要会推动艺术生产进一步发展。马克思肯定资本主义把人与人之间的关系变成商品交换关系在一定程度上推动了艺术的发展。"第一，由于这一点，一切宗法制的东西都消失了，因为只有商业即买卖才是唯一的联系，只有金钱关系才是企业主和工人之间的唯一关系。第二，旧社会的一切关系一般脱去了神圣的外衣，因为它们变成了纯粹的金钱关系。同样，一切所谓高尚的劳动——脑力劳动、艺术劳动等都变成了交易的对象，并因此失去了从前的荣誉。全体牧师、医生、律师等，从而宗教、法学等，都只是根据他们的商业价值来估价了，这是多么巨大的进步啊！"②由于在资本主义社会一切都成为可以买卖的对象，工人或艺术家就第一次摆脱了对特定社会关系的依附，可以选择自己的生活方式。马克思在政治经济学框架中对艺术生产问题的思考，为20世纪艺术社会学研究突破反映论和现实主义框架提供了另一种替代方案。而马克思对艺术市场化的关注也成为20世纪艺术社会学的核心问题。

威廉斯指出，反映论把文艺视为对现实的反映，忽视了经济基础与上层建筑之间一系列复杂的中介，"这种理论实际上完全遮蔽了对于物质材料（就最终意义而言，是对于物质的社会过程）的实际运作——而这正是对艺术品的制作。由于把这种物质过程外化和异化为'反映'，艺术活动（对于艺术品而言，它既是'物质性'的，又是'想象性'的）的社会特性和物质特性就被遮蔽起来了"③。或许语言和表意活动可以被看作物质的社会过程本

---

① 马克思：《〈政治经济学批判〉导言》，《马克思恩格斯选集》第2卷，人民出版社1995年版，第28、10页。
② 马克思：《工资》，《马克思恩格斯全集》第6卷，人民出版社1961年版，第659—660页。
③ 威廉斯：《马克思主义与文学》，王尔勃等译，河南大学出版社2008年版，第105—106页。

身的组成部分而被包含在生产与再生产之中，这就使得把艺术活动与物质实践活动包括生产活动关联起来成为可能。在反思反映论的背景下，马克思在政治经济学框架中论及的艺术生产论得到了拓展和延伸。

在20世纪上半叶，本雅明、布莱希特较早地把马克思的艺术生产理论运用到文学活动中去。本雅明赋予技术在艺术活动中以重要地位，考察了印刷术、石印术、照相术、电影等的发明造就的技术复制时代的到来，"艺术的机械复制改变了大众对艺术的反应"①。布莱希特也说，"由于技术的成果使得舞台有可能将叙述的因素纳入戏剧表演的范围里来……幻灯的出现，舞台借助机械化而取得的巨大转动能力，电影，使舞台装备日趋完善"②。但是他们实际上更重视的还是艺术的生产，至多在接受意义上触及阅读或观看，较少在传播意义上涉及文学的消费问题。

洛文塔尔、埃斯卡皮等人则把文学消费研究放到文学传播领域，研究文学传播方式的变化，这样就使文学研究进入经验社会学的视野，即由先前马克思主义文艺批评对文学的社会属性和社会含义的关注转向对文学生产与消费的社会过程的研究。洛文塔尔较早从传播领域入手探讨决定文学成功的因素，指出首先是发表途经、出版社、发行数量，其次是出版商的广告宣传、读书俱乐部、电影改编、书评等，再次是现代传播技术或手段对文学消费的影响，例如影视改编或广播导致一部作品的流行，或者反过来也一样。③埃斯卡皮则考察了文学传播方式的变迁。最早的文学传播方式是口头传播，包括民间说书艺人的传播，然后戏剧是比较集中的传播，而印刷术使作品固定下来，获得生气，"通过印刷，文本成为无法变化的物品，它有了一个所有者，一个署名和一种价值。它被出售，被标价，被贬值，变成推销品"④。

受到马克思主义影响的艺术社会学家进一步研究了艺术市场的复杂性，比如匈牙利的豪泽尔认为艺术市场的出现扩大了公众与艺术的联系，使更多

---

① 本雅明：《机械复制时代的艺术作品》，阿伦特编：《启迪——本雅明文选》，张旭东等译，生活·读书·新知三联书店2008年版，第254页。
② 布莱希特：《娱乐戏剧还是教育戏剧》，《布莱希特论戏剧》，丁扬忠等译，中国戏剧出版社1990年版，第69页。
③ 洛文塔尔：《文学与社会》，张英进、于沛编：《现当代西方文艺社会学探索》，海峡文艺出版社1987年版，第72—73页。
④ 埃斯卡皮：《文学社会学》，于沛选编，浙江人民出版社1988年版，第116页。

人对艺术产生兴趣的同时,又拉开了艺术生产者与消费者的距离,把艺术品变成了具有交换价值的商品,"先前,艺术品的重要在于其'使用价值',而且这种'使用价值'来自作品给占有人带来的快悦。现在,作品的交换价值不再取决于它的美学质量或作者的艺术地位,而且决定于特定艺术家、艺术风格或种类在艺术市场上的经济价值","正是由于生产者和消费者关系的对象化,艺术活动才赢得了坚实的基础"。[①]豪泽尔还特别注意到"中介者"在艺术生产和消费中的作用。中介者是在作品和接受者之间建立联系的人或媒体、机制,如舞蹈家、歌唱家、讲故事的人、演员、批评家、鉴赏家、收藏家、期刊、报纸、文学沙龙、剧院、工作坊、出版社、博物馆、音乐会、无线电广播、电视会演、艺术巡回展、艺术夜校等,他们(它们)在艺术家和消费者之间架起了联系的桥梁,"中介者给作品以意义,消除由新奇而造成的怪异,澄清疑惑,并在作品之间建立某种连续性"[②]。

三、艺术在资本主义社会的命运

在马克思看来,资本主义社会生产力的巨大发展,劳动时间的缩短和由之而来的闲暇为人的全面发展提供了前提或条件。"随着大工业的发展,现实财富的创造较少地取决于劳动时间和已耗费的劳动量,较多地取决于在劳动时间内所运用的动因的力量,而这种动因自身——它们的巨大效率——又和生产它们所花费的直接劳动时间不成比例,相反地却取决于科学的一般水平和技术进步,或者说取决于这种科学在生产上的应用……于是,以交换价值为基础的生产便会崩溃,直接的物质生产过程本身也就摆脱了贫困和对抗性的形式。个性得到自由发展。因此,并不是为了获得剩余劳动而缩减必要劳动时间,而是直接把社会必要劳动缩减到最低限度,那时,与此相适应,由于给所有的人腾出了时间和创造了手段,个人会在艺术、科学等等方面得到发展。"[③]20世纪艺术社会学研究中,闲暇

---

① 豪泽尔:《艺术社会学》,居延安编译,学林出版社1987年版,第176、55页。
② 豪泽尔:《艺术社会学》,居延安编译,学林出版社1987年版,第154页。
③ 马克思:《政治经济学批判(1857—1858年草稿)》,《马克思恩格斯全集》第46卷下,人民出版社1980年版,第217—219页。

与文学阅读、文学消费之间的关系受到了重视。埃斯卡皮就指出，"一般来说，随着年龄的增长（妇女和男子一样），阅读物的文学性也愈益加强。退休者常常是最好的读者，也许由于他看书的时间更富裕，但另外一个原因是，生活对他的压力减小了"①。

马克思虽然肯定资本主义全球一体化和社会化大生产给艺术带来的进步，但他又认为资本主义体制无尽地追逐利润的趋势又损害了艺术，指出"资本主义生产就同某些精神生产部门如艺术和诗歌相敌对"②。马克思同时也认为社会分工给人的潜能带来发展的同时也带来局限性。只有到了共产主义社会，艺术家由职业和分工造成的局限才会消失，而普通人的艺术才能才会得到充分的发展。在《德意志意识形态》中，马克思写道："由于分工，艺术天才完全集中在个别人身上，因而广大群众的艺术天才受到压抑。即使在一定的社会关系里每一个人都能成为出色的画家，但是这决不排斥每一个人也成为独创的画家的可能性，因此，'人的'和'唯一者的'劳动的区别在这里也毫无意义了。在共产主义的社会组织中，完全由分工造成的艺术家屈从于地方局限性和民族局限性的现象无论如何会消失掉，个人局限于某一艺术领域，仅仅当一个画家、雕刻家等，因而只用他的活动的一种称呼就足以表明他的职业发展的局限性和他对分工的依赖这一现象，也会消失掉。在共产主义社会，没有单纯的画家，只有把绘画作为自己多种活动中一项活动的人们。"③而艺术在资本主义社会的命运也成为20世纪艺术社会学研究的一个基本问题。

洛文塔尔的艺术社会学研究揭示了资本主义社会文学的商品化趋势。他把文学划分为作为艺术的文学和作为商品的文学两种类型，"一方面是艺术，一方面是市场导向的商品"④。前者是纯文学，后者是大众文学，二者的分化始于资本主义发生发展的18世纪。在对大众文化的研究中，洛文塔尔选择20世纪上半叶的传记作为考察对象，指出在头25年开放、自由的社会需要树立榜样来鼓励人们自我奋斗，所以传主多来自生产领域，企

---

① 埃斯卡皮：《文学社会学》，王美华、于沛译，安徽文艺出版社1987年版，第143页。
② 马克思：《剩余价值理论》，《马克思恩格斯全集》第26卷Ⅰ，人民出版社1972年版，第296页。
③ 马克思、恩格斯：《德意志意识形态》，《马克思恩格斯全集》第3卷，人民出版社1960年版，第460页。
④ Leo Lowenthal, *Literature, Popular Culture, and Society*, New Jersey:Prentice-Hall, 1961, p.xii.

业家、发明家、科学家的传记十分走红。而到了三四十年代之后，由于技术革命，奢侈品不断变为必需品，人们追求物质消费，安逸和舒适成为生活的目标，转而追捧演艺、体育、娱乐明星。他称这种现象为从"生产偶像"（idols of production）到"消费偶像"（idols of consumption）的转变[①]。洛文塔尔关于大众文化的可复制性、商业性、娱乐性和保守性的批判体现了他对艺术在资本主义社会命运的思考。但是在这里最值得重视的是洛文塔尔的大众文化研究借鉴经验技术和实证分析，从中提取经验类型和理论命题，进行社会预测，体现了社会学研究注重社会调查和定量分析的特征。

而布尔迪厄在社会分层和文化分层的意义上推进了马克思的研究。他指出，"作家和艺术家与市场建立了联系，市场的无名制约可以在他们之间创造出前所未有的差别……文学场和艺术场是在与'资产阶级'世界的对立中并通过对立形成的，'资产阶级'世界从未以如此断然的方式表现它控制合法化手段的价值和野心，无论在艺术领域还是文学领域都是如此"[②]。一方面，艺术家形成了相对自主的艺术空间，自己构成了自己的市场，另一方面，他们又希望得到社会的承认，特别是官方机构（如法兰西学院、瑞典皇家学院诺贝尔奖评审委员会等）的认可。尤其是布尔迪厄改造了马克思主义政治经济学意义上的作为生产要素的资本概念而融入了社会学的思考，提出经济资本（土地、工厂、劳动、货币等）之外的文化资本、社会资本、象征资本等各种新的"资本"概念，探讨了不同资本之间相互转化的事实、法则及其在审美趣味形成中的作用，"主要的阶级组成了一个相对自主的空间，该空间的结构根据其成员所占有的经济资本和文化资本来界定，通过习性的调节作用，每个阶层形成了与上述经济资本和文化资本相对应的生活风格；其次，这两种类型的资本在各个阶层中的分配具有对称性；最后，不同的沿袭下来的资本结构在既定的社会轨道上控制着习性和系统的选择，美学是这些选择中的一个方面，生活风格就在这些结构中形成"[③]。其中文化资本的获取和传递具有隐蔽性，因为有产阶级

[①] Leo Lowenthal, *Literature, Popular Culture, and Society*, New Jersey:Prentice-Hall, 1961, p.115.
[②] 布尔迪厄:《艺术的法则》，刘晖译，中央编译出版社2001年版，第73页。
[③] Pierre Bourdieu, *Distinction:A Social Critique of Judgement of Taste*, Cambridge, Massachusetts:Harvard University Press, 2002, p.260.

家庭拥有更多的便利使下一代拥有更好的教育条件如选择更好的学校、接受高雅文化的熏陶等，因而审美趣味的形成无疑和阶级及其所处的地位有关，但统治阶级却以高雅、品味等来标榜或抬高自己，使趣味的等级披上合法化的外衣。布尔迪厄的研究以1217人的问卷调查为切入口，显然具有经验研究的特征。

结语　马克思与20世纪艺术社会学研究的分化

从我们的上述分析可以看出，20世纪的艺术社会学研究受到马克思的深刻影响。这是显而易见的。但是如何对这种影响进行评估却是一个比较复杂的问题。诚然，马克思有关于艺术生产与消费、艺术生产与物质生产不平衡关系、世界文学、资本主义生产与艺术及诗歌相敌对等相关论述，提供了一系列具有现代意义的艺术社会学思考，对20世纪的艺术社会学研究有启迪和影响。但是，马克思并不是一个严格意义上的艺术社会学家，他关于艺术与社会关系的系列思考其实是在其经济基础、上层建筑及意识形态关系的理论构架中完成的。该理论构架不仅构成了马克思艺术社会学思考的基础，还提供了一种关于文艺的社会属性和社会含义的分析模式，即后来的马克思主义美学和文艺批评模式的雏形。马克思生长、求学于德国，又长期流亡并生活于经验主义传统深厚的英国，可以说，马克思的艺术社会学思考，既包含了思辨成分，也有经验分析的因素。然而，艺术社会学研究究竟是应当关注文艺的社会属性和社会含义，还是致力于文艺的社会影响研究和接受研究？这是20世纪60年代阿多诺和西尔伯曼争论的核心。[1]阿多诺坚持的是前者，"内在于艺术作品的社会内涵是可以辨认的……即便作者本人没有意识到这种社会内涵，它却是产生效果的酵素。假如艺术社会学对此毫无兴趣，也就错过了艺术与社会之最深层的关系，即沉淀于艺术作品之中的艺术与社会的关系"[2]。他认为重视作品的内容

---

[1] 关于此方面的详细情况，参见方维规：《文学社会学领域的实证主义之争》，《社会科学研究》2014年第2期。

[2] 阿多诺：《艺术社会学论纲》，方维规主编：《文学社会学新编》，北京大学出版社2011年版，第125页。

及其品质为保证艺术的社会批判功能所必需。西尔伯曼则坚持的是后者，"我们面对的艺术乃是一种社会过程，这一过程显示为一种社会活动"[①]。按照西尔伯曼的看法，只有埃斯卡皮、洛文塔尔等人的研究才是艺术社会学，卢卡契、阿多诺等人的研究偏于艺术哲学，算不上艺术社会学。这种说法固然凸显了艺术社会学本身的社会学属性，但是把文艺的社会内容和社会传播相隔离，应该说比较片面和武断。如同阿多诺所言，社会学这门学科本身就发端于哲学，艺术哲学、艺术社会学出现某种交叉互渗也属于正常情况。这样看来，艺术作品的社会内涵如艺术与真实的关系以及艺术的功能未必不可作为艺术社会学探讨的话题。

我们发现，20世纪受到马克思主义影响的艺术社会学研究发生了明显的分化。卢卡契、阿多诺、萨特等人比较关注文艺的社会含义和社会功能，埃斯卡皮、洛文塔尔、豪泽尔等人则较多地借鉴了经验技术，关注文艺的社会过程和社会传播。这在大的方面可以视为偏于经验研究的社会学方法向艺术社会学领域的蔓延与渗透，当然也与个人的学术训练和研究兴趣有关，如卢卡契、阿多诺等人的学术研究本来就偏于哲学；或者和本人的经历有关，如洛文塔尔、豪泽尔较长时间生活在经验主义氛围相对浓厚的美国。

可能鉴于马克思关于艺术与社会关系的思考在其美学思想中比较重要，国内有一些学者把马克思的美学思想从整体上归结为一种艺术社会学理论，如李泽厚就说过，"从马克思、恩格斯开始，到卢卡契、阿多诺，从苏联到中国，迄至今日，从形态上说，马克思主义美学主要是种艺术理论，特别是艺术社会学的理论"[②]。这种说法显然是不确切的。事实上，马克思本人的美学与文艺思想涵盖了浪漫主义、感性、个人的全面发展、异化—物化—拜物教批判以及意识形态批判等诸多方面，远远不能以"艺术社会学"加以概括，艺术社会学只能算得上马克思美学思想的一部分。关于这个问题，本人另有专文论述。[③] 此处不再赘述。

（原载《南京社会科学》2015年第10期）

---

① 西尔伯曼：《文学社会学引论》，魏育青、于汛译，安徽文艺出版社1988年版，第59页。
② 李泽厚：《美学四讲》，生活·读书·新知三联书店1989年版，第19页。
③ 汪正龙：《对马克思、恩格斯美学与文艺思想关系的再思考》，《中国人民大学学报》2010年第3期。

马克思与弗洛伊德比较与结合中的美学问题

马克思与弗洛伊德都是对20世纪思想史、美学史影响巨大的人物。日本学者今村仁司认为："马克思、尼采、弗洛伊德的思考对于20世纪人们的思考来说，有着决定性的意义。马克思把历史世界（意指经济、政治、意识形态的总体）从神话故事中解放出来，使之从科学理论上加以思考成为可能。尼采挖掘出以传统哲学构式不能接近也不能思考的领域，开辟了从原理上思考它的可能性。弗洛伊德首开对人类'精神'之深层的探索，'发现'了无意识的领域。"[①]作为两种关于人生、社会与历史的总体观念和解释模式，弗洛伊德的学说与马克思的理论形成了对话关系，这为对二人进行联系比较提供了可能。的确，马克思与弗洛伊德都关心审美与艺术问题，"如果说美学渗透了卡尔·马克思的最重要的政治范畴和经济范畴，它同样渗透了西格蒙德·弗洛伊德的精神分析学说。人们不再认为快乐、游戏、梦想、神话、爱好、象征、幻想、表象等是附加材料以及严肃的生活目的的审美点缀，人们认为它们就是人类存在的基础"[②]。对马克思与弗洛伊德的比较与结合既与弗洛伊德的学说与马克思的理论存在的对话关系有关，也与现代思想史的发展有关，对美学研究具有启发意义。

从20世纪20年代起，就出现了把马克思与弗洛伊德联系起来的各种尝试，形成了弗洛伊德主义的马克思主义。最早的代表人物是奥地利的赖希。20世纪20年代末30年代初，他先后发表《辩证唯物主义与精神分析》（1929）和《法西斯主义群众心理学》（1933）。赖希自称糅合了弗洛伊德

---

① 今村仁司等：《马克思、尼采、弗洛伊德、胡塞尔——现代思想的源流》，卞崇道等译，河北教育出版社2002年版，第9页。
② 伊格尔顿：《美学意识形态》，王杰等译，广西师范大学出版社1997年版，第257页。

的深层心理学和马克思的经济学，提出了"性经济"理论即个人性能量的经济学，用以解释法西斯主义的意识起源，认为法西斯主义是群众几千年来基本生物需要长期受压抑的非理性表现。此后，英国马克思主义者奥兹本（R.Osborn）出版了《弗洛伊德和马克思》（1937）一书，试图发现弗洛伊德和马克思学说中的共同点。20世纪50年代之后，法兰克福学派的弗洛姆、马尔库塞出版了一系列著作，试图用弗洛伊德的理论补充和发展马克思主义，如弗洛姆的《在幻想锁链的彼岸——我所理解的马克思和弗洛伊德》（1963）、马尔库塞的《爱欲与文明》（1955）、《论解放》（1969）、《审美之维》（1977）等。在20世纪后期，还出现了把马克思与弗洛伊德进行融合成为一种新的理论模式的更加复杂的尝试，如阿尔都塞的《读〈资本论〉》（1965）、詹姆逊的《政治无意识》（1982）、德勒兹与瓜塔里的《反俄狄浦斯》（1972）等。上述结合弗洛伊德与马克思的种种尝试，大致包含了比较、改造和综合三种策略与步骤。这里面的情况非常复杂，涉及社会政治、文化宗教、审美与艺术诸多层面。本文主要从作为解释学家的马克思与弗洛伊德的比较、马尔库塞对弗洛伊德元心理学的马克思主义改造和詹姆逊等人融合马克思与弗洛伊德的尝试三个方面入手，侧重从美学这一层面进行概要式分析。

一、作为解释学家的马克思与弗洛伊德

弗洛伊德的精神分析最初处理的是医生和病人的关系，如对歇斯底里患者的疗法、梦境的分析等，进而通过把家庭和家庭关系性欲化的方式，形成弗洛伊德社会关系分析的雏形。一般认为，"解释学是一个从明显的内容和意义出发，抵达潜在或隐含的意义之解读过程。解释的客体，即在非常宽泛的意义上的文本，可以是梦中甚至神话中的符号，也可以是社会或文学中的符号"[①]。在这个意义上，马克思、弗洛伊德都可以与解释学关联起来。不少学者如福柯、利科、阿尔都塞、哈贝马斯等人的确注意到马克思的学说与弗洛伊德的理论都有一套自己的理解和解释程序，从而把马

---

① 帕尔默：《诠释学》，潘德荣译，商务印书馆2012年版，第63页。译文略有改动。

克思和弗洛伊德视为解释学家。由于对西方文化传统的解释具有颠覆性，作为解释学家的马克思、弗洛伊德和尼采三人常常被相提并论。卡尔·曼海姆较早注意到马克思的学说和社会主义"由于试图解释和分析集体经验的事件"而揭发了资本主义意识形态的无意识控制的真相，"牢固地抓住先前无意识的运动和变得日益强烈的感情潜流，并迫使它们进入有意识的公开领域"[①]。也就是说，马克思也像弗洛伊德那样关注某种社会控制的无意识的形式并使之解蔽。

福柯认为，马克思、弗洛伊德对解释学的贡献在于改变了符号的性质，变更了通常可能用来解释符号的方式。一方面，他们破除了对解释的深度和内在性的迷恋，把符号放置在一个分化的空间。马克思揭示出资产阶级观念中形成的货币、资本、价值等有深度的东西，实际上是平庸。而弗洛伊德也在意识与无意识的关系和精神分析医生对病人语言的解码中建构出解释的空间。另一方面，他们的解释都体现了解释的未完成性。所有解释项都是被解释项。他们在解释中建立的既是澄清关系，也是翻转关系、颠覆关系。马克思"解释的并不是生产关系的历史，而是已经作为一种解释出现的某种关系，尽管它是以自然的面目出现的。同样，弗洛伊德……揭示的是具有焦虑负担的幻觉（fantasmes），这种幻觉就是一个内核，它因有的存在本身就已经是一种解释"[②]。保罗·利科将马克思、弗洛伊德这一特征上升到批判性的解释学所具有的怀疑主义精神的高度，他从人文科学作为一种释义向度的角度，把他们都看成是激进的、批判的解释学的代表，认为对他们而言，"意识的根本范畴就是遮掩—显现关系，或者如我们喜欢说的，就是掩饰—显明关系"。把他们区别开来的是他们的解码方式，也是他们对于无意识存在进行编码的历程之表象，"在弗洛伊德那里，梦的意义——更概括地说，有关症状和妥协构成的意义，又更概括地说，心理表达之整体的意义——与作为解码策略的'分析'须臾不可分离；我们可以在一种并非怀疑论的意义上说，这个意义是由分析提升的，甚至创造的，而因此相关于那些已把意义确立起来的全部程序；我

---

① 卡尔·曼海姆：《意识形态与乌托邦》，黎明、李书崇译，商务印书馆2000年版，第39页。
② 福柯：《尼采、弗洛伊德、马克思》，方生译，参见汪民安、陈永国编：《尼采的幽灵》，社会科学文献出版社2001年版，第104页。

们可以这样说，但只说相反的：方法是由被发现的意义之融贯性来证实的……马克思想要的，就是通过必然性的认识去解放实践；但这个解放与一种'觉醒'不可分离，这种觉醒胜利地反驳了虚伪意识的神秘化"①。阿尔都塞在《读〈资本论〉》中也指出，马克思与弗洛伊德对处于统治地位的表象的揭示使人类产生了认识的革命，"我们只是从弗洛伊德开始才对听、说（或沉默）的含义产生怀疑；这种听、说的'含义'在无辜的听和说的后面揭示了完全不同的另一种语言即无意识的语言的明确的深刻含义。现在我敢说，我们只是从马克思开始，至少是在理论上，才对读和写的含义产生怀疑"②。

同样，在《认识与兴趣》中，哈贝马斯认为社会批判理论的模式以精神分析和马克思主义为样本基础。在精神分析中，弗洛伊德将梦呈现为通向无意识的捷径，它表征着一些创伤性的经历，这些经历是病人不能有意识地处理的。精神分析的任务是回溯到真正的问题，以使病人有意识地面对它。"分析者指导病人，通过指导让他学会阅读被自己肢解和歪曲了的原文，并且学会把语言符号从一种个人语言上被畸形化的表达方式转换为社会交往的表达方式。这种转换给迄今被封闭着的回忆揭开生活史上重要的发展阶段，并且使病人意识到自己的形成过程"，"弗洛伊德理论的出发点是抗拒的经验，即封闭的力量的经验，这种力量同受压抑的内容的自由的和公开的交往相对立。分析的意识活动表明的是一种反思过程，这表现在它不仅是一个认识过程，同时也能消除抗拒情绪。虚假意识的教条式的限制，不仅以信息的短缺，而且以信息的不可接近性作为衡量自己的尺子"③。精神分析和意识形态针对的都是一些变形的话语，对精神病患者的诊治或对意识形态的批判不仅仅是为了恢复原状，而是对歪曲自身的原因做出解释，重构它们可能性的条件。这说明早年处于社会文化批判时期的哈贝马斯以一种和释梦类似的方式看待意识形态批判，因为一种文化的基本要素类似于梦，是不能公开说出或被占支配地位的文化所压抑的东西，意识形态批判便是要揭露其中深层的矛盾与张力。弗洛伊德曾经将神经症

---

① 利科：《解释的冲突》，莫伟民译，商务印书馆2008年版，第183—185页。
② 阿尔都塞、巴里巴尔：《读〈资本论〉》，李其庆、冯文光译，中央编译出版社2001年版，第5页。
③ 哈贝马斯：《认识与兴趣》，郭官义、李黎译，学林出版社1999年版，第229—230页。

的征候描述为一种妥协状态，一方面无意识在寻求表达，另一方面自我又试图把这种欲望拉回到无意识中去。这样一来，神经症、梦境和意识形态一样，既是暴露，又是掩盖，是一个矛盾的统一体。这是马克思与弗洛伊德作为解释学家的契合点。

如何评价作为解释学家的马克思与弗洛伊德，学界有不同看法。美国哲学家普特南认为，马克思和弗洛伊德都是用"不合理的"非理性的因素解释社会历史，导致20世纪相对主义的泛滥，"马克思、弗洛伊德和尼采在有一点上是相同的，这就是，他们把我们所珍爱的宗教和伦理观念看作是不合理之物的反映；看作阶级利益的（在马克思那里）、无意识的（弗洛伊德和尼采）和权力意志的（尼采）反映。在我们欣然引为深奥无比的精神和道德洞见的东西下面，潜藏着一口权力角逐、经济利益和自私幻想的沸腾的大锅，这个观点是当今相对主义的利刃"[①]。而詹姆逊则认为，马克思主义作为解释学，既有关于意识形态阶级性和功能性的否定性的解释学，也有关于阶级、生产方式等肯定性的解释学，不仅否定性的解释学具有社会批判意义，并且至今我们仍然无法否认"'肯定解释学'在马克思主义传统内部的优越性，而其他解释则仍然局限于个别主体和个别经验的无政府范畴"[②]。

当然，意识形态批判甚至物化批判与精神分析之间的类似是有限的，后来结合马克思与弗洛伊德涌现了更多的方法和路径。

二、马尔库塞对弗洛伊德元心理学的马克思主义改造

马尔库塞是弗洛伊德主义马克思主义在美学上的代表。在马尔库塞眼中，弗洛伊德的观点并不是激进的或革命的。因为弗洛伊德所谓的自我在现实面前要调和本我的快乐冲动与超我的要求，只有少数人可能以升华的形式参与文明的创造过程，文明本身正是在这个压抑过程中建立起来的。马尔库塞在《爱欲与文明》中修改了弗洛伊德的基本概念。他称弗洛伊德

[①] 普特南：《理性、真理与历史》，童世骏等译，上海译文出版社1997年版，第168页。
[②] 詹姆逊：《政治无意识》，王逢振、陈永国译，中国社会科学出版社1999年版，第273页。

所说的本能压抑是基本压抑，在基本压抑和现实原则之外，他引入了"剩余压抑"和"操作原则"两个新概念。基本压抑是为保持文明对本能的限制，剩余压抑则是维护特定的社会统治所采取的一系列限制，并且资源的分配形式和劳动的组织形式使压抑越来越超过保持文明这一任务的需要，变成了维持特殊的社会专制形式的东西。"在充分发展的操作原则统治下，使人屈从的，似乎正是劳动的社会分工本身……于是社会表现为一个持久的、扩展着的有用操作体系。等级制的功能和关系披上了客观合理的外衣，法律和秩序成了社会的真正生命。正是在此过程中，压抑也变得非人化了，因为对快乐的压制和管制现在成了劳动的社会分工的功能（和自然的结果）。"[①]现阶段文明的发展原本为爱欲（性欲、游戏、休息）的释放创造了条件，物质财富和精神财富相对丰裕使得人的需要得到满足，用于必要劳动的本能能量大为降低，但这个社会的操作原则仍维持对爱欲的额外的压抑，延缓人们的满足。彻底解放爱欲，会颠覆既定的社会秩序，造成一种没有压抑的文明。

　　马尔库塞试图对弗洛伊德元心理学理论进行改造和重释，恢复和发掘精神分析的批判内涵，应用于压抑性文明起源及其变迁的分析，认为"个体自主的人格不过是人类一般压抑的僵硬表现而已。自我意识和理性，依照内部和外部压抑征服并塑造了历史性的世界。它们成了统治的代理人；它们所带来的大量自由是从奴役的土壤里生长起来的，并至今还保存着其出生的痕迹。这些就是弗洛伊德人格理论的破坏意义"[②]。由此弗洛伊德的人格心理学也过渡为文明心理学，"在这一点上，弗洛伊德理论也属于这样一个伟大的批判行列：把僵化的社会学概念溶解在其历史的内容之中。他的心理学所关注的，不是生存在私人和公共环境中的具体而又完整的人格，因为这种生存不是揭示而是掩盖了人格的本质和本性。人格是漫长的历史过程的最终产物，这些过程在由构成社会的人和任何制度所构造的网络中凝结起来，并规定着人格及其关系"[③]。弗洛伊德文明心理学的基础是物质缺乏与本能的自由发展之间的尖锐对立，文明的进步以本能的压抑为代价，在现实中表现为工作与消遣之间的对立。但是弗洛伊德也意识到，

---

① 马尔库塞:《爱欲与文明》，黄勇、薛民译，上海译文出版社1987年版，第63页。
② 马尔库塞:《爱欲与文明》，黄勇、薛民译，上海译文出版社1987年版，第37页。
③ 马尔库塞:《爱欲与文明》，黄勇、薛民译，上海译文出版社1987年版，第37—38页。

人类获得满足的联合努力也是与工作过程相联系，因而弗洛伊德在《文明及其不满》《精神分析纲要》等著作中提出的爱欲不是偶然的。爱欲作为生命本能是社会本能，是性欲的量的扩张和提高，涵盖了柔情、友情、爱情等，是生命体进入更大的统一体，从而延长生命并使之进入更高的发展阶段的一种努力。对高度发达的工业设施和专门化的社会劳动分工的合理组织以及民众的通力合作，为性欲转化为爱欲准备了条件。

马尔库塞认为，解放爱欲就是解放劳动。马克思意识到人的解放就是劳动的解放，但还未把这个解放和爱欲的解放联系起来。马克思在《1844年经济学—哲学手稿》里曾经提出"对私有财产的扬弃，是人的一切感觉和特性的彻底解放"①的命题，以此作为工人阶级社会政治解放的一个后果。马尔库塞在他的一系列著作中却以此为前提，系统地发挥了他的爱欲解放理论，并且自认是对马克思的一个发展。他说："劳动几乎完全异化了。装配线的整套技巧、政府机关的日常事务以及买卖仪式，都已与人的潜能完全无关。……在这个世界上，人类生存不过是一种材料、物品和原料而已，全然没有自身的运动原则。这种僵化的状况也影响了本能、对本能的抑制和改变。原来的动态本能现在变为静态的了，自我、超我和本我之间的相互作用凝聚成了机械反应。"②变更了的社会条件将有助于使劳动转变成消遣，造成一种"力比多"工作关系，即"对巨大工业设施和高度专门化的社会劳动分工的合理组织，对具有巨大破坏作用的能力的充分利用以及广大民众的通力合作"③。在这里，社会政治解放变成了包括性欲在内的爱欲解放。可以看出，马尔库塞事实上用改造过的弗洛伊德的精神分析的基本概念补充或替代了马克思主义的基本原理。正如麦克莱伦所说："马尔库塞以一种乌托邦的情怀，预见到一个新社会，在其中，劳动将被某种有美德的游戏所取代，这种审美游戏般的劳动最终将消灭死的本能力量。这样，马尔库塞以'本能压抑'概念补充了（有时看来，几乎是取代了）马克思的经济剥削概念。"④

---

① 马克思、恩格斯：《马克思恩格斯全集》第3卷，人民出版社2002年版，第303页。
② 马尔库塞：《爱欲与文明》，黄勇、薛民译，上海译文出版社1987年版，第72—73页。
③ 马尔库塞：《爱欲与文明》，黄勇、薛民译，上海译文出版社1987年版，第159页。
④ 麦克莱伦：《马克思之后的马克思主义》，李智译，中国人民大学出版社2004年版，第296页。

马尔库塞结合马克思与弗洛伊德有一个显著特点，就是对欲望发生和实现的社会条件的分析。他认为，前技术文明的浪漫蒂克特征有助于成为爱欲的中介，资本主义机械化的环境越来越失去爱欲特征，美容、广告业的发达强化了性欲特征，阻碍力比多的自我超越，"力比多受到限制和约束、爱欲向性经验和性满足方向退化……由于降低爱欲能力而加强性欲能力，技术社会限制着升华的领域。同时它也降低了对升华的需要。在精神设施中，人们所渴望的东西同准许得到的东西之间的张力似乎已大大减弱，现实原则似乎不再要求各种本能需要进行彻底而又痛苦的改造"①。曼哈顿大街取代了郊外漫步，汽车里做爱取代了草地上做爱，都降低了爱欲能力而强化了性欲能力。马尔库塞认为，原本性欲的升华维护着压抑性社会加诸个人的拒绝意识，因而维护着解放的需要，比如在古典主义作品——拉辛的《费德尔》、浪漫主义的作品——歌德的《亲和力》和现实主义作品——托尔斯泰的《安娜·卡列尼娜》中，性欲都是既以高尚的、反省的形式出现，又是不屈不挠、放纵无羁的，处在社会道德和既定现实原则的彼岸。而技术文明时代的性欲则是反升华的、俗化了的，因为诸如大卫·柯南伯格导演的影片《欲望号列车》、纳博科夫的小说《洛丽塔》中的性欲描写尽管更加生动、更加富有挑逗性，但已经被整合为现存社会的有机部分，不再具有否定性。这些说法虽然不无道理，却也带着对现代艺术的偏见。

在此基础上，马尔库塞发掘了弗洛伊德关于想象和幻想论述的潜在价值。他认为弗洛伊德对想象的论述更富有革命性。因为弗洛伊德揭示了想象的发生及其与快乐原则的联系。现实原则的确立导致了心灵的分化，其主流被导入现实原则，但是幻想（想象）仍然保留着被现实组织起来之前的精神结构和倾向，呈现出快乐原则支配下普遍与特殊直接统一的形象，因而"弗洛伊德的元心理学恢复了想象的应有权利。幻想，作为一种基本的、独立的心理过程，有它自己的、符合它自己的经验的真理价值，这就是超越对抗性的人类存在。在想象中，个体与整体、欲望与实现、幸福与理性得到了调和"②。这就使弗洛伊德的学说与审美及艺术创造关联了起来。

---

① 马尔库塞:《单向度的人》，刘继译，上海译文出版社1989年版，第68页。
② 马尔库塞:《爱欲与文明》，黄勇、薛民译，上海译文出版社1987年版，第103页。

三、詹姆逊等人融合马克思与弗洛伊德的尝试

鉴于弗洛伊德提出的一些基本概念如无意识、压抑、转移、升华、焦虑等以及本我、自我、超我人格三结构分析、梦的分析等理论已成为当代人文社会科学中的主要概念或解释框架，具有很大的引申和发挥空间，不少西方马克思主义美学家、批评家有意无意以之作为学术思想建构活动的一种资源，如在布洛赫、阿尔都塞、詹姆逊、马歇雷等人的著作中，都能清楚地看到弗洛伊德精神分析学说的印记，有的因此而造成了将马克思的理论与弗洛伊德的学说相互融合的学术形态。

阿尔都塞以"问题域"和"征候阅读"为核心的马克思主义，其中问题域指特定的论题间所构成的客观内在的关联系统，即决定所给定的答案的问题体系，需要超越字面含义进行征候式阅读。这被认为和弗洛伊德的无意识和释梦相似，因为"征候"原本是弗洛伊德在《精神分析引论》一书中提出的概念，用来表示精神病人无意识的表征。西方有学者评论说，"问题域在确定其领域内所应包括的内容时，也就必然决定了它相应排斥的内容。因此，被排斥的概念（缺失部分、空白点）和没有充分提出的问题（半无言处、脱漏）或根本没有提出的问题（无言处），便与那些被提出的概念和问题一样，构成了问题域的一部分。由于这个原因，人们对原文中明确的论述简单地从字面来理解或直接地阅读，就很难把握它。相反，要掌握它就必须通过'征候'读法，即把明确的论述与那些欠缺部分、空白点和无言处结合起来读。后者构成另一种'未曾明言的论述'，它们就是潜藏在原文中未被人意识到的问题域的许多征候。就像一切认识那样，正确地被理解和实践着的读法不是静观，而是理论性的劳作和生产"①。

詹姆逊自觉地借鉴马克思的生产方式学说和弗洛伊德—拉康的精神分析学说建构文学批评模式并进行文学批评实践，包含了对二者的某种综合。在《政治无意识》中，詹姆逊认为一切文学都渗透着政治无意识，是对群体命运的象征性沉思。詹姆逊吸收、改造了阿尔都塞、马歇雷的意识

---

① 麦克莱伦：《马克思之后的马克思主义》，李智译，中国人民大学出版社2004年版，第333页。

形态学说，但是不同意戈德曼的同形同构，"在社会物化、风格发明和叙事或解释范畴这三个层面之间设定静止的同构或平行结构是可能的；但是，似乎更有意义的是，理解文本的这三个范畴之间的相互关系及其蕴含于生产、投射、补偿、压抑、置换等更加活跃的术语中的社会潜文本（subtext）"①。日常生活的意识形态以社会制度、政治学说和文化设施的方式过程对人们进行深层无意识的压抑，形成政治无意识。"一种新的主导制度上升的胜利时刻，不过表现了它为了永远保持主导地位并使其再生产而进行的不间断的斗争，在其有生期间，这场斗争必须持续下去，而在所有不同的时刻又都伴随着那些拒绝同化、寻求支持的旧的或新的生产方式的系统的或结构上的对抗。在此最后视域内如是理解的文化和社会分析的任务，显然就是对其材料的重写。"②也就是说，叙事是一种社会象征行为，是在审美或想象层面上解决日常社会生活中具体世界的真正矛盾的可能性，社会的主题往往披上作者欲望的外衣。但是经济基础与上层建筑关系的这种象征性解决又会遇到各种阻遏机制，发生各种移位和变形，不是表现为明确的政治立场、意识形态的逻辑表达，而是体现为一种特殊的政治幻想结构或力比多机制的投射。因而，"批评过程与其说是对内容的释义，不如说是对它的揭示，是对隐匿在曾经作用于它的种种稽查的歪曲之下的原初信息、原初经验的一种暴露，一种恢复；这种揭示采取说明内容何以如此受到歪曲的那种形式，因而不可能与对这种审查机制的描述分割开来"③。同样，巴利巴尔和马歇雷在《论作为一种观念形式的文学》中，也建立了一种对文学进行类似精神分析似的马克思主义解释。他们认为"文学以想象性来解决无法解决的观念矛盾，并以再现那种解决'开始'：不是'比喻地'再现（通过形象、寓言、象征或论证）确实存在的解决办法（不妨重申，恰恰由于这样一种解决是不可能的，文学才得以生产出来），而是提供一种'表演'，通过各种置换和替代把这种表演呈现为一种不可解决的矛盾的解决。因为如果要有文学，那么，用一种特殊语言阐述的就必定是这种矛盾的条件（因而也是矛盾的观念因素），这种特殊语言是一种'折衷'的语言，事先实现了一种未来和解的虚构。或更确切地说，它

---

① 詹姆逊：《政治无意识》，王逢振、陈永国译，中国社会科学出版社1999年版，第34页。
② 詹姆逊：《政治无意识》，王逢振、陈永国译，中国社会科学出版社1999年版，第85页。
③ 詹姆逊：《马克思主义与形式》，李自修译，百花洲文艺出版社1995年版，第342—343页。

发现了一种'折衷'的语言，从而把和解表现为'自然的'，因此也是必要的和不可避免的"①。这种把文学生产视为呈现了一种观念话语的诸多矛盾的过程，而文学解释就是对这些矛盾和矛盾条件的揭示，与弗洛伊德对梦境的分析有相似之处。

  这里还必须提到一部由法国学者撰写的名著——德勒兹与瓜塔里1972年出版的《反俄狄浦斯：资本主义与精神分裂》。这本书差不多算得上是哲学或思想史研究，不是通常意义上的美学著作，但是对马克思与弗洛伊德进行了深度融合，并且对晚近美学研究产生了重要影响。《反俄狄浦斯》显而易见包含着对马克思与弗洛伊德的继承与超越。在该书中德勒兹与瓜塔里开宗明义地指出："只有消除两者的异在性，对其进行翻转与投射，马克思–弗洛伊德的对举才是生长性的，有意义的。"他们进而提出："社会的生产完全是一定条件下欲望自身的生产。我们认为社会领域直接由欲望所投资，被欲望的生产所决定，力比多无须任何中介、升华、精神操作、变形，直接侵入并投资生产力和生产关系。"②正如作者所说的，把资本主义生产视为欲望自身的生产是对马克思与弗洛伊德的嫁接。书中按照欲望生产方式所划分的社会发展三阶段——以血亲关系为基础的原始地域化阶段、以专制君主为核心的野蛮专制阶段和与资本运作相对应的资本主义阶段，无疑受到马克思生产方式理论的影响。而把欲望内在化，把无意识视为生产欲望的工厂，以及把资本主义看作一个精神分裂和压力不断产生精神分裂的个体的社会，又是对弗洛伊德的改造。而把资本主义本身视为一部欲望的机器，是一种能量的分裂和积累，是无止境的消费和发明变化，是综合马克思与弗洛伊德对资本主义运作机理所做的新的解释。该书的一些基本概念曾被詹姆逊用于对现实主义、现代主义、后现代主义艺术思潮演变过程的解释。此外，德国马克思主义哲学家、美学家布洛赫的三卷本巨著《希望的原理》也试图部分地吸收与借鉴弗洛伊德的精神分析来发展马克思主义。他认为："马克思主义哲学是未来的哲学，也是在过去之中蕴

---

  ① 巴利巴尔、马歇雷：《论作为一种观念形式的文学》，参见马尔赫恩编：《当代马克思主义文学批评》，刘象愚等译，北京大学出版社2002年版，第49页。
  ② Gilles Deleuze and Félix Guattari, *Anti-Oedipus*, London and NewYork:Continuum, 2004, pp.30-31.

含着未来的哲学。"①该书白日梦理论明显借自弗洛伊德，但是布洛赫将弗洛伊德的昼梦修正为指向未来的美好生活之梦，从而与他眼中的马克思主义这个具体的乌托邦实践统一起来。

结语　结合马克思与弗洛伊德的文化与美学机理

　　结合马克思与弗洛伊德有着深刻的思想文化背景。首先，弗洛伊德本人的学说与马克思的理论存在对话关系。表面上看，马克思侧重于以生产方式的演进来描述宏观的人类社会的变迁和发展趋势，弗洛伊德偏重于以心理化的生物有机体切入社会的微观世界，二人除了都属于德语文化传统，并且同属于犹太人以外，无论就其关注的主要领域还是其学说的基本内容都非常不同，并不存在显而易见的精神上的联系。但是，深入考察后可以发现，生活年代和学术生涯晚于马克思近半个世纪的弗洛伊德，在文化背景、具体话题和学术抱负方面与马克思存在着相当大的对接与对话关系。这个问题可以从两个层面来看待。从宏观的层面看，无论是马克思的学说，还是弗洛伊德（特别是中后期）的理论，在一定程度上都是资本主义甚至西方文明危机的理论表现，关注到诸如经济、意识形态、宗教、社会历史发展方面一些共通的问题并提出了各自的解决方案，换言之，二者或许可以视为资本主义从自由竞争阶段到垄断阶段社会危机与心理危机的理论表征；而从微观的实证层面来看，弗洛伊德认为马克思过于突出经济的作用，他的精神分析学说中的本能学说可以对马克思主义起补充作用，"马克思主义的力量不在于它对历史的见解，也不在于它的以此见解而对未来的预测，而在于它深刻理解了人类的经济状况对于学术、伦理及艺术反应的影响。因此，它乃发现了从前完全为人忽略的整个因果关系。然而我们可不能假定经济的动机是决定社会中人的行为的唯一动机。……我们可不能了解研究活人的行为如何能忽略心理的因素；不仅这种因素和经济基础的建设有关，而且即使受这些条件控制时，也只能动员其原始的本能

---

①　布洛赫：《希望的原理》第1卷，梦海译，上海译文出版社2012年版，第10页。

冲动——如自存本能，攻击本能，爱的需要，求乐避苦冲动等"①。他并且认定他的本我、自我、超我动力三结构中的超我理论较马克思的意识形态理论更多地注意到社会意识对经济发展的独立性，"所谓唯物论者即错在看轻这个因素（按：指超我）。他们抛弃了它，以为人类的'意识形态'只是任何时期经济基础的产物或经济基础的上层建筑。这确是真理，但可能不是整个真理。人类不完全生活于现在；超我的意识形态保存过去，保存民族的传统，而这种传统则只是逐渐受现在的影响，让位于新的发展，也只能通过超我的活动，才能在人生中起着重要的作用，而完全不依赖于经济的条件"②。可见弗洛伊德的理论与马克思的学说存在着明显的关联度或者说对话关系，在某种程度上，弗洛伊德的确以马克思学说的补充者或纠偏者出现。这就为对二者进行对照比较综合提供了契机与可能。

其次，结合马克思与弗洛伊德之所以成为一股重要的文化思潮还有着更为复杂的社会历史原因，如法西斯主义的兴起以及资本主义社会意识控制形式的新变化，社会公共生活与私人生活的分裂等。针对前一方面的原因，马尔库塞晚年曾经对采访他的英国记者麦基谈起法兰克福学派为何结合马克思与弗洛伊德的初衷，"下等人的心理意识已经发生了变化。最令人吃惊的是统治的权力结构对个人的意识、潜意识甚至无意识领域进行操纵、引导和控制的程度。因此，我在法兰克福学派的一些朋友认为，心理学是必须融入马克思主义理论的一个主要知识部门，这不是为了取代马克思主义，而是为了充实马克思主义"③。詹姆逊也曾经对后一方面的原因做过分析。他认为："在西方发达国家中政治、社会生活，甚至经济生活中突然出现了这样一种分裂：以日常工作为象征的公共生活与表现个人真实情感的个人生活之间发生了分裂，即办公室与家庭的分裂，每一个人都同时过两种生活，公共生活和个人生活。这就是为什么要结合弗洛伊德与马克思，因为有这种分裂，就需请两位医生来医治这两个方面，一位医治精神，另一位则诊断社会，医治外部的生活。"④

---

① 弗洛伊德:《精神分析引论新编》，高觉敷译，商务印书馆1987年版，第144页。
② 弗洛伊德:《精神分析引论新编》，高觉敷译，商务印书馆1987年版，第52页。
③ 麦基:《思想家》，周穗明、翁寒松译，生活・读书・新知三联书店1987年版，第62页。
④ 杰姆逊:《后现代主义与文化理论》，唐小兵译，陕西师范大学出版社1987年版，第81—82页。

就此来看，结合马克思与弗洛伊德体现了对资本主义和西方文明的反省与批判。20世纪下半叶以来资本主义走向消费社会，欲望的生产与消费起着重要作用。而马克思与中后期的弗洛伊德建立了一个分别侧重外在经济与内在心理的对社会历史文化进行总体解释的理论模式，结合两者可以针对晚期资本主义的最新发展做出新的分析与判断。我们可以在这个意义上评价詹姆逊、德勒兹等人所做的工作。

最后，还有一个重要原因是学术创新驱动。结合马克思与弗洛伊德的做法及其成果从一个侧面鲜明地体现了西方学术乃至西方马克思主义美学的生成路径：其一是方法勾连与话题对接。马克思与弗洛伊德涉足过相近的学术领域，但表达了不同的见解，于是有学者致力于把马克思学说与弗洛伊德思想中可以比较的方面如意识形态与超我、宗教观等进行比较分析或融通对接。奥兹本和弗洛姆所做的就是这方面的工作。二人所用的方法也有相近之处，福柯、利科等人发现了这一点。其二是批判意识与人文重建。20世纪以来资本主义统治由暴力转向协商，即由外部镇压转向文化心理控制。与此同时，分析哲学、语言哲学的兴起，实证主义大行其道，在很大程度上蚕食了诗性、想象与幻象的空间。正是在这种情况下，马尔库塞等人从马克思与弗洛伊德那里寻找灵感，把弗洛伊德的重视欲望幻想满足的元心理学引申到社会文化层面，与马克思的社会文化批判相结合，构筑新的理论形态，为感性、虚构、艺术和审美开辟新的天地，自然具有重要的美学意义。马尔库塞的新感性甚至布洛赫的希望乌托邦，都可以作如是观。从上述这些方面来看，怀疑精神与对美好社会以及审美与艺术的追求是结合马克思与弗洛伊德的深层机理。

毋庸讳言，对马克思与弗洛伊德的比较与结合也暴露了不少问题，值得深入反思与探讨。必须承认，在某些具体的论题上，比如对宗教、意识形态等的论述方面，马克思与弗洛伊德的确有一些相近或可比之处。在方法论上，如前所述，他们也有诸多可比之处。特别是二者对人类社会由外到内的关注为相互嫁接与融通生成新的理论形态提供了可能。但是，也应当看到，他们二人创立了两种似乎完全不同的学说，这两种学说不仅理论出发点有别，而且各自的基本命题与方法都差别甚大。比如，弗洛伊德突出了人的非社会的、非历史的因素，总是从无意识，特别是儿童早期的性心理中去寻找决定观念、形象的纯心理因素，进而认为幼儿本能决定了整个文化而得以发展，完全可以替代经济基础。这当然是夸大其词的，甚至是荒谬的。因此，"弗洛伊德主义的马克思主义"用弗洛伊德本人的或经过改造的弗洛伊德的观点来融通甚至置换马克思主义的基本原理，虽说在对资本主义的社会文化批判方面取得了一定的成效，但是从学理上看也存在不少漏洞。我们研究这两种学说的关系，应当承认二者理论前提、论证过程和推论结果的差异性。在此番条件下，我们可以对两种学说的总体观念、基本命题和方法论进行比较，甚至可以对次一级命题或考察问题的角度进行比较。只有这样才能彰显两种学说的相同之处与相异之处，并寻找合适的综合或嫁接路径。否则，比较容易成为比附，改造容易变成替换，结合也容易成为混合。

（原载《学术论坛》2014年第1期）

福柯与马克思：一个思想史的考察

福柯的学术发端于20世纪60年代这一反叛的年代，受到尼采的影响，特别是受到尼采对理性、知识、主体、进步观念的质疑以及认为求真意志与权力意志不可分的思想的影响，这是学界所公认的，也是显而易见的。但是福柯成长和学术思想发生发展的时期，也是马克思主义在法国影响巨大的时期，在读大学时，"结构主义马克思主义"的代表人物阿尔都塞便是他的哲学辅导老师。福柯与马克思的关系是一个饶有趣味的话题。西方有学者认为，"福柯的思想中一直活跃着一种马克思主义，这是一种继承下来的隐性遗产，虽然不那么显而易见，但却发挥着重要的作用"[①]。福柯虽然否认自己是马克思主义者，但是又自认为"通过有把握的阐述一举解放马克思，以便破除被党派如此长期地封闭、贩运和挥舞着的马克思的教条"[②]。这样，福柯对于马克思，就呈现出既借鉴吸收，又修正反叛的复杂关系。本文准备就此做一简要分析。

一、历史与解释

福柯受马克思关于历史科学构想的影响。马克思曾经说过，"我们仅仅知道一门唯一的科学，即历史科学"[③]。马克思坚持一种历史主义原则，认为事物就是它的历史过程本身，把一切事物都看作在历史中产生、发展

---

① 莱姆克等：《马克思与福柯》，陈元等译，华东师范大学出版社2008年版，《前言》第3页。
② 福柯：《结构主义与后结构主义》，杜小真编选：《福柯集》，上海远东出版社1998年版，第513页。
③ 马克思、恩格斯：《德意志意识形态》，《马克思恩格斯全集》第3卷，人民出版社1960年版，第20页。

的，因而是暂时的，也必将在历史中消亡。福柯自称历史学家，致力于发现事物为什么、又怎样变成这个样子的。但是他通常被认为是关注"非连续性"的历史学家，即关注历史进程中的裂缝、断片和机能失常，发掘其成因和弥散的空间。"在历史中起作用的力量既不遵循目的，也不遵循机械性，它只顺应斗争的偶然性。它既不表现为原初意想的连续形式，也不是某个结论的推导步骤。它总是显现于事件的独特的偶然性。"① 福柯对于知识、疯狂、监狱、疾病、性等的历史条件的形式分析在某些层面上是接近马克思的。他说："马克思在分析工人的不幸时是怎么做的？他拒绝通常的解释，那种解释把工人的不幸视为自然而然的掠夺带来的后果。马克思强调说，根据资本主义生产的条件，根据它的根本法则，它必然要产生不幸……马克思用对生产的分析来代替对掠夺的谴责。这差不多就是我想说的，我们的情况很相似。"②

马克思对历史现象的解释注重从物质实践来解释观念的形成，所以有人称之为实践解释学。福柯则凸显权力与解释的关系，强调解释的多元性与冲突性以及范式在解释中的作用。这方面他们两人有一些相近之处。按照福柯的说法，马克思、弗洛伊德、尼采对解释学的贡献在于改变了符号的性质，变更了通常可能用来解释符号的方式。一方面，他们破除了对解释的深度和内在性的迷恋，把符号放置在一个分化的空间。马克思揭示出资产阶级观念中形成的货币、资本、价值等有深度的东西，实际上是平庸。尼采对思想、意识深度的批判，揭示了对真理的内在性的虚假性，重建了被掩盖和隐藏的符号的外在性。而弗洛伊德也在意识与无意识的关系和精神分析医生对病人语言的解码中建构出解释的空间。另一方面，他们的解释都体现了解释的未完成性。所有解释项都是被解释项。他们在解释中建立的既是澄清关系，也是翻转关系、颠覆关系。马克思"解释的并不是生产关系的历史，而是已经作为一种解释出现的某种关系，尽管它是以自然的面目出现的。同样，弗洛伊德……揭示的是具有焦虑负担的幻觉（fantasmes），这种幻觉就是一个内核，它因有的存在本身就已经是一种解释"，"对尼采而言，没有一个原初的所指。词语只不过是解释；在词语的

---

① 福柯：《尼采、谱系学、历史》，杜小真编：《福柯集》，上海远东出版社1998年版，第157页。

② 福柯：《福柯访谈录：权力的眼睛》，严锋译，上海人民出版社1997年版，第37—38页。

整个历史中,在成为符号之前,词语就一直只是在解释;而它们最终能发挥符号的作用,仅仅因为它们基本上只是些解释"。①福柯的分析表明,他受到马克思对意识、概念发生的历史条件或社会事件动力因素的分析的启发,但是对尼采的相对主义更为青睐。马克思的意识形态批判揭示了物质上占统治地位的阶级精神上也必定占统治地位这一现象,例如占统治地位的阶级总是要编织一套意识形态作为统治阶级的意识形式,掩盖或扭曲现实关系,在整个社会生活里完成一种特殊的欺骗或神秘化功能,为既有的社会秩序服务。"占统治地位的将是越来越抽象的思想,即越来越具有普遍性形式的思想。因为每一个企图取代旧统治阶级的新阶级,为了达到自己的目的不得不把自己的利益说成是社会全体成员的共同利益,就是说,这在观念上的表达就是:赋予自己的思想以普遍性的形式,把它们描绘成唯一合乎理性的、有普遍意义的思想。"②不仅对资产阶级意识形态的批判,对资产阶级国民经济学把私有制当作永恒不变状态的揭露、法权等主张人生而平等的揭露,马克思把意识还原为历史,还原为存在,具有解意义化的去蔽功效。比如就政治经济学研究而言,"马克思的目的始终是'政治经济学批判',这既意味着对资本主义生产方式进行批判,又意味着对它在资产阶级国民经济学说中的理论反映进行批判"③。马克思揭示了资产阶级国民经济学知识—利益—权力无意识的共生关系,在《1844年经济学—哲学手稿》中,马克思揭露了标榜科学和客观的国民经济学的资产阶级意识形态性质,因为它不仅把资本主义私有制当作一种天然的、永恒不变的既成状态来研究,而且把资本家的利益作为论证的前提,"当它确定工资和资本利润之间的关系时,它把资本家的利益当作最终原因;就是说,它把应当加以阐明的东西当作前提"④。因此它不过是一门让资本家发财致富的科学。詹姆逊对此评论说:"马克思对他的前人(斯密、萨伊、李嘉图)

---

① 福柯:《尼采、弗洛伊德、马克思》,方生译,载汪民安、陈永国编:《尼采的幽灵》,社会科学文献出版社2001年版,第104、105页。
② 马克思、恩格斯:《德意志意识形态》,《马克思恩格斯选集》第1卷,人民出版社1995年版,第100页。
③ 费彻尔:《马克思与马克思主义:从经济学批判到世界观》,赵玉兰译,北京师范大学出版社2009年版,第51页。
④ 马克思:《1844年经济学—哲学手稿》,《马克思恩格斯全集》第3卷,人民出版社2002年版,第266页。

的批评，目的不在于他们著作的细节——地租、市场流通和资本积累等等理论——其中大部分他都纳入了自己的体系，而在于那种总的模式，或缺少这一模式。在这一模式中，这些细节得到自己的解释，并被当作某一更大总体的一些部分或者功能来审视。马克思不仅能够揭示出资产阶级经济学家无力推演出一种统一的市场理论，使形形色色靠经验观察到的现象可以在里面得到结合，而且实际上还揭示出他们本能地避免这么做。仿佛他们觉察到，后来在《资本论》里体现的那种经济现实的总体和系统模式所带来的危险的社会和政治后果；为避免这些后果，他们不得不仅只在片断和经验层面上继续他们的研究。"①马克思在这里实际上揭示了资产阶级国民经济学作为知识生成的历史条件和局限性，是知识社会学的先驱，也是福柯"知识考古学"研究方法论上的一个来源。马克思对资产阶级法律、政治学说的解释也是如此。他说，国家、法律等正是由于分工导致的意识抽象，"因为国家是统治阶级的各个人借以实现其共同利益的形式，是该时代的整个市民社会获得集中表现的形式，所以可以得出结论：一切共同的规章都是以国家为中介的，都获得了政治形式。由此便产生了一种错觉，好像法律是以意志为基础的，而且是以脱离其现实基础的意志即自由意志为基础的"②。"例如，在某一国家的某个时期，王权、贵族和资产阶级为夺取统治而斗争，因而，在那里统治是分享的，那里占统治地位的思想就会是关于分权的学说，于是分权就被宣布为'永恒的规律'。"③对此，福柯无疑也有同感，"知识在其表征中一开始就暗含了某种政治上的顺从。在历史课上，你被要求去熟知某些事件而忽视其他事件，因而这些事件就形成了知识的内容和其信条"④。福柯甚至举了马克思本人的例子，"自19世纪开始，工人阶级的物质状况得到了细致的研究，这项工作归功于马克思卷帙浩繁的著作，它在很大程度上推动了19世纪工人阶级的政治、经济联合行为，通过持续不断的斗争保存和发展自身。但是这种知识从来未

---

① 詹姆逊：《马克思主义与形式》，李自修译，百花洲文艺出版社1995年版，第155页。
② 马克思、恩格斯：《德意志意识形态》，《马克思恩格斯选集》第1卷，人民出版社1995年版，第132页。
③ 马克思、恩格斯：《德意志意识形态》，《马克思恩格斯选集》第1卷，人民出版社1995年版，第98页。
④ Michel Foucault, *Language, Counter-Memory, Practice,* New York:Cornell University Press, 1977, p.219.

被允许进入官方知识的体系而发挥作用"①。当然，马克思是从资产阶级认识社会问题的结构性视野或局限的角度来看待国民经济学的意识形态性的。福柯的《知识考古学》则转向了经过阿尔都塞改造过的马克思，即重视话语实践。而按照"权力—知识"的话语实践理论，每一种实践都包含着真理标准的制定与辨析真理、谬误的过程，意识形态是使权力话语及理论话语成为可理解的话语的方式，它与科学知识都是代表权力的话语实践方式。

因此，如果我们把马克思、福柯二人都视为对历史现象进行解释的解释学家的话，那么福柯所创立的权力解释学无疑也受到马克思的影响，所以有学者说，"马克思远比尼采、福柯等哲学家更早地意识到权力与理解、解释活动之间的内在联系"②。

二、权力的分析

福柯与马克思都关注资本主义现代类型的统治问题。马克思从关系和技术的角度研究资本主义的权力运作给福柯留下深刻的印象。福柯在《规训与惩罚》一书中考察了监禁方式的变化，即从古典时期的惩戒到19世纪中期之后的监视直至"全景敞视社会"的形成，即从规训社会向控制社会的历史过渡。在关于"全景敞视主义"的分析中，他明确肯定了马克思《资本论》第1卷第13章对生产机构、劳动分工和规训技术制定三者关系的分析。③人们早就注意到，《规训与惩罚》分明受到马克思《资本论》对企业这样的理性组织由于资本主义私有制而具有的暴虐性的分析的启示，从"惩罚"的角度去研究实际上是国家机器的监狱、学校、军营、医院和制造业等这些机构的奴役性，却没有把这一奴役性仅仅归于资产阶级。"首先，施加于肉体的权力不应被看作是一种所有权，而应

---

① Michel Foucault, *Language, Counter-Memory, Practice,* New York: Cornell University Press, 1977, pp.219-220.
② 俞吾金:《重新理解马克思》，北京师范大学出版社2005年版，第410页。
③ 参见福柯:《规训与惩罚》，刘北成、杨远婴译，生活·读书·新知三联书店1999年版，第247页。

被视为一种战略、计谋、策略、技术、运作……它不是统治阶级获得的或保持的'特权',而是其战略位置的综合效应——是由被统治者的位置所展示的,有时还加以扩大的一种效应。其次,这种权力在实施时,不仅成为强加给'无权者'的义务或禁锢;它在干预他们时也通过他们得到传播……最后,它们不是单义的;它们确定了无数的冲撞点、不稳定中心,每一点都有可能发生冲突、斗争,甚至发生暂时的权力关系的颠倒。"[1]人员集聚的管理方法和资本积累是相辅相成的。正如巴利巴尔所说的,"在《规训与惩罚》中,他(按:指福柯)吸收马克思在《资本论》中关于生产中劳动力的划分方法,来说明惩戒手段是如何通过抵消工人的对抗性来增加工人的身体效用的。概括说来,就是惩戒手段如何统一了劳动力积累和资本积累这两个过程的。因此,'惩戒'和'微观权力'同时代表了经济剥削和司法—政治阶级统治的另一面,并使它看似一个统一体"[2]。实际上,在权力问题研究上对马克思的借鉴,连福柯本人也是承认了的。他说:"从马克思出发,我喜欢讨论的不是关于阶级的社会学问题,而是关于斗争的战略方法。我对马克思的兴趣集中在这里,我喜欢从这里出发提出我的问题。"[3]

然而,福柯与马克思的关系是复杂的。福柯与马克思的对话关系有时是反向的,"福柯的研究策略的核心目标是超越历史唯物主义的各种表现,其中包括几种马克思主义的变体。那些理论都将权力与社会生产问题放在上层建筑的层面加以考虑,从而将它们同生产的低级、实在层面相剥离。因此,福柯试图带着社会再生产问题,以及所谓'上层建筑'的一切组成部分回归到基础物质结构中,试图不仅以经济术语,同时以文化的、物质的、主体性的术语来界定这一领域。"[4]比如,在马克思那里,权力与利益相联系,被置于经济活动中并把国家视为资产阶级的工具,权力是被国家、阶级所拥有并具有压迫性。马克思在谈到资产阶级

---

[1] 福柯:《规训与惩罚》,刘北成、杨远婴译,生活·读书·新知三联书店1999年版,第28—29页。
[2] 巴利巴尔:《福柯与马克思:唯名论问题》,载汪民安等编:《福柯的面孔》,文化艺术出版社2001年版,第456—457页。
[3] 福柯:《必须保卫社会》,钱翰译,上海人民出版社1999年版,第260页。
[4] 迈克尔·哈特、安东尼奥·奈格里:《帝国》,杨建国等译,江苏人民出版社2005年版,第33—34页。

国家以虚幻的"普遍"利益的形式对特殊的利益进行约束时说,"受分工制约的不同个人的共同活动产生了一种社会力量,即扩大了的生产力。由于共同活动本身不是自愿地而是自发地形成的,因此这种力量在这些个人看来就不是他们自身的联合力量,而是某种异己的、在他们之外的权力。关于这种权力的起源和发展,他们一点也不了解;因而他们就不再能驾驭这种力量,相反地,这种力量现在却经历着一系列独特的,不仅不以人们的意志和行动为转移的,反而支配着人们的意志和行为的发展阶段"[①]。马克思称上述现象为"异化",并认为只有消除私有制才能消除此类异化。

福柯对权力控制和压迫性的理解与马克思有关,但他的注意力不是经济权力、物质权力、国家权力的宏观角度,而是探讨权力的微观物理学和运行策略,并探讨权力在知识、疯狂、监狱、疾病等领域的同质性作用机理。当然这里面也有一些变化,福柯早期的《词与物》和《知识考古学》更为重视否定性的权力,强调压制、禁止和排斥,到了中期的《规训与惩罚》更为重视权力的生产性,权力生产了现实,生产了对对象的统治。福柯不赞同马克思以物质或经济作用为基础的权力观,"马克思主义关于权力的普遍概念……可以称其为'经济功能性'。'经济功能性'是在这样的范围内,即权力的主要职能是既维持生产关系,又再生产阶级的统治,后两者是由生产力占有的固有形态和发展赋予其可能性的。在这种情形下,政治权力在经济中找到了其历史性的原因"[②]。他批评注重阶级和经济的权力研究是"更一般性的研究,主要是受到马克思主义的影响,关心资产阶级对我们社会的统治。……在这些一般性的命题之下,实际的情况要复杂得多"[③]。权力是生产性的,权力无所不在,并不专属于统治阶级。科学也通过大学制度、实验室、教科书这类抑制性设施施行权力。权力是一个网络,它通过个人运行,但不归个人所有。个人总是既服从权力又运用权力,所以要研究权力的策略、网络、机制及其赖以实施的手段,以及实施后的效应。正因为在福柯眼中,权力主要是一种力量关系,一种压迫机

[①] 马克思、恩格斯:《德意志意识形态》,《马克思恩格斯全集》第3卷,人民出版社1960年版,第38—39页。
[②] 福柯:《必须保卫社会》,钱翰译,上海人民出版社1999年版,第13页。
[③] 福柯:《福柯访谈录:权力的眼睛》,严锋译,上海人民出版社1997年版,第29页。

制，一种战斗或对抗，因而无产阶级反抗资产阶级的压迫，也只是为了自己获取权力，并没有其他的道义上的正当性。所以理查德·沃林批评说，"福柯倒退到马克思之后。对马克思来说，无产阶级的立场之所以说是正义的，是因为它是建立在一个正义主张的基础之上的。因为同其对手资产阶级相比，它体现了一种更加伟大的历史普遍性的主张……对福柯来说，因为所有的正义主张都仅仅是权力的结果，因而它们只为粉饰主要权力的利益服务，所以不可能存在这样的关于合法性或权利的标准，它对各种竞争性利益起着调节作用"①。巴利巴尔也说，"马克思认为实践是典型的外部生产，在自身以外产生作用，所以也产生了主观化的效果（在'生产资料'范围内的冲突），而福柯认为权力是首先作用于身体本身的生产实践，初始目的是促使个性化或主观化（可以说成是'为自身的实践'或'自身的实践'），其结果是产生了带有客观性质的影响，或是知识（savoir）。其原因在于，福柯以生活的可塑性来论证他的权力关系逻辑，而马克思主义关于矛盾的逻辑（此逻辑使权力关系内在化）不能与其结构内部的固有性分开来考虑"②。

但是，福柯权力的微观物理学考察无法解决各种分散的权力如何获得统一的形式及其反过来作用于微观权力的社会霸权问题。后期的福柯意识到自己的局限，走向了对治理问题的研究，把权力的微观研究推及宏观结构和国家的层面，考察知识形式、权力策略和主体形成样态之间的互动关系，进而探讨自我管理的技术和统治的技术之间的互动关系，因而国家本身就成了一门治理技术。这时候他仍然借助了马克思从关系和技术的角度对权力的分析。③但是，当福柯说国家治理不仅是政治问题，好的治理应当是经济治理，是根据经济的范式来执行权力的艺术时，他的主张似乎与马克思的政治经济学批判又一脉相通。

---

① 理查德·沃林：《文化批评的观念》，张国清译，商务印书馆2000年版，第269—270页。
② 巴利巴尔：《福柯与马克思：唯名论问题》，汪民安等编：《福柯的面孔》，文化艺术出版社2001年版，第458—459页。
③ 参见莱姆克：《不带引号的马克思——福柯、规治和新自由主义的批判》，载莱姆克等：《马克思与福柯》，华东师范大学出版社2008年版，第5—9页。

结语　说不尽的福柯与马克思

虽然福柯与马克思都从事着颠覆西方思想传统的工作，存在观念与方法上的诸多联系，但却是生活于两个不同时代的人物。这不仅表现在福柯所选择的论题如疾病、监狱等属于西方传统学术史不看重的边缘问题和卑微现象，马克思所关注的剥削、压迫与解放则属于社会政治经济领域的核心问题，还在于福柯在他的一系列研究中所表露出来的相对主义和虚无主义，而马克思则坚持启蒙运动以来人类正义与历史进步的观念。福柯对笛卡尔以来的主体性观念发起了质疑，而在他看来，马克思在一定程度上仍然属于这个传统。这些可能是二人分歧的根源与关键所在。

［原载《安徽师范大学学报》（社会科学版）2015年第3期］

马克思与批判理论的四个维度

佩里·安德森说:"鉴于马克思主义一开始就进行彻底的、不动摇的批判,可以说它是由其自身的动力迅速地带进文化批判的领域。"[①]自从霍克海默1937年发表《传统理论与批判理论》一文,倡导把哲学与社会理论相结合,对资本主义进行批判之后,法兰克福学派的理论著述就被称为"批判理论"(critical theory)。马克思尤其是其政治经济学批判在批判理论形成过程中起到了重要作用,当然在一定程度上经过了卢卡契等人的中介。西方有学者如此概括马克思与批判理论的关系,"借助于政治经济学批判,马克思得以恰当地描述资本主义经济体系的功能,同时着眼于资本主义经济体系的变化,认为它是值得批判的。为此,马克思使用了双重概念,如价格/价值、剩余价值/利润或生产/再生产。借此,他不仅能够描述资本主义的必然过程,而且能够描述资本主义的灭亡趋势。批判理论作为一个学派表明,批判理论作为方法,不仅可用于社会理论,而且可用于社会心理学(霍克海默/阿多诺语)、政治心理学(弗洛姆语)以及科学理论(哈贝马斯语)"[②]。这里主要着眼于批判理论作为一种社会理论的历史流变来讲的。而从横向的学科领域而言,批判理论覆盖了社会学、哲学(认识论)、语言学与美学等。我们准备从物化批判、实证主义批判、语言批判与美学批判四个方面,简要谈谈马克思与批判理论的关系。

[①] 佩里·安德森:《当代西方马克思主义》,余文烈译,东方出版社1989年版,第3页。
[②] 伯默:《自然批判理论》,格·施威蓬豪依塞尔等:《今日批判理论》(下),人民出版社2010年版,第5页。

一、物化批判

物化是马克思对资本主义商品交换条件下人与人之间的关系转化为物与物关系的指认。"生产交换价值的劳动还有一个特征：人和人之间的社会关系可以说是颠倒地表现出来的，就是说，表现为物和物之间的社会关系。"① 马克思的物化理论是对资本主义把人的社会关系转变为物与物关系的揭露和还原，以破除商品世界的神秘性。按照物化理论，"资本主义社会的特征在（马克思）这里被归结为交换价值的统治。在资本主义社会，所有的经济活动，所有的生产关系和商品都根据它们在流通过程中产生的金钱价值来衡量"②。马克思指明资本主义社会交往过程中物与物的社会关系遮蔽人的生产关系进而渗透于生活世界，这种情况的出现具有历史性和必然性，但却摧毁了主体间的道德关系，使之成为工具关系，"个人只是作为交换价值的所有者互相对立，作为各自用自己的产品即商品为对方提供某种物的存在的所有者互相对立。从在流通中发生的社会的物质变换的观点来看，没有这种客体的媒介，他们彼此就不会有任何关系。他们只是物质上彼此为对方存在，这种情况在货币关系中才得到进一步发展，在这种关系中，他们的共同体本身对一切人来说表现为外在的、因而是偶然的东西。通过独立的个人的接触而形成的社会联系，对于他们同时既表现为物的必然性，同时又表现为外在的联系，这一点正好表现出他们的独立性，对于这种独立性来说，社会存在固然是必然性，但只是手段，因此，对个人本身来说表现为某种外在的东西，而在货币形式上甚至表现为某种可以捉摸的东西。他们是作为社会的个人，在社会里生产并为社会而生产，但同时这仅仅表现为使他们的个性对象化的手段"③。

卢卡契的物化说是马克思的物化说过渡为批判理论重要的中间环节。他继承了黑格尔把人与人以及人与自然的关系视为理性的客观表现的思想，致力于在商品关系中寻求资本主义社会一切对象化形式和与此相适应

---

① 马克思：《政治经济学批判》，《马克思恩格斯全集》第13卷，人民出版社1965年版，第22页。
② William Adams, "Aesthetics:Liberating the senses", in *The Cambridge Companion to Marx*, edited by Terrell Carver, Cambidge University Press, 1991, pp.251-252.
③ 马克思：《政治经济学批判（1857—1858年手稿）》，《马克思恩格斯全集》第46卷下，人民出版社1980年版，第469—470页。

的一切主体性形式，商品形式成为资本主义社会的主导对象性形式。与此同时，他又吸收了西美尔的货币哲学理论。西美尔认识到，金钱对资本主义社会进行了重组，锻造出现代生活平均化、量化的价值取向。在这个过程中，卢卡契又受到马克斯·韦伯生产过程对象化形式合理化（工具理性）即主体被量化为客观要素以便具有可计算性思想的影响。韦伯揭示了形式合理性范畴与资本主义管理体制中目的理性经济行为之间的类似性，如服从于理性决策的经济活动和官僚权威，行政部门的官僚化和官僚控制的扩张，世界的祛魅和世俗化，以及执着于效率的企业管理机制等，从而揭示出社会合理化过程对于资本主义的构成性意义，因而韦伯视之为生产活动和社会生活本身的历史进程而加以肯定。卢卡契把在韦伯那里基本属于肯定的工具理性进行批判性颠倒而套用到马克思身上，"纵观劳动过程从手工业经过协作、手工工场到机器工业的发展所走过的道路，那么就可以看出合理化不断增加，工人的质的特性，即人的——个体的特性越来越被消除。……随着对劳动过程的现代'心理'分析（泰罗制），这种合理的机械化一直推行到工人的'灵魂'里"[①]。卢卡契经由合理化对资本主义社会中无所不在的商品拜物主义的指认被20世纪30年代的法兰克福学派所继承和发挥，成为物化及与之相关的工具理性批判的核心内容。依照哈贝马斯的评价，卢卡契所说的物化指的是资本主义社会中占统治地位的对象性形式预先决定了与世界之间的关系，以及具有言语和行为能力的主体与客观世界、社会世界和各自主观世界发生关联所能具有的方式和方法，复杂的认知工具理性以牺牲实践理性为代价贯彻开来，使交往生活关系变得物化了，"以至于在我们对人际关系和主观经历的理解当中隐含着错误的范畴：我们用物的形式来理解它们，也就是说，把它们当作了属于客观世界的实在"[②]，"与马克思以及韦伯比较起来看，卢卡契的真正贡献在于，他能够同时从物化和合理化双重角度来考察社会劳动领域与生活世界语境的分离过程。由于行为主体以交换价值为取向，他们的生活世界也就萎缩成为客观世界：他们对待自己以及他人，所采取的都是目的行为的客观立场，并因此而使自己成为其他行为者的处理对象"[③]。

[①] 卢卡契：《历史与阶级意识》，杜章智等译，商务印书馆1992年版，第149页。
[②] 哈贝马斯：《交往行为理论》第1卷，曹卫东译，上海人民出版社2004年版，第338页。
[③] 哈贝马斯：《交往行为理论》第1卷，曹卫东译，上海人民出版社2004年版，第341页。

法兰克福学派继承了马克思与卢卡契的物化理论，用于分析商品交换逻辑对资本主义社会的全面操控。在包括劳动力在内的一切都成为商品的世界中，一切转变为可计量性，各种活动失去了它们固有的、内在的满足，在价值衡量标准甚至性质上被拉平了，变成了达到某种目的的手段。"资产阶级社会是由等价物支配的。资产阶级社会通过把不等的东西归结为抽象的量，而使不等的东西变成可以进行比较的东西"[1]。"交换的调节作用出现了；它是资产阶级经济的基础。"[2]这也是控制得以实现的基本构架。日益衰落的无产阶级已经不可能区分资本主义的社会现实及其异化状态，他们已被这种现实及其意识形态所支配了。工人和他的老板观看同样的电视节目并漫游同样的游览胜地，打字员和雇主的女儿打扮得一样漂亮，"由于物化有可能凭借其技术形式而成为极权主义，组织者和管理者本身就愈来愈依赖于他们所组织和管理的机器，管理者和被管理者之间的相互依赖不再是主仆之间的辩证关系，这种辩证关系在为相互承认而进行的斗争中已被打破，因此毋宁说它是包括主仆在内的恶性循环"[3]。正因为如此，资本主义已把每个人成功地变成无反省能力的温顺的消费者，即推动和维护资本主义体制有效运转的守法的公民。物化批判、工具理性批判演变为对资本主义社会控制形式的分析与批判。

二、实证主义批判

马克思的学说从根本上说是反思的和批判的。他在对资本主义进行政治经济学批判的时候，也是在探讨其知识形成的历史条件，"马克思的目的始终是'政治经济学批判'，这既意味着对资本主义生产方式进行批判，又意味着对它在资产阶级国民经济学说中的理论反映进行批判"[4]。马克思坚持一种历史主义原则，坚持把意识还原为历史，还原为存在，注重揭示

---

[1] 霍克海默、阿多诺：《启蒙辩证法》，洪佩郁、蔺月峰译，重庆出版社1990年版，第5页。
[2] 霍克海默：《批判理论》，李小兵等译，重庆出版社1989年版，第214页。
[3] 马尔库塞：《单向度的人》，刘继译，上海译文出版社1989年版，第32页。
[4] 费彻尔：《马克思与马克思主义：从经济学批判到世界观》，赵玉兰译，北京师范大学出版社2009年版，第51页。

事物发展的动力学因素。哈贝马斯指出,"马克思把类的历史理解为物质活动和意识形态批判的扬弃的范畴、工具活动和改变现实、劳动和反思范畴的统一"①。

卢卡契对实证主义科学观的批判对批判理论产生了更为直接的影响。在卢卡契看来,实证主义作为一种直观的、单纯的认识态度,使认识者的思维及其与周围经验对象的关系只能是直接的关系,从而与对象整体处于分裂之中,加剧了物化,构成了资产阶级意识形态的一部分。他批评恩格斯把科学实验看作实践的一种类型的说法其实也是这一思想的体现。卢卡契认为:"实验恰恰是最纯粹的直观。实验者创造了一种人为抽象的环境,以便排除主体方面和客体方面的一切起妨碍作用的不合理因素,从而有可能顺利地观察规律不受干扰地发挥的作用。"②其后,法兰克福学派的霍克海默、阿多诺、马尔库塞等人在一定程度上借鉴了马克思对知识生成条件的研究,又沿袭了卢卡契对实证主义的批判。他们眼中的实证主义涵盖了逻辑经验主义、现象学、分析哲学、科学哲学甚至实用主义。在他们看来,实证主义依赖形式逻辑,排斥实质逻辑,把事实和价值相分离,放弃了反思和批判因素,剥夺了理智判断现实真假的权利,是向现实妥协或投降。他们认为实证主义科学观大行其道,渗透到人文社会科学甚至自然科学研究中,充当了资产阶级意识形态的同谋。阿多诺认为,资本主义社会流行的观念与哲学习惯于拉平本质与现象,使"认识者丧失了把本质之物和非本质之物区别开来的原初能力,没有人知道什么是原因,什么是结果。固执地渴求看护好不相干之物的精确性,而不反思处在恐怖危险中的相干事物,这是一种压抑的意识的最流行的症状。最新风格的乡巴佬不会在'背后的世界'问题上自寻烦恼,而是愉快地购买'前台世界'有声或无声地兜售给他的东西。实证主义成了意识形态"③。霍克海默还较早地把对技术理性的批判扩大到对科学技术本身的批判中,认为在资本主义社会,科学本身成为意识形态,因为科学保留着一种阻碍它去发现危机的真正原因的形式。其理由是,科学研究有一种以对象为依归的实证主义取向,科学活动被限定在对现象进行描述、分类和概括的范围内,"科学的

---

① 哈贝马斯:《认识与兴趣》,郭官义、李黎译,学林出版社1999年版,第37页。
② 卢卡契:《历史与阶级意识》,杜章智等译,商务印书馆1992年版,第206页。
③ 阿多诺:《否定的辩证法》,张峰译,重庆出版社1993年版,第168页。

方法重视的是实在而非生成，一定的社会形式则被视为是以一种恒常不变的方式运转的机制。……然而，社会实在，即活动于历史中的人的发展具有一种结构。想要把握这种结构，那就需要在理论上描述那些使所有文化关系发生革命性变革的极为复杂的转换过程"①。而科学拒绝以恰当的方式处理与社会进程相关的问题，无论是被认作科学缔造者的独立自足意识的概念，个人及其在世界安身立命的理性，自然的永恒规律，主体与客体之间的不变关系，心灵与自然、灵魂与肉体之间的生硬区分等，都体现了科学的内在理性思维在方法和内容上的局限性和肤浅性。马尔库塞更是把技术批判与意识形态批判合而为一，认为生产技术的组织作用使统治转化为管理，改变重体力劳动的特点，使不同的职业阶层同化，在消费领域实现平均化，"技术的面纱掩盖了不平等和奴役的再生产。以技术的进步作为手段，人附属于机器这种意义上的不自由，在多种自由的舒适生活中得到了巩固和加强。它的新颖之处在于这种不合理事业中的压倒一切的合理性和预处理的深度。这种预处理形成各个个人的本能的动机和愿望，模糊真假意识之间的区别"②。所以，技术与科学具有奴役性，"掌握了科学和技术的工业社会之所以组织起来，是为了更有效地统治人和自然，是为了更有效地利用其资源……工业化的技术是政治的技术；由此，它们预先就判断着理性和自由的种种可能性"③。技术因而成为资产阶级意识形态的一部分。在马尔库塞对技术文明时代社会压抑现状的研究中，他发现经验社会学倾向于把个人的历史和特殊的工作结合进一个具体的共相之中而消除了意义的指涉性，由此他进而反思经验主义研究方法本身，"取消及物的意义至今仍是经验社会学的一个特征……一旦意义的'不现实'的超出部分被消除，研究就会被封闭在社会用以确认和否认命题有效性的界限的广阔范围之内。这种经验主义因其方法论的特征而具有意识形态的性质"④。按照哈贝马斯的说法，实证主义的最大问题在于隔绝了科学研究与认知主体的关系，从认识论的自我反思中剥离开来。

---

① 霍克海默:《科学及其危机札记》，参见曹卫东编选:《霍克海默集》，上海远东出版社2004年版，第160页。
② 马尔库塞:《单向度的人》，刘继译，上海译文出版社1989年版，第31页。
③ 马尔库塞:《单向度的人》，刘继译，上海译文出版社1989年版，第17页。
④ 马尔库塞:《单向度的人》，刘继译，上海译文出版社1989年版，第103页。

此后，对实证主义的批判逐步成为西方马克思主义的一个重要主题。在这些学者看来，实证主义之所以成为资产阶级意识形态，因为它将主客体进行机械的区分，使研究者运用的概念外在于主体性，遮蔽特定问题的内涵，"将一切陈述都局限在不相联系的以及直接可以证实的事物范围之内，以便排除任何思辨的总体化思想"①。

三、语言批判

马克思对资本主义的批判包含了语言批判。"在青年马克思看来，资本主义是一个全然异化的社会制度，从宗教到国家、劳动、货币、人的关系，甚至到语言，异化无处不在。"②马克思对形而上学的拒斥，对资产阶级意识形态、法权等的批判，常常也都是从语言切入的。

法兰克福学派的批判理论，包括了对发达工业文明时代的语言批判。阿多诺反思了实证主义思维影响下文化工业制品语言的虚假性与欺骗性，"文化工业产品通过语言的表达，表现出了它们本身具有的广告文化的性质。就是说，语言越是完全地变成了进行宣传的工具，词汇越是严重地从实际包含着意义的承担物变成没有内容的符号，它们越是单纯地和清楚地表达了它所应表达的意思，它们本身同时就越是变得不清楚。摆脱神话学影响的语言，作为整个启蒙过程中的因素，又返回来具有了神话般的魔力。语言词汇与内容相互区别和分离开来。如痛苦、历史，甚至生活这些概念，变成了抽象和失去了这些内容的空词汇。词汇的形式同时也构思和反映这些概念。把词汇解释为偶然的，把词汇所包含的对象解释为随心所欲的，这种彻底地分离开词汇与词汇所表达的内容的做法，倒是清除迷信的把词汇与事实混为一体的做法。按照固定的字母顺序排列的词汇来判断事物的做法，被看作不清楚的词汇和形而上学而加以排斥了。但是这样一来只能画出而不再具有意义的词汇，只是表示了那种固定为公式的事物。语言和对象都有这种情况。净化的词汇不是从对象中吸取经验，而是

---

① 詹姆逊：《马克思主义与形式》，李自修译，百花洲文艺出版社1995年版，第312页。
② 乔纳森·沃尔夫：《当今为什么还要研读马克思》，段忠桥译，高等教育出版社2006年版，第35页。

把对象表示为一种抽象因素的状况，把其他一切词汇都强制地变为绝对空洞的表达，什么含义也没有，因此也就没有实在的内容。……实证主义把世界归结为数据所具有的盲目性和呆板迟钝性，也转移到了限于记录那些数据的语言本身上了。因此，符号本身也变成不清楚的了，它们具有一种附着力，一种撞击力，这种力量使它们变成与自己完全对立的魔力"[1]。按照阿多诺的说法，语言只有揭示了表达和意指之间的差异关系时才具有真实性，"语言的力量证明，表达和事物在反思中彼此分离开来。只有当人们意识到表达和被意指之物的非同一性时，语言才能成为真实性的一个尺度"[2]。

马尔库塞对语言的批判是其对资本主义单向度社会批判的一部分。他认为，资本主义社会形成了一套全面管理的语言，"社会宣传机构塑造了单向度行为表达自身的交流领域。该领域的语言是同一性和一致性的证明，是有步骤地鼓励肯定性思考和行动的证明，是步调一致地攻击超越性批判观念的证明。……在社会思想习惯的表达式中，现象和实在、事实和动因、实体和属性之间的紧张逐渐隐没。意志自由、发现、证明和批判的要素在指谓、断定和模仿时不起作用。魔术似的、专横的、礼仪的要素充斥于言语和语言之中，话语的作为认知和认知评判发展阶段的那些中间环节被剥夺。曾经把握了事实并因而超越了这些事实的概念正在失去其可靠的语言表现力"[3]。他进而指出这类语言具有欺骗性而成为资本主义社会控制的一部分，"语词每天都把社会传递给它的成员，因为，它成为由现存社会构造、成型、使用的对象的名称。色彩、形状、音色并不具有这样的'含义'：它们的含义就其社会应用来说，更普遍、更'中立'。相反，语词必定会失去它们超越性的意义。社会越是接近对言谈天地完全控制的阶段，语词就越趋向于失去其超越意义。因此，我们当然可以说'名称与其对象的一致'，但这是虚假的、强制的、欺骗的一致，是控制的工具"[4]。

---

[1] 霍克海默、阿多诺：《启蒙辩证法》，洪佩郁、蔺月峰译，重庆出版社1990年版，第154—155页。
[2] 阿多诺：《否定的辩证法》，张峰译，重庆出版社1993年版，第109页。
[3] 马尔库塞：《单向度的人》，刘继译，上海译文出版社1989年版，第78页。
[4] 马尔库塞：《审美之维》，李小兵译，生活·读书·新知三联书店1989年版，第181页。

不仅如此，马尔库塞进一步认为，发达工业社会的社会科学研究有步骤地排斥及物概念的分析，使自己附属于一种虚假的意识。概念的操作处理具有政治功能，支配着对个人或社会、精神或物质等人类现实的分析，达到了一种虚假的具体性，"语言的控制是通过下列途径来实现的：减少语言形式和表征反思、抽象、发展、矛盾的符号；用形象取代概念。这种语言否定或吞没超越性术语；它不探究而只是确认真理和谬误并把它们强加于人"①。"思想和表达，理论和实践，将被引导到同人们的生存事实相一致的路线上来，于是对这些事实的概念批判不再有任何余地。当概念思维逐步成为在现存社会制度内探究和改善现存社会条件的手段时，操作概念的治疗特征就非常明白地表现在工业社会学、消费心理、市场情况和公众舆论的研究中。"②其做法是使事实孤立化、原子化，使事实固定在压抑性的总体之内，并把这一总体的范围当作分析的范围。

马尔库塞还特别批判了以罗素、维特根斯坦为代表的分析哲学以经验主义的概念或感觉的碎片世界，来取代形而上学、神话、传说和幻想的世界，实际上培植了认同性的思维方式，"这种分析由于立足于物化的日常话语领域，由于是在此物化领域之内来揭示和澄清日常话语的，因此它要从否定的、异己的、对立的、不能按照既定用法来理解的事物中进行抽象。它通过对意义进行澄清、归类和分离来消除矛盾、幻想和越轨的思想言语……它所采用的方法贬损或'转译'了引导人们去理解处于压抑性不合理结构中的已确立现实的概念，也即否定性思维的概念"③。哲学语言必须从它所极力理解的对象中摆脱出来，必须不同于日常用语以便解释后者的意义。即便在日常话语范围内运动时，它也应当是对抗性的，即把意义的已确立的经验背景分解成其现实的背景。而分析哲学从话语和生活的更大的背景中后退，从形成概念的媒介中转移，将概念还原成非超验的东西，把哲学变成了单纯的语词分析。

在法兰克福学派各个成员中，哈贝马斯的语言观念更具有建设性。他认为，社会成员的整合是通过交往而形成的。他把人的活动分为劳动（Arbeit）和相互作用（Interaktion）两种类型，前者指的是根据经验知识

---

① 马尔库塞：《单向度的人》，刘继译，上海译文出版社1989年版，第94页。
② 马尔库塞：《单向度的人》，刘继译，上海译文出版社1989年版，第97页。
③ 马尔库塞：《单向度的人》，刘继译，上海译文出版社1989年版，第164页。

和技术规则进行的工具性活动，后者是人们按照共同遵守的规范、以符号为媒介的交往活动。①但是哈贝马斯从他的交往语用学出发，也反思了从弗雷格到维特根斯坦的形式语义学，认为"仅仅从语义学视角出发的语言分析会让完成式的'自我'表达中呈现出来的自我关系意义消失得无影无踪。因为它反过来又用命题与事态之间的一种完成式关系，代替了主体与对象以及系统与周围世界之间的双重关系，因而对自我关系依然充满了认识论上的短见。相反，自我用经验命题表达出来的体验，被认为是一种特殊的事态或内心的事件，并进而与世界中的实体等同起来。传统观点认为，这种自我关系是自我意识，它既有所表现，又有所遮蔽。我们只有从语用学的角度对我们的语义学视角加以拓宽，才能真正理解这种自我关系。因此，不是对指涉性'自我'表达的意义分析，而是对完成式的'自我'表达的意义分析，在人称系统中为解决自我意识难题提供了广阔的前景"②。

可见，法兰克福学派的语言批判是与物化批判、实证主义批判联系在一起的。

四、美学批判

马克思早年在政治经济学框架中提出了与实践论紧密相关的感性论（美学）。这种感性论思想包含了对人的感觉、情欲和需求的肯定，并通过"人也按照美的规律来构建"③等说法把传统美学对美的认识论研究，转向人的实践、人的生存、人和对象的关系，体现了马克思美学思考的现代性。马克思的感性论启发了马尔库塞以新感性为核心的美学批判。"在马克思那里，正是感性（作为对象化）这一概念，导致了从德国古典哲学到革命理论的决定性的转折，因为他把实践的和社会的存在这一根本的特征

---

① 哈贝马斯：《作为意识形态的技术与科学》，李黎、郭官义译，学林出版社1999年版，第49页。
② 哈贝马斯：《交往行为理论》第1卷，曹卫东译，上海人民出版社2004年版，第379页。
③ 马克思：《1844年经济学—哲学手稿》，参见《马克思恩格斯全集》第3卷，人民出版社2002年版，第273—274页。

引入关于人的本质的存在的定义之中。"①

在马尔库塞眼中,马克思所说的社会主义就是《1844年经济学—哲学手稿》所谈到的"对私有财产的扬弃,是人的一切感觉和特性的彻底解放……感觉在自己的实践中直接成为理论家"②。马尔库塞认为,需要恢复感性原本具有的与身体有关的感觉,即感官的感受形式和人类生活的具体形式。从这方面看,美的概念体现了技术与艺术相结合以及劳动与娱乐相结合的特点。在这种情况下,马尔库塞主张突破资本主义的物化与技术理性对人性的压抑,构建新感性,"审美方面的基本经验是感性的,而不是概念的;审美知觉本质上是直觉,而不是观念。感性的本性是'接受',即通过给予物的影响而产生认识。正是借助这种与感性的内在联系,审美功能才获得了其核心的地位"③。新感性注重感性欲望与感性经验,以想象力为基本动力,在艺术与审美中表达对既有现实的否定,"诗的语言只是在它的异在性和超越性中,吸取着所有的力量和真理。而且,当所有的交往都被'单面性的社会'垄断和确定后,对现存体制的革命否弃,和新意识的交往,必定更加依赖于它们自身的语言了。……今天,与现存体制的语言天地决裂,将会更加彻底,这就是说,在抗议的最激进的领域,它将表现为在方法论上对意义的颠倒"④。马尔库塞试图对弗洛伊德元心理学理论进行改造和重释,恢复和发掘精神分析的批判内涵,应用于压抑性文明起源及其变迁的分析。这项工作使原本政治上保守的弗洛伊德心理学,也被赋予了美学批判的意义。他认为弗洛伊德对想象与幻想的论述更具有革命性。因为弗洛伊德揭示了想象的发生及其与快乐原则的联系。现实原则的确立导致了心灵的分化,其主流被导入现实原则,但是幻想(想象)仍然保留着未被现实组织起来之前的精神结构和倾向,呈现出快乐原则支配下普遍与特殊直接统一的形象,因而"弗洛伊德的元心理学恢复了想象的应有权利。幻想,作为一种基本的、独立的心理过程,有它自己的、符合

---

① 马尔库塞:《历史唯物主义的基础》,复旦大学哲学系西方哲学研究室编译,西方学者论《西方学者论一八四四年经济学哲学手稿》,复旦大学出版社1983年版,第113页。
② 马克思:《1844年经济学—哲学手稿》,参见《马克思恩格斯全集》第3卷,人民出版社2002年版,第303—304页。
③ 马尔库塞:《爱欲与文明》,黄勇、薛民译,上海译文出版社1987年版,第129页。
④ 马尔库塞:《审美之维》,李小兵译,生活·读书·新知三联书店1989年版,第115—116页。

它自己的经验的真理价值,这就是超越对抗性的人类存在。在想象中,个体与整体、欲望与实现、幸福与理性得到了调和"①。这就使弗洛伊德的学说与感性、审美及艺术创造关联了起来。而马尔库塞所说的反抗现实的审美形式,在很大程度上也与想象、幻想及虚构有关,"在作品形式中,具体环境被置于既定现实显示自己实际面目的另一种向度之下。因而它述说了有关它自身的真理;其语言不再是欺骗、无知和屈从的语言。虚构的作品叫出了事物的名称,事实的王国因此便土崩瓦解;因为虚构之物推翻了日常经验并揭示了其残缺不全和虚假之处。但艺术只有作为否定力量才能拥有这种魔力。只有当形象是拒绝和驳斥已确立秩序的活生生的力量时,它才能讲述自己的语言"②。就精神实质而言,阿多诺、洛文塔尔的美学理论和文艺社会学研究也是一种批判的美学,此不赘述。

  批判理论走向美学批判有一定的必然性。自20世纪20年代始,卢卡契等人逐步把经典马克思主义对政治经济的关注转移到社会政治文化和上层建筑,"美学成了将方法实际加以运用的实质性领域——或者更广义地说,成了文化领域的上层建筑"③。而在马丁·杰看来,"对幻想特别是体现在伟大作品中的幻想的强调和对实践的关切,是批判理论拒绝把现在永恒化,而取消转向未来的可能性的两个主要表现"④,因而美学批判成为法兰克福学派的一项重要工作。

(原载《黑龙江社会科学》2014年第4期)

---

① 马尔库塞:《爱欲与文明》,黄勇、薛民译,上海译文出版社1987年版,第103页。
② 马尔库塞:《单向度的人》,刘继译,上海译文出版社1989年版,第57页。
③ 佩里·安德森:《西方马克思主义探讨》,高铦等译,人民出版社1981年版,第118页。
④ 马丁·杰:《法兰克福学派史》,单世联译,广东人民出版社1996年版,第93页。

从政治经济学批判到符号
政治经济学批判

——对马克思、列斐伏尔与鲍德里亚关系的一个考察

一、物化—拜物教批判和生产优先性之间的裂痕

学术界公认马克思的一个重要贡献是对资本主义社会商品交换逻辑统治的揭示。威廉·亚当斯认为:"资本主义社会的特征在(马克思)这里被归结为交换价值的统治。在资本主义社会,所有的经济活动,所有的生产关系和商品都根据它们在流通过程中产生的金钱价值来衡量。"① 这里主要指的是马克思在中后期提出的物化—拜物教理论,即资本主义制度下生产者与社会总劳动的社会关系相疏离而形成的商品交换逻辑对人的统治。物化是马克思对资本拜物教的发生学分析,指的是在资本主义商品生产条件下,人与人之间的社会关系发生了颠倒,转化为物与物之间的社会关系,人的能力转化成物的能力。在《政治经济学批判》中,马克思就指出:"生产交换价值的劳动还有一个特征:人和人之间的社会关系可以说是颠倒地表现出来的,就是说,表现为物和物之间的社会关系。只有在一个使用价值作为交换价值同别的使用价值发生关系时,不同个人的劳动才作为相同的一般的劳动相互发生关系。因此,如果交换价值是人和人之间的关系这种说法正确的话,那末必须补充说:它是隐蔽在物的外壳之下的关系。"② 马克思在《资本论》中还写道:"商品形式

---

① William Adams, "Aesthetics:Liberating the senses", in *The Cambridge Companion to Marx*, edited by Terrell Carver, Cambridge University Press, 1991, pp.251-252.
② 马克思:《政治经济学批判》,《马克思恩格斯全集》第13卷,人民出版社1965年版,第22页。

的奥秘在于：商品形式在人们面前把人们本身劳动的社会性质反映成劳动产品本身的物质性质，反映成这些物的天然的社会属性，从而把生产者同总劳动的社会关系反映成存在于生产者之外的物与物之间的社会关系。由于这种转换，劳动产品成了商品，成了可感觉而又超感觉的物或社会的物。……这只是人们自己的一定的社会关系，但它在人们面前采取了物与物的关系的虚幻形式。……我把这叫作拜物教。""在生产者面前，他们的私人劳动的社会关系就表现为现在这个样子，就是说，不是表现为人们在自己劳动中的直接的社会关系，而是表现为人们之间的物的关系和物之间的社会关系。"①

马克思的物化—拜物教理论一方面是对资本主义把人的社会关系转变为物与物关系的揭露和还原，以破除商品世界的神秘性。例如马克思指出："正是商品世界的这个完成的形式——货币形式，用物的形式掩盖了私人劳动的社会性质以及私人劳动者的社会关系，而不是把它们揭示出来。"②正如阿多诺所指出的："马克思已经表达了作为批判产物的客体的优先地位同现存的客体的讽刺画、商品特性对客体的歪曲之间的差别。交换作为一个过程有现实的客观性，但同时在客观上又是不真实的，违犯了它自身的原则——平等的原则。这就是它为什么必然产生一种虚假意识，即市场偶像的原因。……物化本身是虚假客观性的反映形式。"③另一方面，马克思也注意到资本主义社会物化的表现和生产力的发展有关，是资本主义社会结构的外在表现，具有某种社会协调功能，所以，马克思把物化视为资本主义的必然阶段，肯定了交换价值对生产力发展乃至人的全面发展的历史作用，"全面发展的个人——他们的社会关系作为他们自己的共同的关系，也是服从于他们自己的共同的控制的——不是自然的产物，而是历史的产物。要使这种个性成为可能，能力的发展就要达到一定的程度和全面性，这正是以建立在交换价值基础上的生产力为前提的，这种生产才在产生出个人同自己和同别人的普遍异化的同时，也产生出个人关系和个

---

① 马克思：《资本论》第1卷，《马克思恩格斯全集》第23卷，人民出版社1972年版，第88—89、89—90页。
② 马克思：《资本论》第1卷，《马克思恩格斯全集》第23卷，人民出版社1972年版，第92页。
③ 阿多诺：《否定的辩证法》，张峰译，重庆出版社1993年版，第188页。

人能力的普遍性和全面性"①。

马克思的物化—拜物教批判是对资本主义社会交往过程中物与物的社会关系遮蔽人的生产关系进而渗透于生活世界的指认。马克思指明这种情况的出现具有历史性和必然性，但却摧毁了主体间的道德关系，使之成为工具关系，"个人只是作为交换价值的所有者互相对立，作为各自用自己的产品即商品为对方提供某种物的存在的所有者互相对立。从在流通中发生的社会的物质变换的观点来看，没有这种客体的媒介，他们彼此就不会有任何关系。他们只是物质上彼此为对方存在，这种情况在货币关系中才得到进一步发展，在这种关系中，他们的共同体本身对一切人来说表现为外在的、因而是偶然的东西。通过独立的个人接触而形成的社会联系，对于他们既表现为物的必然性，同时又表现为外在的联系，这一点正好表现出他们的独立性，对于这种独立性来说，社会存在固然是必然性，但只是手段，因此，对个人本身来说表现为某种外在的东西，而在货币形式上甚至表现为某种可以捉摸的东西。他们是作为社会的个人，在社会里生产并为社会而生产，但同时这仅仅表现为使他们的个性物化的手段。因为他们既不从属于某一自然发生的共同体，另一方面又不是作为自觉的共同体成员使共同体从属于自己，所以这种共同体必然作为同样是独立的、偶然的、物的东西同他们这些独立的主体相对立而存在。这正是他们作为独立的私人同时又发生某种社会关系的条件"②。

由于马克思的物化指的是商品交换过程中发生的社会关系物化，其重心已经不自觉地转移到资本主义制度下人的社会关系如何转化为物与物的关系的现象，或者说，转到由商品交换而来的社会关系重组方面来。马克思在《资本论》中曾经对资本拜物教的形成过程进行了论证。随着交换的普遍化，"物满足直接需要的效用和物用于交换的效用的分离固定下来了。它们的使用价值同它们的交换价值分离开来"。交换的扩大需要一种特殊的产品既便于携带又不易损坏，于是货币产生了。自从商品的价值以货币的形式同商品分离甚至对立时起，特别是随着资本主义的发展，货币

---

① 马克思:《政治经济学批判（1857—1858年草稿）》,《马克思恩格斯全集》第46卷上，人民出版社1979年版，第108—109页。

② 马克思:《政治经济学批判（1857—1858年草稿）》,《马克思恩格斯全集》第46卷下，人民出版社1979年版，第469—470页。

从原初的流通手段,由于对商品的关系表现出越来越大的独立性,而成为一切财富的代名词,"价值……成了自行运动的价值,成了自行运动的货币。当作这个,它就成了资本"①。这就是资本拜物教产生的秘密。马克思指出:"在生息资本上,这个自动的拜物教,即自行增殖的价值,会生出货币的货币,就纯粹地表现出来了,并且在这个形式上再也看不到它的起源的任何痕迹了。社会关系最终成为一种物即货币同它自身的关系。这里显示的,不是货币实际转化为资本,而只是这种转化的没有内容的形式……在这个形式上,利润的源泉再也看不出来了,资本主义生产过程的结果也离开过程本身而取得了独立的存在。"②货币或商品独立于再生产之外而具有增殖资本的神秘能力,物的关系遮蔽了人的社会关系。詹姆逊认为,"这一客观性的幻觉形成了我们生活的生存组织,而我们的生活以信仰这种物化为特征(拜物教就是一种信仰),全神贯注于一般的商品获取与消费。另一方面,社会生活现实又在于劳动过程本身,在于人类劳作和行动的透明性,这种劳作和行动最终既为生产的商品负责,又为商品在其中形成基本生产范畴的社会方式负责。但在我们自己的社会里,社会生活的这一真相被隐蔽起来,通过批判分析才能间接地见到"③。巴利巴尔也说,"马克思所说的商品之间的关系(等价、价格、交换)是带有自主性的,所以它们之间的关系不但代替商品交换的关系,而且代表了人与人之间的关系"④。

但是,众所周知,马克思的政治经济学研究是以生产为中心的。在生产、流通、分配和消费各个环节的关系上,马克思明确地把生产置于中轴位置,"无论我们把生产和消费看作一个主体活动的或者许多个人的活动,它们总是表现为一个过程的两个要素,在这个过程中,生产是实际的起点,因而也是起支配作用的要素。消费,作为必需,作为需要,本身就是生产活动的一个内在要素。但是生产活动是实现的起点,因而也是实现的

---

① 马克思:《资本论》第3卷,《马克思恩格斯全集》第25卷,人民出版社1974年版,第106、177页。(第二段译文略有改动)译文参见马克思:《资本论》第1卷,人民出版社1956年版,第145页。
② 马克思:《资本论》第3卷,《马克思恩格斯全集》第25卷,人民出版社1974年版,第441—442页。
③ 詹姆逊:《马克思主义与形式》,李自修译,百花洲文艺出版社1995年版,第251页。
④ 巴利巴尔:《马克思的哲学》,王吉会译,中国人民大学出版社2007年版,第102页。

起支配作用的要素,是整个过程借以重新进行的行为"①。马克思的物化—拜物教理论是在预设了生产活动的优先性地位的情况下,对物与物的关系遮蔽人与人关系的指认。随着资本主义消费领域相对自主性的加强,马克思建立在拜物教理论基础上的物化批判与其对生产活动优先性的强调产生了某种程度的裂痕,因为它暗示着交换价值以金钱或资本的形式获得某种独立,"对商品拜物教的分析是围绕着一种隐喻进行的,那就是将社会与历史现象具体化为'自然现象'。由于商品的交换掩盖了商品生产的过程,市场规律掩盖了通过具体的人的活动与关系对规律相似物的构建,非拜物教化的话语将生产与交换、使用价值与交换价值、人类的构建活动与文化中的现象对立起来……改变了马克思授予生产的本体论的优先权。生产领域并不是如同本质之对现象一样支持流通领域。随着生产领域不断增进的合理化和生产与交换的日益集中,垄断资本主义开始发展成一种社会现实,所有的反差都消失了,除现在之外的各种选择都变得令人难以置信"②。而马克思的物化—拜物教批判本身也包含了对由交换关系所构成的人类世界变化及社会关系重组的揭示,这就为马克思政治经济学意义上的物化—拜物教批判过渡为列斐伏尔、鲍德里亚等人的符号的政治经济学批判提供了可能。

二、马克思对商品世界的符号分析

有学者指出:"与符号学结合最顺理成章的是马克思主义;符号学本质上是批判性的,它把符号意指,看成文化编织话语权力网的结果,与马克思主义的意识形态批判,精神上至为契合。"③事实上,无论是意识形态批判,还是异化、物化与拜物教批判,马克思都无意中贯穿着符号分析。例如,马克思在其关于异化的讨论中,就包含了金钱所造成的交换价值愈益

---

① 马克思:《〈政治经济学批判〉导言》,《马克思恩格斯选集》第2卷,人民出版社1995年版,第12页。
② 塞拉·本哈比布:《工具理性之批判》,齐泽克编:《图绘意识形态》,方杰等译,南京大学出版社2002年版,第107—108页。
③ 赵毅衡:《符号学:原理与推演》,南京大学出版社2011年版,第15页。

加剧的抽象化的论述。早在《1844年经济学—哲学手稿》中，马克思就注意到金钱在商品世界中的转换与替代功能，"货币是一种外在的、并非从作为人的人和作为社会的人类社会产生的、能够把观念变成现实而把现实变成纯观念的普遍手段和能力……因为货币作为现存的和起作用的价值概念把一切事物都混淆和替换了，所以它是一切事物的普遍的混淆和替换，从而是颠倒的世界，是一切自然的性质和人的性质的混淆和替换"①。马克思在其政治经济学研究中提出了商品的使用价值和交换价值的区分，使用价值对应于商品的自然存在，交换价值对应于商品的社会存在，它可以脱离商品的自然存在而具有某种独立性，"价值的第一个形式是使用价值，是反映个人对自然的关系的日用品；价值的第二个形式是与使用价值并存的交换价值，是个人支配他人的使用价值的权力，是个人的社会关系"。但是由于资本主义生产以交换为目的，商品便获得了脱离使用价值的一般存在，"产品成为商品；商品成为交换价值；商品的交换价值是商品内在的货币属性；商品的这个货币属性作为货币同商品相脱离，取得了一个同一切特殊商品及其自然存在形式相分离的一般社会存在"。马克思甚至认为，"商品是否能够转化为货币，是否能够同货币相交换，它的交换价值是否能够实现，取决于本来和作为交换价值的商品毫不相干的、不以它为转移的各种情况。商品转化的可能性取决于产品的自然属性；货币转化的可能性是和货币作为象征性交换价值的存在结合在一起的"②。

可见，在对资本主义的政治经济学批判中，马克思已经注意到商品交换的符号性和象征性，"商品的交换价值在价格上得到的只是观念的存在，在货币上得到的只是代表性的、象征性的存在。这样，交换价值只是表现为想象的或用物代表的东西，它除了在商品本身中物化着一定量劳动时间以外不具有任何现实性。因此，表面上看来，价值符号直接代表商品的价值，它不表现为金的符号，而表现为在价格上只表示出来、在商品中才实际存在的交换价值的符号。但是，这个表面现象是错误的。价值符号直接地只是价格的符号，因而是金的符号，它间接地才是商品价值的

---

① 马克思：《1844年经济学—哲学手稿》，《马克思恩格斯全集》第42卷，人民出版社1979年版，第154—155页。

② 马克思：《政治经济学批判（1857—1858年草稿）》，《马克思恩格斯全集》第46卷上，人民出版社1979年版，第124—125、91、92—93页。

符号。……强制通用的国家纸币是价值符号的完成形式,是直接从金属流通或简单商品流通本身中产生出来的纸币的完成形式"[1]。在《政治经济学批判》中,马克思认为金银不是以使用价值,而是以交换价值来标明自己的价值的。由于资产阶级生产必须把财富在一种唯一的物的形式上作为物神结晶起来,金银就成为这种财富的相应化身,"一般金属在直接生产过程中的重大意义是同它们当作生产工具的作用联系在一起的。撇开金银很稀少不谈,仅就它们比铁甚至比铜(指古人所用的硬铜)软而论,这已经使它们不适于这种用途,因此,这在很大程度上使它们丧失了一般金属的使用价值所依以存在的那种属性。它们不仅在直接生产过程中没有什么用处,而且作为生活资料,作为消费对象,它们同样不是必需的……另一方面,金银不只是消极意义上的剩余的、即没有也可以过得去的东西,而且它们的美学属性使它们成为满足奢侈、装饰、华丽、炫耀等需要的天然材料,总之,成为剩余和财富的积极形式。它们可以说表现为从地下世界发掘出来的天然的光芒,银反射出一切光线的自然的混合,金则专门反射出最强烈的色彩——红色。而色彩的感觉是一般美感中最大众化的形式"[2]。在1857—1858年经济学手稿中,马克思揭示了商品具有自然差别,但是商品又需要等价交换,二者的矛盾导致货币的产生。商品"作为价值的属性不仅可能,而且必须同时取得一个和它的自然存在不同的存在……因此,商品的价值也必定取得一个在质上可以和商品区别的存在,并且在实际交换中,这种可分离性必定变成实际的分离,这是因为商品的自然差别必定和商品的经济等价发生矛盾,这两者所以能够并存,只是由于商品取得了二重存在,除了它的自然存在以外,它还取得了一个纯经济存在;在纯经济存在中,商品是生产关系的单纯符号,字母,是它自身价值的单纯符号"。要使得商品实现交换,必须创造一个能在更大范围内交换的作为一切商品价值象征或符号的商品,这就是货币,"同商品本身相脱离而自身作为一个商品又同商品界并存的交换价值,就是货币。商品作为交换价值的一切属性,在货币上表现为和商品不同的物,表现为和商品的自然存

---

[1] 马克思:《政治经济学批判》,《马克思恩格斯全集》第13卷,人民出版社1962年版,第105—106页。
[2] 马克思:《政治经济学批判》,《马克思恩格斯全集》第13卷,人民出版社1962年版,第144—145页。

在形式相脱离的社会存在形式"①。也就是说，货币能够把商品的自然属性"过滤"掉，转化为纯经济存在。"货币作为商品价格的转瞬即逝的客观反映，只是当作它自己的符号来执行职能，因此也能够由符号来代替。"②马克思的上述分析在揭示资本主义社会商品拜物教、货币拜物教和资本拜物教的形成秘密的同时，又通过资本主义社会物化现象的分析，揭露了商品交换逻辑在资本主义社会中的作用，在很大程度上预示了资本主义社会符号化的演变趋势，为对资本主义的符号批判奠定了基础。

当然，如前所述，马克思为符号批判进一步奠定基础主要是通过《资本论》。在《资本论》中，马克思指出，资本主义有使产生结构的过程、创造形式的内容静止化的倾向，造成了自然事物和社会事物之间的混淆，"对人类生活形式的思索，从而对它的科学分析，总是采取同实际发展相反的道路。这种思索是从事后开始的，就是说，是从发展过程的完成的结果开始的。给劳动产品打上商品烙印，因而成为商品流通的前提的那些形式，在人们试图了解它们的内容而不是了解它们的历史性质（人们已经把这些形式看成是不变的了）以前，就已经取得了社会生活的自然形式的固定性"③。所以，有人说，"《资本论》提供了另一种解释方法，这种解释的中心是权力和金钱，这样才有了今天人们所谓的象征性结构分析（尽管当时马克思还不会使用这个词汇，但它确能帮助我们理解马克思的解释方式的意义。在马克思谈及商品世界时，他的语言具有双重含义：一是由货币符号规定的平衡与限度，二是由法律规定的责任、契约）"④。

马克思对商品世界的符号分析，到了20世纪进一步发展为列斐伏尔、鲍德里亚的符号政治经济学批判。

---

① 马克思：《政治经济学批判（1857—1858年草稿）》，《马克思恩格斯全集》第46卷上，人民出版社1979年版，第85、90—91页。
② 马克思：《资本论》第1卷，《马克思恩格斯全集》第23卷，人民出版社1972年版，第149页。
③ 马克思：《资本论》第1卷，《马克思恩格斯全集》第23卷，人民出版社1972年版，第92页。
④ 巴利巴尔：《马克思的哲学》，王吉会译，中国人民大学出版社2007年版，第103—104页。

三、符号政治经济学批判的出场

符号学家吉罗说:"形象观念,讯息观念,以及通过对公众的内心动机的了解来操纵公众,已成为目前我们文化的一种关键。"[①]如何用符号学,或者说,运用马克思主义观点对这一现象进行符号分析,则需要一定的转换环节,因为现代符号学原本发端于索绪尔的结构主义语言学,具有形式主义特征而相对排斥价值判断,和马克思主义的政治经济学批判有一定的距离。这就意味着,需要研究社会亚系统的编码方式,把它们纳入一定的符号关系系统,剖析其含义和信息。社会是人与人的关系系统,个人与个人在集团内部或集团与集团在集体内部的身份地位由一定的标志或招牌来指明,如制服、装束、膳食、住所等,反映了一定的社会价值和社会等级的状况。这就需要把发端于结构主义语言学的符号学研究推衍到社会文化亚系统,"把符号学分析视为对组成一个象征形式或符号的各成分之间的关系的研究,以及对这些成分与这一象征形式或符号所属的更大系统的成分之间关系的研究。以这个意义认识的符号学分析一般涉及对生产与接收象征形式的社会—历史条件的方法论抽象。它集中于象征形式本身并设法分析它们的内部结构特征、它们的构成因素与相互关系,并把这些联系到它们所属的系统和准则"[②]。列斐伏尔和后继的鲍德里亚所做的正是这方面的工作。

列斐伏尔注意到"二战"后的资本主义控制并组织了消费,社会是按照消费而不是生产组织群体,所以他把在其他社会学家那里分别加以研究的技术、消费者、丰裕、闲暇作为一个整体加以考察,提出"消费受控的科层制社会"(the bureaucratic society of controlled consumption)这一概念。列斐伏尔批评索绪尔的语言学把意义放在所指上,从而把语言转变成实证的东西,而马克思的《资本论》则在资本主义现实关系中考察能指和所指的关系,把交换视为可以脱离其内容(劳动力)的存在,为分析资本主义社会消费的状况提供了基础。

列斐伏尔考察了近代以来能指、所指与指称物关系的变迁。他发现

[①] 吉罗:《符号学概论》,怀宇译,四川人民出版社1988年版,第135页。
[②] 汤普森:《意识形态与大众文化》,高铦等译,译林出版社2005年版,第308页。

19世纪中期语词与句子的关系以指称物为依据,到了20世纪之后,随着声、光、电等现代技术的发展,能指链走向瓦解,人们对世界的感知不再依赖于指称物,而让位于功能性的技术客体所营造的符号图景。由于"真正的"指称物被驱逐了,语言成为唯一的指称物。在一个商品主导的社会中,语言获得了自足的存在,能指链失去了和所指的关系,商品拜物教向符号拜物教转变。"伴随着文化的支离破碎以及交换价值对使用价值的支配,语言与符号逐渐脱离它们所指涉的对象……语言反过来成了现实的最高本质,一种能够自我复制语言的元语言。"①技术语言对世界编码,调节能指、所指之间的关系,形成"符号—物"体系的语言异化。语言赋予事物以价值,但在这个过程中却使语言自身贬值。列斐伏尔以公共宣传品(publicity)为例,指出其不仅提供了一种消费的意识形态,而且创造了一种消费者的"自我"形象,让他在行动上实现自己并使自己与理想形象保持一致,但其实际是建立在对事物的想象性存在的误认的基础上。公共宣传品以诗性的方式侵入经验,激发人们的消费欲望,使物品的消费和符号的消费连为一体。"消费主要与符号而不是与商品本身相联系。"②例如,商品广告便采用了文学的修辞手法,产生吸引消费者眼球的假象(make-believe),使消费者成为消费主义意识形态的俘虏。消费者把被煽动起来的欲望投射到物品之中,填平了真实和假象的鸿沟,模糊了现实和想象的界限。这样一来,"文化"就成了这个社会消费的物件,因为消费品巧妙地利用虚构、假象来进行包装。"符号消费值得我们给予特别的关注……每种物体和产品都获得了双重性的存在,即可见的和假象的存在;凡是能够被消费的都变成了消费的符号,消费者靠符号,靠灵巧和财富的符号、幸福和爱的符号为生;符号和意味取代了现实,这就有了大量的替代物。"③虽然资产阶级对工人阶级的压迫和剥削加深了,但是由于消费替代了生产,成功地消解了工人阶级的阶级意识,使得这种压迫关系变得模糊了。

---

① 刘怀玉:《现代性的平庸与神奇——列斐伏尔日常生活批判的文本学解读》,中央编译出版社2006年版,第318页。

② Henri Lefebvre, *Everyday Life in the Modern World*, New Brunswick & London: Transaction Publishers, 1984, p.91.

③ Henri Lefebvre, *Everyday Life in the Modern World*, New Brunswick & London: Transaction Publishers, 1984, p.108.

列斐伏尔的符号政治经济学批判为他的学生鲍德里亚所继承和发展。鲍德里亚比列斐伏尔走得更远，他质疑马克思对生产活动基础性地位的认定。鲍德里亚认为在生产主义语境中，消费被想象成一种休闲、舒适，而个人仅仅被视为一种生产的力量，其实"消费不仅要在结构的意义上被界定为交换体系和符号体系，同时还要在策略的意义上被界定为一种权力机制"①。他认为不应把消费视为生产的一种功能，相反，消费力本身就是一种生产力的结构模式。在鲍德里亚眼中，使用价值反而是符号的交换价值的结果，"物不仅是一种实用的东西，它具有一种符号的社会价值，正是这种符号的交换价值才是更为根本的——使用价值常常不过是一种对物的操持的保证（或者甚至是纯粹的和简单的合理化）"②。进一步说，由于鲍德里亚把符号分析纳入交换研究中，符号交换的物品不依赖于使用价值，而依赖于与其他符号的差异关系。他认为资本主义的消费"建立在符号/价值的交换模式之上，即在差异性交换的基础之上，同时也就是建立在有区别的物质载体，以及由此产生的潜在的共同体的基础之上"③。显然，鲍德里亚把物的效用不是归为有用性，而是社会符号的编码，对这一象征性符号价值的消费是一种能指拜物教。比如奢侈性消费或炫耀性消费就是为了显现身份或威望，珠宝、艺术品，甚至半自动洗衣机换成全自动洗衣机，这类消费都带有炫耀的性质，与物品的有用性无关，而标志着身份等级。所以他指责马克思的商品拜物教是对交换价值的崇拜。这样，鲍德里亚便把马克思对商品消费的生产性的物性功能的分析引向对物品功能性要素及权力关系的分析，从而对马克思的政治经济学发起了挑战，因为他认为这种政治经济学即便探讨消费，探讨的也是商品生产中发生的使用价值与交换价值关系链条中的生产性消费。我们知道，总体来看，马克思是从生产过程的分配关系上来理解消费力的，"社会消费力既不是取决于绝对的生产力，也不是取决于绝对的消费力，而是取决于以对抗性的分配关系为基础的消费力；这种分配关系，使社会上大多数人的消费缩小到只能在相当狭小的界限以内变动的最低限度。这个消费力还受到追求积累的欲望的限

---

① 鲍德里亚：《符号政治经济学批判》，夏莹译，南京大学出版社2009年版，第70页。
② 鲍德里亚：《符号政治经济学批判》，夏莹译，南京大学出版社2009年版，第2页。
③ 鲍德里亚：《符号政治经济学批判》，夏莹译，南京大学出版社2009年版，第109页。

制，受到扩大资本和扩大剩余价值生产规模的欲望的限制"①。在这里，马克思是把消费作为生产活动的一个部分来看待的，没有预料到消费社会的来临，所以鲍德里亚对马克思政治经济学的批评有一定的道理。在《象征交换与死亡》中，鲍德里亚指责马克思的经济学为古典经济学，因为在那里"使用价值作为交换价值系统的远景和目的性而起作用"，而消费社会是一个仿像社会，商品结构具有自主性，不依赖于参照价值和使用价值，"参照价值为了唯一的价值结构游戏的利益而被摧毁了。结构维度自主化，参照维度被排除，前者建立在后者的死亡之上。生产、意指、情感、实体、历史等各种参照都终结了……现在是另一个价值阶段占优势，即整体相关性、普遍替换、组合以及仿真的阶段"②。"劳动不再是一种力，它成为各种符号中的符号。它像其他事物一样被生产，被消费。它按照一种完全的等价关系与非劳动、与休闲相互交换，它可以与日常生活的其他一切领域相互替换。""劳动不再是生产性的，它变为指派给劳动的再生产，这是一个甚至不知自己是否愿意生产的社会表现出来的总习性。……劳动就这样被掏空了自己的能量和实体，作为社会方阵的模式复活了，并且把政治经济学的其他所有范畴都带入代码的随机领域。"③

  应当说，列斐伏尔对资本主义社会的符号政治经济学分析还是借用符号学的一些概念和方法来思考资本主义从生产向消费转向过程中发生的问题，大的方面没有脱离马克思对于资本主义的政治经济学批判框架。鲍德里亚则不然，他摒弃了物质生产的基础性地位甚至商品的有用性本身，把商品社会归结为符号交换统治的王国，甚至设想原始的礼物关系或象征性交换的复归，其视野已经转向符号学本身。这种分析虽然还带有从马克思的政治经济学脱胎而来的痕迹，却明显地走向对马克思思想本身的背离与修正。

[原载《西南民族大学学报》（社会科学版）2014年第1期]

---

① 马克思：《资本论》第3卷，《马克思恩格斯全集》第25卷，人民出版社1974年版，第272—273页。
② 鲍德里亚：《象征交换与死亡》，车槿山译，译林出版社2006年版，第3—4页。
③ 鲍德里亚：《象征交换与死亡》，车槿山译，译林出版社2006年版，第11—12页。

中国当代马克思主义美学建构

人与文学
——对现代文论格局中胡风与刘再复一个文学命题的思考

一、背景：人与文学在现代

人与文学的问题在社会变革较为剧烈的现当代中国一直与文学运动发生着纠缠。在五四初期，"大人类主义"（周作人语）笼罩着文坛。此所谓人是近代以来冲破了封建制度和封建思想束缚的感性与理性、灵与肉相调和的人的抽象，是由无数小我构成的大我。建立在这个人基础上的人道主义成了五四新文学的理想，它要求新文学以对人的个性化展示达到对大我的求寻。人的内蕴的模糊性伴随着对文学美学风格的宽容和放任，写实的、浪漫的、神秘的都受到礼遇。又以这人的时代性，文学的表象自然地被要求和实际地表现为"人生"，一方面要留意和描写常常被疏忽了的普通人的生活，另一方面要挖掘和肯定历来被贬抑的人性，人的感性存在及其与理性的冲突。新文学思想内容和文学形式的双重革命使它具备着强烈的现代气息，而有着社会文化变革先声的意义。作为倡导新文学的早期理论代表作的周作人的《人的文学》以人为文学的定语而终篇谈的是人，就昭示了新文学把文学纳入社会人生的发展趋向。无论是"为人生的艺术"的重在表象的现实具体性，还是"为艺术的艺术"的重在精神的独立自由性，都大有改良人生、变革社会的气概。因为把小我看成大我的具体化，作家的个人人格力量、"血"和"泪"的追求（西谛语）和人物形象的独特性被突出了。文学的作用既在对社会人生的表现，也在对个人生命力的表现，两者是相辅相成的。鲁迅写国民性的文学及其理论是"人"的文学的具体化和深化，他把人的精神变革视为社会变革的要义，以其对礼教戕杀人的感性欲求的深刻揭示和自我意识的深切表现呼唤国民大精神的诞生。

可见，五四时期的文学理论已经接触到这样一些带根本性的问题：第一，文学对人是目的还是手段？第二，人的属性与文学的属性各是什么，二者是如何对应的？与此相关还有一个问题：文学活动从创作到接受如何看待作家、人物形象和读者？内容的普遍和使命的重大使新文学既是根治社会痼疾的手段，又是文学家精神追求的目的，对现实中人性的审视和重整欲望及变革现实的热情都要经由文学得到传达，所以不管是作家对人物的透视力还是对人物塑造的个性选择都非常重要。文学和文学人物的社会现实性和理想性均被强化，以致对现实人生和社会变革具备某种超前性。

新文学对人生和历史价值的倚重为它向无产阶级文学转化提供了可能。早期革命家就较为关注文学。无产阶级革命就其本质而言是高度理性化和历史地乐观的。革命的目的既是建立以无产阶级为主体的新的人类生活（含艺术生活），于是文学史上描写下层人民美好的人性、苦难生活及其反抗斗争的作品特别受到重视和提倡。随后，表达无产阶级的理想和健全心灵的要求被提出来了。早期革命家和早期无产阶级文学倡导者就开始把非写实的和非表达革命激情的作品斥为腐朽与颓废。从1928年到1936年，无产阶级文学作为一个实践运动开展后，隶属于这个运动的基本上只有写实和浪漫两家了。文学与人也被理解为普罗文学与阶级性的人，从阶级功用，即从文学对无产阶级革命斗争和普罗文学发展的用途来考察文学现象成为趋势。以鲁迅、胡风为代表的一批文艺家因其文化教养上中西合璧的复杂性和对时代变革的文化变革体验的深度，其主要思想适应着无产阶级革命及其文学革命，骨子里依然对人的非止于阶级属性的文化方面、创造活动的个体性和文学发挥作用的艺术化途径注意较多。但他们的意见日受奚落或冷落而被文艺从属于政治属性的观点所取代。因此，从现代文学和文艺理论的发展看，20世纪40年代初毛泽东的《在延安文艺座谈会上的讲话》抓住文艺为什么人和如何为人服务这两个问题加以阐发具有必然性和现代的性质。他的文学表现"新的人物，新的时代"即无产阶级的政治革命及其执行者工农兵与文艺家必须与工农兵的思想感情打成一片以改造世界观的论述，使文艺服务和描写政治革命成为规范提法。人是政治意义上阶级的人，文学成了阶级意义上的政治的文学，文学的本源、表象和功能在描写人民及其斗争这一点上统一了。对它的进一步阐发、曲解和实施导致了文学在80年代前相当长一段时间里只描写人的阶级性和机械配合政治革命、政治运动的狭隘化和畸变。

可以说，中国20世纪的文学理论就是一部内蕴不断缩小，直到80年代才得到恢复和扩大的人与文学的理论，胡风与刘再复是在这个共同的理论背景下产生的，必须放在这个背景中才可被恰当地评价和说明。

二、感性、社会性和文学的属性

在现实中人的问题大于文学本身的问题的中国现代，文艺理论家自觉地把对由人和人组成的社会的考察作为考察文学的先决条件。而人又是文学的中心表象，基于这两点，如前所述，人是什么，怎样使现实的人转化为文学的人，又怎样使文学中的人为现实的人的变革服务，成为困扰着中国现代文论家——包括胡风与刘再复——的中心议题。

精神分析学说是在这个过程中有力地打动过他们的一种理论。胡风早年对精神分析学说是有明显继承的，如说伟大的作品都是"和一切社会人一样是活的、斗争的、有爱情欢乐的，以及痛苦的作家"，"为了满足某种欲求而被创造的。失去了欲求，失去了爱，作品就不能够有真正的生命"。[①] 胡风认为人是有本能活力与情欲的快乐和压抑的，文学在某种程度上就是作为人的作家的这种活力和欲望的外化。然而弗洛伊德对性本能的夸大与胡风的革命思想和人生追求是相冲突的，所以他像鲁迅晚年一样渐渐地批判了弗洛伊德的理论，而较多借鉴了以弗洛伊德理论分析文学创作的厨川白村的《苦闷的象征》。厨川白村认为艺术是由艺术家经受了欲望的压抑的人间苦闷后，以绝对自由的心境创造出来的象征化了的东西。他把这苦闷看成产生文艺的动力，而文艺的功用又不是揭示这苦闷，却是为了超脱这苦闷。胡风不理会这个把动机与效用分开的做法，但他在艺术与人生关系上人生生艺术、艺术造人生的见解是对它的二而一的改造。一方面他认为人生高于艺术，神圣的人生会促成伟大的艺术，"只有成了人

---

① 胡风：《为初执笔者的创作谈》，《胡风评论集》上，人民文学出版社1984年版，第223—224页。

生的战斗能力的东西才能够被提升为诗的表现能力而取得艺术生命"[①]，前者是后者的必要条件，无后者也无损于前者的伟大，另一方面又认为"在现实主义作家，忠于现实如果不通过忠于艺术而实现，那不但是一句空话，而且只有害死艺术，害死作家自己的"[②]，即通过真诚的艺术实践可以自然地走向伟大的人生。艺术已成为流灌着全人身热流和血液的人生的一分子，这就有把艺术当作作家身内的、个体化东西的意义，又要求经由个体的人生通向社会的广大人生。这与别的革命文艺家以外在观念要求和统一作家创作的做法是大不相同的。而且，厨川白村关于人的内心个性表现欲与外在的社会强制两种力的矛盾构成人类生活的思想也启发了胡风。胡风把生活视为心与力的交织、对流，把情感、要求和欲望看作文学来源和内容的重要部分，这个算有世纪高度的见解得之于对"两种力"的批判利用。刘再复看重精神分析学说的主要是人格理论和潜意识理论。他对人深层精神主体性和艺术应具有的把现实中不完全的人还原为完全的人的"还原"功能的强调，也是对"两种力"理论的变相运用。与胡风相比，80年代的刘再复已经无所顾忌地借助弗洛伊德、荣格等的理论去构筑他的学说了。但是，作为一个对人与文学有着深沉思考的理论家，刘再复的理论建构又总是以对影响了现代世界的人的观念的各种有代表性的学说的大胆吸收为特色的。这充分体现在他的感性人及主体的文学的理论上。

《性格组合论》和《论文学的主体性》证明刘再复从性格元素组合的对立与复合和主体精神的复杂性、能动性方面来建立他的人（他常称为"主体"）的理论并进而形成他的人的文学理论。性格组合理论把人从性格结构上说成善与恶、美与丑、悲剧与喜剧等元素的一元化组合，说明他以为人的本质是理性的，而《性格组合论》中的《情欲论》和《论文学的主体性》又是从人的欲求和精神的层次性、多面性谈人的复杂性的，这之间既有联系，又有发展。在《论文学的主体性》中尤为突出的是对人能动的心理结构和精神力量的强调，他之背弃传统、拥合人生和创造性心理素质的论述有马斯洛理论的影子，说明人之欲求的最高层次的社会性情感及健全心理结构建设是他之人的大义。然而，最值得注意的还是他对主体的

[①] 胡风：《关于题材，关于"技巧"，关于接受遗产》，《胡风评论集》中，人民文学出版社1984年版，第365页。

[②] 胡风：《对于文艺问题的意见》，中国作家协会主席团1955年编，第40、60页。

人的感性欲望的张扬。他说,"人的感性欲望是一种强大的生命原动力","感性欲望的强调,是健康的表现,是具有生命活力的表现。人的才能,人的创造力,人的伟大本质,都首先导源于他本身的感性欲望。人的社会化……是把欲望导向有益于人类生存和发展的方向"。① 此所谓感性欲望主要是食欲、性欲和生存本能,它虽有必要上升为行为运动形式的情感和更高的行动意志、社会性情感——这里不多论他与弗洛伊德人格结构三层次的本我、自我、超我的关系——但已把人的食、性为主的感性欲求当作人类生活的最基本内容和必要存在条件,如同经济因素在社会中占据基础的位置,人的感性欲求在人性中也占据着重要的位置。在这个意义上,他很推重鲁迅的"一要生存,二要温饱,三要发展"②。人的性格就是在各个层次的欲求与外在的社会理论规范相冲突中产生的。所以,刘再复注意较多的是人的欲求与社会规范相冲突的方面,而艺术,他既认为高级社会情感是其本质,像弗洛伊德那样把它说成是性欲压抑的升华就并不很恰当,而是"良知压抑"③的升华。"良知"有点像"超我"中的优良本性如理想、良心。胡风则在社会存在上把富于理性的人看作感性、自然的人,感性是未经先验观念辖制的包含了自然性的社会性。"人创造了感性的世界,这感性世界又是活在人的'活的感性的全活动'里面的,这样,人就成了具体的人,成了'感性的活动'。"④感性的活动是"被赋予着意识的人""各自底反省和情热在各种各样的路径上和历史底冲动联系着,各种各样地被历史所造成,又各种各样地对历史起着作用"⑤的人。这里关键是"被赋予着意识"和"历史",前者指人对自我与社会、个人与时代关系的清醒的认识,人的形而下的欲求是受制于这个时代发展的,后者说穿了就是人生活的特定时代及其变革要求、变革活动。人的感性活动就是二者在行动上发生的缠绕,作家反映了这个多种可能的缠绕就具有对民族民主革命的时代变革的说明意义。可见,胡风关注的是人的社会性和时代性,刘再复肯定居多的则是形而下的感性欲望,虽也强调理性的指导。二人都排斥强加

---

① 刘再复:《广义情欲论》,《求索》1986年第3期。
② 鲁迅:《忽然想到》(六),《鲁迅全集》第3卷,人民文学出版社1981年版,第45页。
③ 筱雷:《刘再复的新观点:良知压抑论》,《文化周报》1987年1月11日。
④ 胡风:《论现实主义的路》,载《胡风评论集》下,人民文学出版社1984年版,第317页。
⑤ 胡风:《论现实主义的路》,载《胡风评论集》下,人民文学出版社1984年版,第340页。

的外在社会理智，主张通过自我努力形成高级社会情感，但刘再复相对轻视了对此时时代进步的个体求索的力度，胡风较正当地强调了它，却又否认了人的形而下欲求的相对独立性。我们认为，人作为自然界的一分子，其形而下的感性欲求有其连续性和活跃性，但由于人处于一定的社会关系之中，人的欲望和情感既向社会发送能量，又被社会规范和改造，他与高级的社会情感、理性与道德相关的社会行为实处于一种同构的社会关系中，像劳动一样，已是"人类生活得以实现的永恒的自然必然性"[①]。刘再复把人的"自然""必然"的两端刻画得很充分和深刻，使我们对人的认识拓展到性格、灵魂和精神的深度，加深了我们对文学的理解。然而刘再复忽视了"自然""必然"之间的常态人生和人性，而这恰恰是胡风所高扬的，但胡风如前述又把"自然"消融到他理解的"必然"中去了。问题是文学既主要是高级社会情感的结晶，他就不一定非得是人类生活的必然性的一种展示，而毋宁寻求的是对具体的人和人生的一种艺术化的理解，作家通过自己的感受世界以自己对人生的虚拟化处理达到这个目的。"是这样，又不是这样，世界什么也不是，又什么都是"[②]，这就是文学的境界。就艺术境界对生活常态的偏离而言，艺术在其本质上是有超越性的。他有时可以违背生活逻辑对人生现象做伸缩性的重组和重建以对人生的韵味做出暗示。不过，就其表象而言，它是脱离不了生活常态的，在多数情况下它需要通过对常态生活或感情的叙写表达它的理解。

三、人的属性与作家、人物形象、读者

文学理论对人的感性、社会性和文学特质的看法必然要贯彻到文学活动的全体从创作到接受如何对待人的问题上去。从这点上，如同胡风三四十年代试图把文学从政治的一部分解救到时代政治、经济、文化心理的变革要求的反映的社会性一样，刘再复力图更进一步从文学对政治的依从关系下把文学归结为人自身。他把近代以来人类活动历史地位的提高和

---

① 马克思：《资本论》第1卷，《马克思恩格斯全集》第23卷，人民出版社1972年版，第56页。
② 加缪：《艺术家及其时代》，《文艺理论译丛》第3辑，郭宏安译，中国文联出版公司1985年版，第480—481页。

人类所达到的主观能动性、精神的丰富性推及文学运动中人的全体：作家、人物形象和读者。刘再复认为，对于对象主体的人物形象应该赋予他以独立活动的灵魂，按照他的性格、情感逻辑发展，由此刘再复推导出了作家愈有才能对人物愈无力，愈蹩脚便愈有控制力的二律背反公式，作家当然可自觉自愿尊奉时代变革的命令，但自我实现才是最高层次，这里面理性处理的认知能力的实现是浅层次的，主要是作家全人格、全心灵和全能力的实现，因而作家内心的自由意识成为最为重要的条件，超前、超常、超我成了创作的三特征；而文学接受是文学中人性内容和人的人性内容的心理对位，接受的实现更会把世俗纷扰中变得不完全的人的自觉意识和全面情感还给人占有，通过接受最终实现文学的"彻底的人道主义"①。刘再复的理论出发点显见是现代人类人性的丰富发展、主体意识的自觉和人的潜能的可能性，所以他把主体性当作人在客观世界提供的条件下最大程度地调节自身的能力和创造能力，不难看出，他的落脚点是人对环境的超越力量的怀疑、自主、创造、想象、历史感、变革精神、超越意识、忧患意识和人道主义精神等，人性的优良方面就十分重要了。我们说，作家主体属于社会中文化层次较高和以文学发现自我、人生的部分，时时在孜孜以求以理解和超越的形式把握人生，他的较为基本的特性不能不是能动的超越能力。这里需要明确的是：文学不只是作家的精神和个性对作品的单向投入。精神注定受到物质的纠缠，人的使动性和受动性、实践主体性和精神主体性是不可分割的，主体在把握对象时就是在创造对象，人的社会实践是主体和客体的相互转化过程，故应力主作家深入社会实践（不仅是后文说的胡风的个性生活、创作实践，还指物质、社会活动）的重要。我们看到，刘再复的作家主体性还仅止于心理机能和精神力量。让笔下人物自主行动，这是导致中外不少优秀作品成功的一个因素，此现象可能是由作家与人物发生情感共振造成的，但更要看到，因为艺术世界是对生活世界的虚拟，作家对人物的意向把握和价值判断上会有，也该有浓烈的主观性和多种可能性，让作家跟着人物亦步亦趋，是把艺术虚拟的必然等同于历史必然，这就取消了作家主体性，犯了胡风那一辈文艺家（包括胡风）犯过的把文学等同于认识的错误。把艺术接受看作艺术对人生的世俗

---

① 刘再复：《论文学的主体性》，《文学评论》1985年第6期。

性的某种解脱，这个论述以现实的眼光看是较为确实的，而把接受过程当作作品和读者的互动及把批评家提升到批评艺术创造者的地位，这对我们理解文学的丰富性和人的丰富性的相互渗透和提高很具有启发意义。

　　胡风没有一体的作者、人物形象和读者的观念。他是从作家个体生活和这生活中对时代变革要求的正确领略并在此基础上以个体追求的形式表现出这时代要求为理论基点的。这样，作家便首当其冲，作家论构成了他整个理论的主体，而人物形象和读者则是从属地谈到的。在胡风，作家主体性是作家的实践能力。"实践"是作者在"人生道路上的探求"和"社会学的内容的美学的力的表现"，"现实主义问题，文艺问题，那中心环节是个实践问题"①。实践是生活和创作的总和，此所谓实践把主体和对象作用的过程和这个过程中主体精神的震颤及主客体的相互包容统统囊括在内，生活、创作的个体实践里内在地蕴含了社会性、时代性，表现出这个时代性、社会性就会自然地达到对现实的马克思主义认识。如何达到这个目的？胡风不似刘再复那样抬出了健全的心理结构和各种精神力量，而毋宁选择了意志力和方法，具体说是主观战斗精神和现实主义。前者是作家的外倾性生活态度和能力，首先要有与人民共命运的主观要求，然后要有根于此的对生活阴阳两面的感受力、把捉力和拥抱力，后者是具备着连接主观力量和客观真理、主体和对象的认识方法和审美理想。作家生活探求的深度决定艺术表达的力度与作品的价值品味。他不像同时代多数革命文艺家强调学习革命理论对创作的指导作用，而以个体生活与人民生活的联系都会或正向，或反向，或曲折地联结着历史而肯定作家追求进步的多样平等性。简言之，着力表现个体意识到的时代生活，这就是胡风之作家主观力量的核心。应当说，这个以作家个体生活圈子为中心的实践及支配它的精神力量是有较大局限性的。个体生活圈子很难说具有与广大人生相联系的紧密程度，进一步说，如果不多多参加变革社会和自然的物质性群体实践，也比较容易使自己流于空浮和骄傲。因此，此之个体"实践"其实带有传统儒学"践行尽性"的个体内修的色彩。因为儒家修行也不是摒除人事，而是把日常生活（在胡风为"灰色人生"）中的磨炼看得至关重要，以下学求上达，个体体悟与社会责任统一。从个人生活与时代、文学的广

---

　　① 胡风：《对于文艺问题的意见》，中国作家协会主席团1955年编，第36页。

泛联系上去看问题，使胡风把文学人物等视于生活中人物。他在评端木蕻良等人的创作时，就多次指出过写出人物心灵、感情变化的过程的重要性，要写出"活的人"。这看似和刘再复的见解差不多，但他不同于刘再复从类高度而是从个体存在及其与社会连接的复杂性上谈问题的。他认为如果对象是"心理状态复杂或精神斗争最激烈"的对象，那就一定要从他的复杂性或激烈性去把握他，反映他，把艺术包容到具体的生活内容里去了。生活中既有精神斗争激烈的复杂对象，也有简单的对象，文学应根据对象的不同作出不同的反应。这就比刘再复从类的高度肯定人的能动性和丰富性要求每一个人物形象的做法更恰当和实在。并非现实中每一个个体的人都具有类高度的人的能动性和丰富性的。胡风不只看到了人物应有社会的生气和自己的行为逻辑，同时，还认为作家该用时代精神烛照人物和以艺术手段统摄人物。但总的说来，胡风还是把个体实践精神和主动性归结为对时代变革真理的认识，而忽视了文学的超越性。现代意义上的"读者"观念胡风是没有的，在他的理论中，现代意义上的"读者"地位常被"时代""人民"所取代。文学的接受被认为与创作一样都是对"只有一个而不能有两个的那个真理"的寻求，文学的诸多功能中还是认识功能备受青睐。把"读者"（胡风之读者）与"人民"和"批评家"相区分或对立是胡风独异于刘再复或别的革命文艺家之处。他常把读者视为到处可见的、饱受精神奴役创伤的具体的人民，是需要文学揭出创伤并加以提高的对象，人民是民主革命的承担者的抽象意义上的人民，文学必得描写这个人民的欲求并服从于他们的斗争。既然如此，对作品具有正确判断力、提示力的批评家就很重要了，他们是从一般读者中产生又不同于一般读者的特殊种类，担负着"和读者斗争……在一般读者底惰性的意识状态里面提示出新的文艺生命"[①]的任务。因而他很注重批评家对作品的感应能力和批评的勇气。胡风是现代革命文学运动开展后罕有的持文艺的内容和形式不能投合大众的文艺家之一，可以由此得到说明。这一点，再加上前述他对作家个体精神作用的强调，证明五四的启蒙文化精神和追求独立的个性精神在胡风身上有着顽强的遗存。

不可否认，胡风与刘再复都是理性主义者。胡风以他所理解的马克思

---

① 胡风：《人生·文艺·文艺批评》，《胡风评论集》下，人民文学出版社1984年版，第33页。

主义的唯物论阐述他的理论，这从其人民本位论和社会关系主宰论里可以看得很清楚，只是他总是从个体及个体主观把握上看问题。虽然他始终有五四或个人的特色，但在服务于民族革命斗争和寻求历史真理上他与别的革命文艺家有较大的共同之处。所以无论胡风怎样高估作家个体生活和创作对文学的重要意义，他还是把人、进而把文学归结为对历史变革真理的寻求，历史和时代在这里高于一切。他之追求的多样性，最后还是变成了艺术寻求真理的一元化和美学风格的写实性，他是排斥一切非写实的现代艺术的。刘再复则以人为出发点、归宿和思维中心的人本主义观点把人看成是由深层主体的潜意识、无意识和情感及高级的社会情感组成的系统，即他重视的是人的欲求的心理内容。这就使胡风和刘再复关于人与文学的理论构成形态在胡风那里呈现为个人的社会学，在刘再复那里则呈现为人的全面的心理学。刘再复没有意识到主体性不是人的命定属性，他之自主性、能动性、创造性及高级社会情感都是如此，他把潜意识、无意识作为有深度的主体性，又把以上这些主体性必然地归诸主体。在其人物性格二重组合原理中，又实际上从性格角度把主体的非优良属性当作主体性。凡此种种，造成了刘再复理论的深刻矛盾。他之具有高级社会情感和人的灵性方面的人是类高度的人，刘再复并以此要求作家、人物形象和读者，而论及人的感性存在时又事实上把人性的基础归为食、色的自然属性。这样一来，他的关于人与文学的理论就不断地在形而上与形而下之间打滑，即要么现实得原始，要么能动得玄乎，就是没有立在现实的大地上。这说明，刘再复企图在更高层次上恢复五四时期的大人类主义，他让人的感性本能和道德理性在欲求里对立、碰撞，灵与肉都被高高擎起了，而现实地说，人的形而下的欲求和形而上的欲求本来都有强化发展的可能性的。以其人与社会统一的多元化，这个人反而又显得模糊了，所以刘再复比之胡风能宽容文学表象的杂多和创作方法的多样，并不乞求于写实的现实主义。胡风、刘再复又都是文学功能论者，他们分别以个性化的社会实践和人的精神主体性寻求感性与理性、认识与伦理、审美与功利的统一，在胡风是统一到时代社会变革的功利性，在刘再复则统一到高远的道德理想。

所有这一切表明，胡风属于20世纪80年代以前的学者，尽管他某些方面向五四偏趋而富于当代性，而刘再复只会产生在20世纪80年代。

（原载《湖北作家论丛》第三辑，长江文艺出版社1990年版）

本质追寻和根基失落
——从知识背景看我国当代文学理论存在的一个主要问题

一

我们今天所谓的中国或西方文学理论,就其思想构成来说大致有两种存在形态。第一种是哲学家从各自哲学思想出发对文学和与文学相通的审美现象所做的理性概括,可称为艺术哲学,哲学与文论运思方式一致,颇具抽象性和个体性。西方的柏拉图、康德、黑格尔、克罗齐、海德格尔、阿多诺等,中国古代的老庄、孔孟、朱熹、叶燮、王国维等的文论即属于此类;第二种姑且称为诗学,它依托于文本分析,是批评家或文学史家把文学看作一个相对独立的研究对象所形成的较为单纯的关于文学的知识系统。西方历来就存在着所谓范本和规则诗学,它致力于确定范本,总结经验,提取规则。亚里士多德、贺拉斯、布瓦洛、戈特雪德、施泰格尔等的文论可作为代表,俄国形式主义、法国结构主义和英美新批评在很大程度上也是这个路数,中国古代的大量诗论、文论亦可作如是观。此派文学理论由于和文学批评与文学史研究关系特别紧密,在西方有时干脆被称为"文学科学"或"文学批评"。瑞恰慈《文学批评原理》和弗莱《批评的解剖》就直接以"批评"为各自的文论著作命名。中国钟嵘的《诗品》、司空图的《二十四诗品》等情况与之相近似。

从著作史角度看,根据现有材料,俄国形式主义者托马舍夫斯基的《文学理论》(1925)是现代较早用"文学理论"的名称指称原属于诗学范围的关于文学的原理、范畴和判断标准等问题的研究著作,而广为流传的韦勒克、沃伦的《文学理论》(1949)则视"文学理论"为"一种方法论上的工具""一个不断发展的知识、识见和判断的体系"①,算得上现代诗学理论的佼佼者。饶有兴味的是,略早于该书的科林伍德的《艺术原理》(1938)也差不多用同样的名称称呼其艺术哲学著作。最近几十年西方诗学和艺术哲学两大文学理论形态在相互靠拢。艺术哲学渐渐淡化纯理性思辨,开始注重从当代艺术的运行实际中概括出关于艺术的一般理论,如迪基的"惯例"论;与此相对应,诗学则从哲学等人文社会科学成就中不断获得新的发展契机,比如近年来欧美流行的所谓文化批评,一面与比较文学、文学史、文学批评融为一体,一面又呈现出与哲学、历史、心理、政治、社会、文化等人文社会学科和各种边缘化社会运动合流的趋势,就其泛化文本分析的操作方式看,可视为艺术哲学与诗学理论的某种结合形态,如女性主义批评、新历史主义、后殖民理论等。

由此可见,文学理论有两条基本的知识形成路径,即:依托于多样哲学思维的自上而下的哲学——艺术哲学,和受益于文本分析的自下而上的诗学——文学批评与文学研究。大体说来,在古代无论是中国还是西方,文学理论的主导形态是艺术哲学,而在现代西方诗学理论则居于压倒优势。

或许是基于文学理论对文本分析或哲学思维的依赖性,西方迄今没有独立的"文艺学"或"文学理论"专业甚至学科,在我们看来的所谓文学理论,被置于比较文学、文学史或哲学专业进行研究。应该说,这样做体现了文学理论对上述学科的整合特征,也有利于文学理论内部的良性分化。

二

我国当代的文学理论,一般被笼统地称为"马克思主义文学理论"。它的基本理论构架来自苏联,其主要理论资源是列宁的意识形态—反映论、马恩和近代欧洲的现实主义文学理论以及后人的阐释。应当说,进入20世纪八九十年代之后,伴随着西方现代文论的引进,当代文论发生了

---

① 韦勒克、沃伦:《文学理论》,刘象愚等译,生活·读书·新知三联书店1984年版,第6页。

引人注目的变化，不但某些原有问题的探讨有所推进，还开拓了不少新的研究领域，尤其在文学批评方面思维与范式均有较大的进展。但若从学科建设的宏观角度着眼，当代文论的总体思维模式和理论格局并没有大的改变：单一的哲学思维和审美规范削弱了文学观念的丰富性和切入问题的方法论的独特性；匮乏的文本分析造成理论、批评、创作和文学史研究的多维断裂，使当代文论难以形成有效的话语运作规则和知识构建方式；文学理论教科书反复出现无个性的结构雷同，缺乏知识增长性。

当代文论的存在形态类似艺术哲学，却称不上是真正意义上的艺术哲学：它是从一个统一的形而上的预设前提——列宁的"意识形态—反映论"出发推演出关于文学的全面的理论体系。列宁把在马、恩那里原本作为否定性概念使用的意识形态（代表统治阶级根本利益的情感、表象和观念的总和），改变为一个描述性的中性概念，认为马克思主义是无产阶级的意识形态，与资产阶级意识形态相对立，强调马克思主义意识形态必须从外部灌输到工人阶级队伍中去。列宁还着重申明物质决定意识、意识反映物质、社会存在决定社会意识是辩证唯物主义历史唯物主义的核心，是唯物、唯心两大哲学派别斗争无产阶级党性的表现；他并要求艺术家了解正在发生的革命，正视革命进程提出的历史的任务，在自己的作品中反映出"革命的某些本质的方面"①。这样，唯物的哲学反映论、无产阶级的社会政治革命学说、现实主义的美学规范和意识形态理论便达到了一致。列宁的上述理论奠定了苏联文学理论的主体框架。我国通用的教科书——蔡仪主编的《文学概论》就体现了上述几个方面的统一，颇能代表当代文论的思维理路。首先，它从艺术是用艺术形象反映现实的思想形式的意识形态属性出发，引申出文学的阶级性、党性、文学的上层建筑属性，文学对政治的依存性、文学的工农兵方向；其次，从哲学认识论的反映论入手，认为"创作过程是对生活的艺术的认识并表现的过程"②，从而做出文学理论是研究文学中如何反映现实的科学的学科的定位，由此铺陈出现实主义

---

① 参见列宁：《怎么办》《唯物主义和经验批判主义》《列夫·托尔斯泰是俄国革命的镜子》等文。引文参见《列夫·托尔斯泰是俄国革命的镜子》，《列宁选集》第2卷，人民出版社1972年版，第369页。关于列宁意识形态理论与马克思、恩格斯意识形态理论的异同还可参阅俞吾金《意识形态论》第四章与第七章，上海人民出版社1993年版。

② 蔡仪主编：《文学概论》，人民文学出版社1979年版，第216页。

创作方法的正统性和文学的形象性、真实性、典型性。后者又通过意识形态的个体化形式——世界观对生活对象选择与描写的决定性（"进步的思想立场和世界观能使作家能够正确地认识现实生活，也能够在作品中真实地描写现实生活"[①]），与形象性—认识性、真实性—社会本质真实、典型性—社会集团特征的推论思路铆合起来，指向文学的意识形态—反映论本质。这种思维方式和论证框架至今还有很大影响：以意识形态—反映论为哲学依据、以现实主义美学规范为理论构架的文学理论仍然是当代文学理论的主要模式。

三

这种现实主义的文学理论具有鲜明的本质主义的思维特征。其一，它认定语言与其表述的对象没有间隔，凭借对社会生活本质的客观描写，文学可以通过艺术形象显现真理，用它所赞同的别林斯基的话说，"在真实的图画里面显示"[②]社会真理；其二，它把列宁提出的作家要反映时代社会的本质方面的"本质论"与所谓的客观现实生活相扭结，以图沟通个体与历史、具体与抽象、个别与一般。现象的东西作为规律性的东西呈现出来，一般的东西凸现于个别事物之中，达到客观社会生活及其本质妙合无垠的表现。事实上，文本世界是一个相对独立自足的艺术世界，它与外在实体的关系具有含混性，能指常常只涉及其他能指，并在其相互关系中产生艺术意味，而不必应对外部世界。这类现实主义理论则把艺术的表象世界与现实生活世界相类同，把艺术意味与社会运动的认识本质相类同。它吸收了近代现实主义的某些范畴如形象性、真实性、典型性和模仿—再现理论，又撇下近代现实主义所标举的形象与个性的丰富生动性及再现社会生活的巨大容量，而对上述范畴加以本质化改造，高张共性、必然性和社会政治理想。

文学的形象性在这套现实主义话语系统中相对位居次要的位置，艺

[①] 蔡仪主编：《文学概论》，人民文学出版社1979年版，第13页。
[②] 别林斯基：《一八四七年俄国文学一瞥》，《别林斯基选集》第2卷，满涛译，时代出版社1952年版，第429页。

术形象仅仅是现实社会真理的表现，通过形象反映社会生活本质才是文学的基本特征。为了体现本质它较为看重表象生活的设置，致力于张扬重大题材、工农兵斗争生活，疏于对日常生活、普通小人物的悲欢离合命运的描写，作家独有的艺术感觉、生命体验和文体风格被当作意义的从属等级不为重视。真实性则位列承上启下的中间层次。按照这套现实主义话语体系，真实性有下述的含义：客观性、现实具体性、合理性与完整性。客观性是作家对待生活与艺术的关系的态度的体现，要求以客观的社会生活为艺术描写对象；现实具体性指生活表象描写应当以生活本身的直观形态呈现于读者面前，要求有意义的细节描写，具备艺术的似真性；合理性是把艺术品对社会真理的形象显现与社会真理本身相对照，看两者是否相互符合；而完整性衡量的是社会真理在某一部文学作品那一段相对完整的客观生活描写中与显现之的艺术形象体系交融契合的程度。真实性作为以具体个别的感性生活显现社会真理所达到的程度，似乎内在地实现了艺术时空的二度转换。从时间上来说，通过从现实的革命发展中描写现实，揭示革命运动的实践性与理想性，把指向未来的社会实践及其理念作为一个现实的存在形态加以展现；从空间上看，它舍万变而取一宗，把社会革命运动当作艺术的中心表象加以彰显。其结果社会政治理性取代了艺术自身的意味。

　　典型性被认为是现实主义叙事的最高境界，是以生动的个别艺术形象充分地表明社会普遍性，既具有突出的性格特征又具有普遍的社会意义的人物形象就是典型的人物，典型人物是个性与共性、现实与未来、生活与真理的完美结合，是深刻揭示出一定社会时期社会生活本质以及历史发展趋向的个性鲜明的人物形象。因为把典型化理解为将现实生活材料提升到普遍的、类本质的高度，典型化往往被看作概括化、本质化，所塑造的典型人物常沦为以个别形象为外显，以深层理念为内核的类型化人物。至于模仿—再现理论更是有意识地被纳入本质化轨道，致力于发掘和展现社会运动的规律。

　　在这个改造过程中，近代现实主义和马、恩现实主义的基本精神遭受到了损害。近代现实主义虽普遍看重文学的认识功能，但除深受黑格尔影响的俄国革命民主主义文艺观之外，大多推崇艺术的独创性和个性化人物创造，通过对艺术想象经验的原形化叙述，表现各种现实关系。现实主

的真实性以当代性和历史感为准的，故而高尔基说："对于人和人的生活环境作真实的、不加粉饰的描写的，谓之现实主义。"①现实主义的典型性是在人与社会的多样统一性中把握社会关系的丰富性、复杂性，而并非只是一个劲地向理念和未来倾斜。对现实主义的本质化规定对于当代现实主义文学中的本质化、理念化倾向和曾经流行一时的高大完美的英雄人物塑造模式起了推波助澜的作用。

无可否认，这种理论在一定程度上可以解释以认识论哲学思维为依据的革命现实主义文学和批判现实主义文学，但且不说马克思、恩格斯美学与文艺思想并非完全一致，把马、恩的文艺观和马克思主义文学理论悉数归结为上述现实主义，恪守"古典遗产和革命之间的一致性"②，以19世纪经典现实主义的眼光分析和评判纷繁多变的文学现象，在各种文学思潮和美学风格争奇斗艳的20世纪，当代文论日益与时代相隔膜，丧失了理论发言权，在很大程度上变成无对象的言说。

四

今天已经不难看出当代文论预设前提和论证逻辑的空虚性，其中很多推理包含着既无理论依据，又无经验依据的偏见。只有重新勘察其思想前提和论证程序，并代之以更为恰当的前提与论证，当代文学理论方能获得实实在在的进展，然而探究造成上述局面的缘由却殊非易事。苏联政权巩固后的意识形态重建和泛政治化的人文社会科学研究是外在原因。据卢卡奇回忆，当时人们不但把马克思主义看作社会政治经济理论，还视之为"一个广博的世界观。因此，在马克思主义中也必定存在着一种独特的马克思主义美学，它既不是从康德那儿，也不是从任何别的地方继承而来的"③。把马列主义视为包罗万象的思想体系，从经典作家的著作甚至片断

---

① 高尔基：《谈谈我怎样学习写作》，高尔基《论文学》，孟昌等译，人民文学出版社1978年版，第163页。
② 里夫希茨：《马克思论艺术和社会理想》，吴元迈等译，人民文学出版社1983年版，第25页。这位苏联第一代马克思主义文学理论家认定马、恩和列宁都是"古典作家"（同上第23页），并以此为由排斥现代主义，这种思维方式在我国当代文论中也较为普遍。
③ 艾尔希：《卢卡奇访谈录》，郑积耀等译，上海译文出版社1991年版，第114页。

言论中推导出以马克思主义为名号的各门人文社会科学一时成为热潮。苏联第一部通用文学理论教科书——季摩菲耶夫的《文学原理》便是在这种情况下应运而生的，其首要任务被规定为意识形态的政治教化："如何用苏联文学作品对民众进行共产主义教育，并且如何把人类储藏在文学里面的巨大精神食粮输送给最广泛的群众。"[①]大学语言文学系的文艺学专业也由此在20世纪40年代诞生了。文艺学专业下辖三个学科：文学理论、文学史和文学批评。因为文学理论体现了对文学各学科做出一般理论概括并给予指导的导师姿态，又由于文艺批评缺乏自洽性，苏联在很长一段时间文学理论事实上被等同于"文艺学"或"文艺学概论"，缺乏有效的文学史研究和文学批评作为支撑。

同样的事情在历史境遇相似的新中国再一次发生。居于主导地位的意识形态以真理自居，在相当长的时间内既主宰了人们的行为，又产生出诸多假设性的普遍范式，人文社会学科设置和知识研究视界莫不受其限定。而反过来，不合理的学科设置又会巩固既有的思维惯性和知识框架，阻碍新的话语运作方式和知识形态的生长。我国20世纪50年代初仿效苏联，也在大学中文系设立文艺学专业，而从学科设置看却比苏联更加不合理。表面上文艺学专业同样下辖文学理论、文学史、文学批评三门学科，但在我国文学批评未能变成构建文论知识的有效成分，谈不上是一门规范的科学。而在中文系（所）的专业设置中文艺学又与古代文学、现当代文学、比较文学与世界文学等专业并列，文艺学专业的亚学科为文学理论、马列文论、美学、西方文论、中国古代文论等，其中文学理论可谓对以上学科的一般综合。所以我国文艺学专业设置一开始就抽空了文学史、文学批评（以及比较文学），文艺学等于文学理论，等于最普泛的关于文学的一般知识。从流行的各类文学理论教科书看，文学理论的知识构建是从本质论（意识形态—反映论）出发到创作论、作品论、发展论、鉴赏批评论的泛泛的理论演绎。而以本质论和主要谈论现实主义美学规范的创作论为主干，"文革"后教材中新增的"作品论"大多局限于文学体裁或文学类型的知识介绍，对于文本的结构和文体特征以及文学的意义生成没有给予足

---

① 季摩菲耶夫：《文学原理》第一部《文学批评》，查良铮译，平民出版社1953年版，第3页。

够的重视,"批评论"部分则对社会学批评模式之外的其他批评模式着墨不多,这样的文学理论显然难具文本分析的可操作性。而在这个"建构"过程中,少得可怜的作品分析仅仅作为理论建构的论证材料退居次要的地位,其文本多为古典现实主义作品,加上陈旧单调的分析模式,难以形成新的理论视界和研究范式。文艺学位居中文各个学科专业之首,也暗示了它对各个学科具有的意识形态优先性,学科设置的制度化扩大了文学理论与文学创作、文学史、文学批评的裂痕,无根基的文学理论研究不仅限制了文学理论自身的发展,还制约了文学史研究和文学批评的发展。近十年来出现的审美文论和后现代主义批评同样由于缺少坚实的哲学维度和文本分析而没有获得应有的成效。

单一的哲学思维模式和无根基的学科设定,中断了以前文学理论所特有的知识构建方式,使当代文论长期以来只能在一个狭小的社会政治化思维空间和话语体系里封闭运行,未能形成自己的话语运作规则和学术建设范式。

五

对马、恩现实主义思想的简单、狭隘化理解与解释是造成上述局面的内在原因。从词源上看,现实主义(realism)原是一个带本质主义意味的哲学范畴,意思是实在论,断言共相本身就具有客观实在性。但是因为这个概念强调观念的现实性,有时也指唯物论。启蒙运动时期的狄德罗开始明确将其朴素的唯物论精神移至文艺领域,形成现实主义的文艺观。从直观的反映论出发,他认为:"艺术中的美和哲学中的真理有着共同的基础。真理是什么?就是我们的判断符合事物的实际。模仿的美是什么?就是形象与实体相吻合。"[①]而具有一定的现实主义美学倾向的黑格尔则把人的思维发展过程(理念运动)对象化为客观世界的发展过程,主张美是理念的感性显现,他说:"艺术的功用就在使现象的真实意蕴从这虚幻世界的外形和幻象之中解脱出来,使现象具有更高的由心灵产生的实在。"[②]作为马克

---

① 狄德罗:《狄德罗美学论文选》,张冠尧等译,人民文学出版社1984年版,第114页。
② 黑格尔:《美学》第一卷,朱光潜译,商务印书馆1979年版,第12页。

思主义的思想先驱，启蒙运动和黑格尔的哲学观和艺术观均有本质主义倾向，而在苏联和我国备受推崇的别、车、杜等俄国革命民主主义者更是自觉把文艺纳入揭示和服务现实社会斗争的认识论轨道，他们明确提出："一个现实主义者就是一个思想工作者。"①这条理论线索及其思维方式，后来被当作合乎马克思主义的东西成为当代文论的重要思想源泉。

实际上，马克思把事物、现实、感性当作实践去理解，把社会生产的历史发展看作对象化了的人类能动的实践。人作为意识并掌握了自然万物的尺度和人的内在固有的尺度的自由的存在物，不仅能"按照美的规律来构造"②，还能够进行自由自觉的"艺术生产"③。但是，作为革命家的马克思，特别是恩格斯出于科学地认识社会运动这一动机，又要求文学真实地描写现实关系，把人、人物关系和时代特点结合起来，塑造"典型环境中的典型人物"④，达到细节真实与本质真实的统一、真实性与倾向性的统一。因此，马、恩虽然视艺术为人的全面发展的方式之一，却从不把艺术看作社会理想的实现途径。原因在于，马、恩企图以艺术昭示社会理想的现实的、客观的途径，而不是让社会理想遁入纯审美的、虚幻的艺术境界，只有认识自身历史使命的无产者才能使美好的社会理想变为现实。

可见，尽管马克思主义经典作家，特别是恩格斯以"现实主义"指称自己的艺术见解，他们的文艺思想其实十分丰富广博。如果我们沿着马、恩实践论——艺术或精神生产——自由自觉的审美创造的理论言路，完整地清理和借鉴近代现实主义，特别是批判现实主义的文学理论，以及20世纪卢卡奇等的现实主义理论，当代的文学理论建设即使坚持现实主义美学规范，恐怕也会取得更加令人瞩目的成就。而列宁和后来的解释者们紧紧抓住马、恩关注社会运动客观结构的一面大做文章，把马克思主义本质化，认定马、恩的文艺思想就是现实主义的反映论并使之绝对化，而且片

---

① 与别、车、杜同属一个阵营的皮萨列夫语，颇能代表这派的文艺思想。转引自韦勒克：《批评的诸种概念》，丁泓译，四川人民出版社1988年版，第222页。
② 马克思：《1844年经济学—哲学手稿》，见《马克思恩格斯全集》第3卷，人民出版社2002年版，第274页。
③ 马克思最早在《1844年经济学—哲学手稿》中提出艺术是生产的一个"特殊的方式"，参见《马克思恩格斯全集》第3卷，人民出版社2002年版，第298页。以后在《〈政治经济学批判〉导言》《资本论》等著作中马、恩多次使用"艺术生产"这一概念。
④ 恩格斯：《致玛·哈克奈斯》（1888年4月），载《马克思恩格斯选集》第4卷，人民出版社1995年版，第682页。

面推崇俄国革命民主主义者的文学理论。这就不光把其他文艺思想和马、恩文艺思想的其他成分拒斥在外，更是落入了启蒙现实主义和俄国革命民主主义文艺观追索一元真理和黑格尔理念先行的本质主义窠臼。

本质主义是西方近代认识论哲学的基本价值取向。它所谓的哲学"基本问题就是：我们是否并且在何种程度上有可能不依赖事物与我们的关系而按照事物本来面貌去描述事物"[①]。它断定存在着一个恒常的实在等待人去发现，知识就是一种准确表象的集合，哲学的任务乃是摹写实在的准确表象，赋予本质的东西（如真理、理念、实在等）以优先地位是其根本特征。它以主客二元对立为思维方式，重实在而轻现象，举必然而抑偶然，张共性而轻个性，扬内容而贬形式。本来，马、恩通过实践沟通人与自然，挣脱了以本质求寻为圭臬的认识论的思维模式，重新阐发了现实主义理论。而他们的某些后继者偏狭地理解马克思主义及其文艺观，使现实主义理论及苏联和我国当代文论陷入膨胀化的本质主义的思维模式与社会政治化的理论格局。加缪对苏联社会主义现实主义的评价发人深思。他说，社会主义现实主义"不是我们在已知的现实中，而是在将来才有的现实中"找到自己的"选择原则"，"社会主义现实主义的对象，是还没有成为现实的东西。……这种艺术终于成为社会主义之日，正是它不再是现实主义之时"。[②]空虚的现实主义不得不以浮泛的浪漫主义作为补充，使现实主义更进一步沦为演绎理念的道具。这也许正应了"现实主义"原有的"实在论"哲学含义的宿命。

六

欲走出当代文学理论的困境，并非要取消文艺学和文学理论学科专业的设置或简单化地倡导中国古代文论的当代转型，而是要考察当代文论得以形成的知识背景，这样我们便会意识到问题的症结所在，即首要的是要挣脱意识形态—反映论与一般文学知识相拼合的单一化的僵硬思维模式，

[①] 艾耶尔：《二十世纪哲学》，李步楼等译，上海译文出版社1987年版，第7页。
[②] 转引自卡冈：《卡冈美学教程》，凌继尧等译，北京大学出版社1990年版，第697页。

重新返回文学理论原先的和惯有的两条知识构建思路：倚重文本分析的诗学理路和借助多样的哲学思维的艺术哲学理路。

对当代文论来说，历史地、开放地看待马克思主义文学理论建设十分必要。应该区分"马克思、恩格斯的文学理论"和"马克思主义文学理论"。前者属于历史文本，是马、恩着眼于当时的理论与实际对文学的研究和论述，它包括很多生动、丰富的内涵。所谓"马列文论"学科看来应当主要从文本出发，从各个侧面探讨其相对确定的思想内涵，而不囿于某一固有的成见。而所谓"马克思主义文学理论"即当代文论则是流动的现实文本，它要以马克思主义为指导，不断从"马克思、恩格斯的文学理论"及其新的理论阐发中汲取养分，同时它必须时刻关注当代文学思潮和文学理论的整体性进展，及时作出自己的理论应答，因而它应当具有文学观念、知识建构方式和方法论的多元性。因为文学活动的复杂性难以做出一个普适性的界说，对于文学理论来说，需要多种阐释文学活动和文学文本的话语。在当前，尤其要抑制从某一个固定的理论视域出发闭门构筑"体系"的冲动，而应当研究和解决一个个文学艺术实践中提出的具体问题。

这就要求重建文学理论的学术根基。一方面，当代文论要冲破理论研究与作品分析的壁垒，走向文本分析，从文学批评、文学史研究和比较文学研究中开掘文学理论新的发展资源，建立有我国特色的当代诗学理论。20世纪多数文论建构与文本分析紧密相关，如巴赫金的对话理论与其陀思妥耶夫斯基研究，弗莱的原型理论与其莎士比亚及《圣经》研究，新批评与结构主义文论之与作品分析等。现代批评已是一种高度职业化的工作，它并不单纯地像我国不少文学批评那样依附于文学文本本身，而应当与具体的文学创作和文学文本保持距离，以寻求可以调整我们文学知识和批评程序的系统框架。所以文学批评自身应当是关于文学的一种理论。另一方面，文学理论在呼唤多样化的哲学思维，呼唤属于自己的艺术哲学。本质主义的思维模式造成了当代文论运思方式的贫乏，难以形成个体的言说路数。多样化哲学思维的介入可为文学理论研究引进新的观念和方法。20世纪以来以维特根斯坦、德里达、罗蒂等人为代表的反本质主义、反逻各斯中心主义哲学思潮否认事物之外本质的存在，认为事物的联系与意义在于人们在各种事物之间的构造。有多少种描述世界的方法，就有多少种把世界分解为个别样态的方式。这就动摇了本质主义的哲学基础。撇开其相对主义思想不谈，它毕竟提供了观察事物和思考事物的新的维度，已经给予并将继续给予文学理论思维以应有的冲击与激励。另外，在一个多元共存的时代，多学科的交叉、渗透是学术发展的趋势。借助其他学科的概念、范畴、方法可以形成本学科新的整合和分化，最近西方的文化批评就是如此。当代文论在这方面仍大有可为。

（原载《文艺理论研究》1999年第2期）

评新世纪前后关于"美的规律"的论争

马克思在《1844年经济学—哲学手稿》中指出:"通过实践创造对象世界,改造无机界,人证明了自己是有意识的类存在物,就是这样一种存在物,它把类看作自己的本质,或者说把自身看作类存在物。……动物只是按照它所属的那个种的尺度和需要来构造,而人懂得按照任何一个种的尺度来进行生产,并且懂得怎样处处都把内在的尺度运用于对象;因此,人也按照美的规律来构造。"①这就是众所周知的美的规律的说法的由来。新世纪前后,我国美学界围绕着马克思所说的"美的规律"展开了激烈的论争,这是20世纪80年代美学大讨论中关于"美的规律"讨论的延续与深化。争论大致发生在两方之间,一方以陆梅林、曾簇林等人为代表,主张美的规律就是客体的规律,另一方以应必诚、朱立元等人为代表,认为美的规律是主观合目的性和客观合规律性的统一,还有一些不好归入这两类的学者也卷入了这场争论。本文拟对此作一简要分析。

一、怎样理解马克思所说的三个"尺度"

理解"美的规律",首先要弄清楚马克思所说的三个尺度——"那个种的尺度""任何一个种的尺度""内在的尺度"(或译"内在固有的尺度")的含义。第一个尺度指的是动物的"尺度",对此人们理解上没有歧义。分歧主要在第二、第三个尺度,尤其是第三个尺度的理解方面。陆梅林认为,马克思所说的三个尺度都是指客体的尺度,"任何一个种的尺度"

---

① 马克思:《1844年经济学—哲学手稿》,《马克思恩格斯全集》第3卷,人民出版社2002年版,第273—274页。

与"内在的尺度"的关系是客体的性能与外观的关系,"所谓'尺度',原是度量衡的单位,是按照客观规律概括出来的衡量客观事物的标准。此处泛指生产对象的性能、质地、属性、结构、外观、形状,等等。简而言之,它包括物象的内容和形式两个方面。美的规律则指二者的有机统一"。动物只适应它所属的那个物种的尺度和需要来建造,动物的生产是无意识、不自由、片面的、本能的生产,"人能按照任何物种的尺度进行生产,人还能认识生产对象的尺度,并处处运用它们固有的尺度来塑造种种物体"[①]。陆梅林的解释得到了曾簇林的赞同。她认为,"陆(梅林)先生、蔡仪先生关于美的规律的一个尺度之说,确认'内在尺度'属于对象客体,回到马克思文本中'美的规律'的客观性,坚持历史唯物主义的一元论,正是为推进美学研究打下了基础和前提"[②]。这派学者的立场接近于我国当代美学中客观派的立场。

对马克思所说的三个尺度的上述解释受到不少基本上可归入实践派立场的学者们的异议。在这一类学者看来,马克思所说的三个尺度显然是有区别的:第一个尺度是动物的尺度,是特指动物的"生产"来说的,而动物的生产知其然而不知其所以然,其实是一种生存本能,马克思所说的动物的尺度明显是在比拟的意义上使用的。"任何一个种的尺度"表面上是指人可以按照任何动物的尺度进行生产,其实是指人的生产在掌握对象规律之后的自由性,"内在的尺度"则是主体人在改造对象时用以规划劳动对象的尺度。应必诚指出,马克思这段论述是在将人的生产与动物的生产相区别的情况下提出的,动物的生产是在直接的肉体需要的支配下的生产,"那个种的尺度"是动物的尺度,而人的生产具有把握任何一个种的尺度的能力,可以按照任何一个物种的尺度来进行生产,"人的尺度超越了动物尺度的局限性,并在这个基础上,人的丰富多样的需要和尺度才第一次发生和发展起来,从而推动人的生产、推动人改造世界的活动、推动人的审美创造"[③]。应必诚的解释得到了朱立元、王向峰等人的赞同。朱立元认为,马克思对三个尺度的区分,说明人"不但能超越自身的自然尺

---

① 陆梅林:《〈巴黎手稿〉美学思想探微——美的规律篇》,《文艺研究》1997年第1期。
② 曾簇林:《三论"美的规律"的客观性》,《马克思主义美学研究》(第5辑),广西师范大学出版社2001年版,第265页。
③ 应必诚:《审美:尺度、属性、价值、关系》,《学术月刊》2004年第4期。

度,懂得按照一切物种的尺度来进行生产,而且能把由自身需要和目的出发形成的内在尺度运用到对象上去,改造对象世界……特别是第三个尺度即'内在的尺度',完全依属于人这个以自由自觉的实践活动(人的本质对象化活动)为本质的主体"[1]。王向峰也指出,"对动物来说只有一个尺度即物种需要的尺度。人有一种内在的尺度,是人的尺度"[2]。这类美学家把三个尺度明确区分开来。

与此同时,也有部分学者对三个尺度提出了不同于上述两派意见的看法。徐正非认为,"任何一个种的尺度""是与人相对的各种自然物所决定的尺度",马克思是在区分种的尺度与人的尺度之后再来谈"人也是按照美的规律来建造"的,"也"在这里表达的是并列或递进关系,这样,马克思在这里实际上提出了这样三个尺度:一是种的尺度,二是内在的尺度,三是美的尺度,"与其说美的规律是对前两个尺度的结合和统一,不如说是对前两个尺度的选择、提炼、概括与升华"。马克思在这里提出了美的尺度,以前对尺度及美的规律的解释忽视了一般劳动与审美创造的区别。[3]王峰则认为,朱立元、陆梅林在分析马克思所说的内在尺度时,均犯了主客二分对立的错误,其实马克思在谈主客体的时候,并不是纯粹主客体,而是经济事实中的主客体,因此内在尺度既不是主体的尺度,也不是客体的尺度,"'内在尺度'是人的本质异化物。它首先是作为客观物来显现的,但是它作为客观性存在是在人类社会范围之内的,也就是,它作为自然而存在,但这个自然是经过人的认识实践改造过的自然,这个自然经证明是人的本质在自然上的显现和外化;同时,它又是属人的,是隶属于人的本质的,我们在它上面见出人的本质,因此是自然作为人的身体的精神延伸"。朱、陆两位先生没有将"内在尺度"放在异化劳动的范围内来谈,忽视了社会存在物的维度。[4]

从语义上看,马克思并没有直接提出"美的尺度"。"美的尺度"的说法只是徐正非的概括,并非马克思的原意。但是"人也按照美的规律来建

---

[1] 朱立元:《对马克思关于"美的规律"论述的再思考》,《学术月刊》2000年第3期。
[2] 王向峰:《论美的规律问题》,《辽宁大学学报》(哲学社会科学版)2000年第6期。
[3] 徐正非:《马克思美的规律论新探》,《华中师范大学学报》(社会科学版)2003年第1期。
[4] 王峰:《也谈内在尺度——兼与朱立元、陆梅林两先生商榷》,《马克思主义美学研究》(第5辑),广西师范大学出版社2001年版,第326页。

造"这句话确实包含了对前面三句话的并列或递进关系,因而可以说后面关于美的规律的说法包含了对前面几个尺度的选择与综合。就此来看,徐正非对美的尺度与美的规律之间关系的解释与实践派美学家还是比较接近的,只是更为强调美的规律在审美创造而非一般生产活动中的地位。王峰对马克思这段话的经济学语境的指认十分重要,他提醒我们对美的规律的理解不仅要结合上下文的具体语境,还要考虑马克思论述该问题时的宏观语境。

二、怎样看待"美的规律"

主张"那个种的尺度""任何一个种的尺度""内在的尺度"三个"尺度"合一说的学者顺理成章地将美的规律理解为客体的规律。陆梅林认为,"'美的规律'是客观存在的,是一种客观的规律。"不以人的主观意志为转移。"人要按照美的规律来建造,其前提就是要认识物之成为美的客观属性,掌握它的规律性,使自己的实践活动尽可能与客观世界的必然性相一致。"[①]在曾簇林看来,美的规律是具有审美属性的对象客体内在本质与表现形式完美同一的规律,"美的规律是对象客体自身固有的特征,属于客观的规律,只有客观性"。并认为,与自然规律一样,"存在于社会中的规律并不包含主体的意志和目的"。[②]在此基础上,曾簇林提出要把作为客观规律的美的规律与作为人的实践活动的"人也按照美的规律来构造"两者明确区分开来,她认为她的这一重要思想可以克服认为"内在尺度"是主体人的"内在尺度",从而否认"美的规律"客观性的错误。

但是,无论美、美的创造还是美的规律都是与人相关的,不能脱离人来谈论美、美的创造或美的规律。上述说法的偏颇是显而易见的。正如应必诚所批评的,曾簇林悬想了一个外在于人的美的规律,又认为按照美的规律来建造的实践活动是美的规律的实现,这里的矛盾在于,"人的本质力量的对象化的实践活动是不是包含着主体把人的'内在尺度'运用到对

[①] 陆梅林:《〈巴黎手稿〉美学思想探微——美的规律篇》,《文艺研究》1997年第1期。
[②] 曾簇林:《马克思关于"美的规律"的客观性》(下),《湘潭大学学报》(社会科学版)1998年第5期。

象上去并使其实现出来的意思,'美的规律'能不能与人的对象化的实践活动相脱离"①?朱立元也认为,美的规律有两层含义:"第一,'人懂得按照任何一个种的尺度'来生产,即人能发现、理解、掌握、运用任何动物的种的尺度;第二,人在生产活动中处处把自己的内在尺度(当然也包括掌握并转化、内化为自身尺度的动物的种的尺度在内)运用到对象上去,发挥自己的主观能动性。人只有在这两种意义上进行能动性的生产,才能把自己的类生活对象化。"因此美的规律是人类劳动的一个基本特点,美的规律是与人类劳动实践的目的性密切联系在一起的。"美的规律是在人类社会产生以后才产生的,是在人的审美和艺术创造实践活动过程中逐步形成和发展起来的。因此,美的规律不属于自然规律,而属于社会规律。既然属于社会规律,就离不开主体人的因素的介入,就必然受到人的目的和需要的制约,就必然与人改造对象世界的实践活动密切相关。"②如果承认美是世界对人的一种价值、意义,那么美便是一种关系性存在,"美必定同时包含着主、客体两个相互关联、不可分割的方面"③,美的规律属于社会规律,是主体尺度与客体尺度的辩证统一。王向峰在对美的规律的理解上也与应必诚、朱立元相接近。在他看来,美的规律"首先取自人自身","其次是取自人的创造活动过程","最后是取自人的对象化关系"。④可见这场争论涉及的社会规律、历史规律、美的规律是否具有客观性的问题,其实也就是是否承认人在社会、历史、美的形成与发展中的地位问题。曾簇林为了把她的客观说贯彻到底,认为社会规律、历史规律同美的规律一样,都是客观的,而应必诚、朱立元等认为,社会规律、历史规律,同美的规律一样离不开人的作用。

其他人对美的规律的看法与上述两派的意见有所不同。徐正非认为,理解马克思"美的规律"的说法不仅要看讨论问题的具体语境,还要看讨论问题的宏观语境。从具体语境看,马克思是在讨论人的劳动与动物"劳动"的区别时谈论美的规律的;从更大的语境看,虽然马克思谈论美的规

---

① 应必诚:《审美:尺度、属性、价值、关系》,《学术月刊》2004年第4期。
② 朱立元:《对马克思关于"美的规律"论述的再思考》,《学术月刊》2000年第3期。
③ 朱立元:《关于"美的规律"客观性的几点补充意见》,《马克思主义美学研究》(第6辑),广西师范大学出版社2002年版,第51页。
④ 王向峰:《论美的规律问题》,《辽宁大学学报》(哲学社会科学版)2000年第6期。

律的文字位于讨论"异化劳动"的部分，但是马克思实际上将劳动区分为自由劳动与异化劳动，他是在讨论自由劳动或劳动的自由性时谈到美的规律的。马克思谈论美的规律那段话并没有直接讨论美的规律，而讨论的是自由劳动的特征，自由自觉的劳动被视为人的类特性。该学者的意思是说，只有自由劳动才会按照美的规律来建造，或者说，美的规律体现在自由劳动中。另一学者袁新认为，马克思在《1844年经济学—哲学手稿》中基本上把社会视为现实人的活动，这种活动着的感性对象的存在直接成为活动着的对象性，因而社会就是现实的人的相互关系，而所谓感性活动的实质就是劳动。社会和劳动成了现实的人的出发点。在社会中，意识和对象、思维和存在不再是抽象的、对立的二元，而是一而二、二而一的。"所谓'美的规律'就是这种尺度的表达或表现，而这种尺度也就是类的存在物的尺度，现实的人的尺度，就是社会的尺度，所以美的规律乃是社会存在的规律，是主观合目的性和客观合规律性的统一。"但是这只是一方面，从另一方面看，无论马克思在这里谈论的是"对象性活动"还是"劳动"，仍然沉浸在"类""类本质""类意识""异化"等费尔巴哈的这些概念之中，带有费尔巴哈人本主义的烙印，还不同于《关于费尔巴哈的提纲》之后那个具有革命意义的概念"实践"。①

徐正非的看法与前述他对马克思"美的尺度"的概括有关。他要求我们注意马克思对自由劳动与异化劳动的区分是合理的，但是美的创造也不能等同于自由劳动，在这方面他的论证是有欠缺的。从我们前面对马克思论及美的规律那段话的印证看，袁新的说法触及如何区分马克思前后期思想的演变以及实践概念对理解美的规律、解决美学问题本身的适用范围问题，而这一点正是主张美是合规律性与合目的性统一的实践派美学家的漏洞所在。

---

① 袁新:《马克思〈1844年经济学—哲学手稿〉美学思想再探索》,《马克思主义美学研究》（第5辑），广西师范大学出版社2001年版，第296—297页。

三、对这场争论的看法

这场争论进一步辨析了马克思"美的规律"说法的语义与情境,对我们全面地看待和理解马克思的美学思想具有重要意义,对当代美学建设也有启迪价值。但是在争论中也暴露了一些带有普遍性的问题,值得在此提出来加以探讨。

首先,这场争论在一定程度上仍然是沿袭用哲学上唯物、唯心的划分来解决美学问题的既有思路,将美的规律的论争归结为唯物、唯心的哲学本体论之争。这一点陆梅林说得很清楚,"国内对'内在固有的尺度'在理解上有分歧:一者理解指客体,一者理解指主体。其实细察上下文,显然是指主体说的……对此如何理解有唯物唯心之分"①。大体上持客观派美学立场的学者如蔡仪、陆梅林、曾簇林等人把美的规律理解为客体的规律。例如,蔡仪在20世纪80年代就说过,"物种的尺度"指"该种事物的'普遍性'或'本质特征'","'内在的尺度'是指该种事物内部的'标志'或内在的'本质特征'",两个尺度的关系是物种的本质特征。②而应必诚、朱立元等人基本持实践派美学立场,他们与持同一立场的美学家如李泽厚、蒋孔阳、刘纲纪等将美的规律看作合规律性与合目的性的统一。对于这场争论,应必诚的看法一语中的,"这固然有语义和翻译上的问题,但主要是美学思想和见解上的分歧"。也就是说,各派美学思想形成在先,然后再对美的规律进行合乎自己立场需要的解释。更为要命的是,争论各方的思维方式具有同质性,"美学研究各派之间的争论虽然非常激烈,但在根本出发点上是一致的,即从本体论的存在和思维的关系角度探讨美的本质"③。可见,从大的方面看,新世纪前后围绕美的规律所发生的这场争论,是20世纪80年代(甚至50年代)美学大讨论中不同美学观点交锋的继续。

如果将美的创造活动视为人的实践活动的一种,从人的实践活动来看美的创造,可以肯定,人的实践活动的能动性使其由自觉的理念来引导。马克思说,"最蹩脚的建筑师从一开始就比最灵巧的蜜蜂高明的地方,是

---

① 陆梅林:《唯物史观与美学》,广西师范大学出版社1991年版,第72页。
② 蔡仪:《马克思究竟怎样论美》,《美学论丛》(第1辑),中国社会科学出版社1982年版,第51页。
③ 应必诚:《〈巴黎手稿〉与美学问题》,《中国社会科学》1998年第3期。

他在用蜂蜡建筑蜂房之前，已经在自己的头脑中把它建成了。劳动过程结束时得到的结果，在这个过程开始时就已经在劳动者的表象中存在着，即已经观念地存在着。他不仅使自然物发生形式变化，同时还在自然物中实现自己的目的"①。这样看来，实践派美学家将美的规律理解为合规律性与合目的性的统一自有它一定的道理。但是美的创造活动与一般的实践活动尽管有相通之处，却还是有区别的，因此需要对二者的关系进行勘察。由于马克思是在讨论一般实践活动时涉及美的规律的，更需要我们在全面把握其语境的基础上加以理解与阐发。

问题是我国学界在有关美的规律的讨论中并没有对实践及其与美的关系做进一步的厘定。关于实践与美的关系，李泽厚曾有一段经典性的表述，"人类在改造客观自然界的社会实践中，要认识、掌握和运用自然规律。我把自然界本身叫做真，把人类实践主体的根本性质看成善。当人们的主观目的性按照客观规律去实践得到预期效果的时刻，主体善的目的与客观事物的规律性就交汇融合起来。真与善、合规律性和合目的性的这种统一，就是美的本质"②。应当说，这段话主要讨论的是一般实践活动而不是美的创造，一般实践活动与美的创造活动之间的区别完全被忽略了。我们发现，恰恰就是这段话所表达的思想构成了实践派美学家理解美的规律的主要理论来源。更让人感到不可思议的是，即便是主张美的规律客观说的美学家也与实践派美学家一样，肯定实践对美的创造的意义，也认为"对马克思关于'美的规律'的论述中要牢牢把握主体人的实践的要义"③。实践在我国美学界仿佛成了解决所有美学问题的一把万能钥匙。

事实上，《1844年经济学—哲学手稿》时期的马克思是在谈论人的对象化的活动时论及美的规律的，即便用的术语是实践，还是在劳动或生产对等的意义上提出来的，还带有费尔巴哈式人本主义的痕迹，还不是他后来所说的历史唯物主义意义上的实践，实践也不像某些学者所说的那样是马克思主义的最根本范畴，实践在马克思那里主要是作为认识论范畴而提

---

① 马克思：《资本论》第1卷，《马克思恩格斯全集》第23卷，人民出版社1972年版，第202页。
② 李泽厚：《谈美》，《李泽厚哲学美学文选》，湖南人民出版社1985年版，第465页。
③ 曾簇林：《三论"美的规律"的客观性》，《马克思主义美学研究》（第5辑），广西师范大学出版社2001年版，第268页。

的，即为克服由思维规定的主客体对立而提出的。马克思主义的最根本范畴是生产方式的辩证运动。实践范畴与美及美的创造本身也还有一定的距离，不可等同视之。就此来说，这场争论也暴露了我国美学建设中常见的喜好大的概念演绎与本体论争论，缺少细致的学理究问与语义辨析的痼疾。

（原载《社会科学家》2006年第6期）

王元骧与新时期马克思主义文论创新

王元骧先生是我国当代著名的马克思主义文艺理论家。按照他自己的说法,"马克思主义所倡导的唯物(社会存在决定社会意识)的观点、实践的观点、辩证的观点,在我看来都是颠扑不破的真理,都是我思考文艺问题的一些基本的指导原则"[①]。他又说,"我对马克思主义的接受不是由于听从了什么政治宣传盲目地接受的,而是以我的生存体验为根基的,是与我的生命和灵魂融化在一起的"[②]。王元骧把理论探讨的信念、热情和对于社会现实的强烈关怀相结合,与时俱进,为新时期马克思主义文艺理论研究创新做出了多方面的贡献。本文主要从对认识论文艺观的突破、审美意识形态论的建构、走向综合创造的学术研究方法论三个方面简略地加以论述。

一、认识论文艺观的突破:从反映论到审美反映再到实践论

王元骧意识到我国马克思主义文艺理论研究存在的一个根本问题,即认识论视角。"我们以往的马克思主义文艺学研究并没有完全理解马克思主义的精神实质,把马克思主义文艺学只是放在意识与存在的关系这一哲学基础上,仅仅从认识论的视角——具体说是从唯物主义反映论的视角去进行研究;并把唯物与唯心当作区分马克思主义与非马克思主义的基本准

---

① 王元骧:《在解决现实问题中求得理论自身的发展》,载《审美超越与艺术精神》,浙江大学出版社2006年版,第327页。
② 王元骧:《七十感怀》,载徐岱主编:《在浙之滨——王元骧教授七十寿庆暨浙江大学文艺学研究所成立五周年纪念文集》,广西师范大学出版社2004年版,第23—24页。

则，这就把马克思主义哲学与文艺学'近代化'了。"①王元骧反思了认识论视角形成的两个来源。其一是19世纪俄国革命民主主义者别林斯基、车尔尼雪夫斯基等人认为文学要再现生活，描写生活，把文学与科学都视为认识生活的形式的主张。例如，别林斯基就说："政治经济学家被统计材料武装着，诉诸读者或听众的理智，证明社会中某一阶级的状况，由于某一种原因，业已大为改善，或大为恶化。诗人被生动而鲜明的现实描绘武装着，诉诸读者的想象，在真实的图画里面显示社会中某一阶级的状况，由于某一种原因，业已大为改善，或大为恶化。一个是证明，另一个是显示，可是他们都是说服，所不同的只是一个用逻辑结论，另一个用图画而已。"②王元骧认为类似这种说法是近代哲学思维理智化、工具化的产物，忽视了文学的创造本性和自身相对独立的价值，使文艺疏远了与感性世界的联系。其二是对马克思、恩格斯关于社会存在决定社会意识，文学是植根于一定经济基础之上的意识形式的主张进行简单化理解。苏联文艺理论家季摩菲耶夫于1948年出版的《文学原理》便从唯物主义认识论与反映论看待文学，认为文学"是依照作家对生活的认识和理解而或多或少地反映着生活的真理"③。上述从哲学认识论角度理解文学的做法，对新中国成立后的文艺理论研究产生了深远的影响。人们常常把马克思、恩格斯的相关表述庸俗化地理解为文学必须反映社会生活的本质方面。王元骧将这种思维模式追溯到古希腊亚里士多德以来盛行于西方的模仿说，因为模仿说把作家、艺术家的活动限定在认识的范围内，当作一种求知的活动加以界定。王元骧承认艺术是对现实的一种反映，但又引入价值论视角，对反映论的文艺观进行了改造。艺术不仅仅是对生活的一种认识，同时也是对人生意义的评价。王元骧进一步认为艺术活动其实是一种审美反映，致力于揭示审美感知过程中在作家、艺术家的意志和情感作用下知觉的误差和变异。具有主体意识的作家以感性现实为对象，经由情感活动与对象发生联系，"审美反映是通过作家、艺术家的审美感受和审美体验而做出的，是

---

① 王元骧：《论马克思主义文艺学在当代的发展和意义》，《论美与人的生存》，浙江大学出版社2010年版，第55页。

② 别林斯基：《一八四七年俄国文学一瞥》，《别林斯基选集》第2卷，满涛译，时代出版社1952年版，第429页。

③ 季摩菲耶夫：《文学原理》第一部《文学概论》，查良铮译，平明出版社1953年版，第15页。

理性与感性、智力与直觉、意识与无意识的统一"。而作家、艺术家要把意识中创造的审美意象加以物化,就必须为审美意象找到适当的艺术语言和形式,就是说,作家、艺术家对现实生活的审美反映总是以一定的艺术语言和形式为"中介",才有可能对纷繁复杂的感性材料做出选择、整理,把它纳入到一定的艺术形式中去。而艺术语言和艺术形式在作家、艺术家审美反映过程中之所以成为"中介"环节,对艺术意象起着定型作用,就是因为它们不是由简单地模仿事物的关系、结构和形态而产生,而是凝结着一个时代、民族乃至人类丰富的艺术经验和审美需求。[①]

在王元骧那里,艺术作为审美反映表达了作家的情感取向,展示了一幅应是人生的图景,具有改变人的内部心理结构与人的内在需要的作用,由此他便由审美反映论过渡到实践论。本来,在我国马克思主义文论研究中,把文艺纳入实践环节来研究始于20世纪50年代的朱光潜。朱光潜先生曾经说过,"把文艺看作一种生产,这是马克思主义关于文艺的一个重要原则……单从反映论去看文艺,文艺只是一种认识过程,而从生产观点去看文艺,文艺同时又是一种实践的过程"[②]。但既然视文艺为一种生产,便局限于艺术劳动创造过程的研究,着眼于生产而忽视消费。王元骧认为,"马克思主义哲学虽然是在继承唯物哲学传统的基础上发展起来的,但与传统哲学不同,它把世界不只是看作是直观和抽象理论活动的对象,同时也是人类感性物质的实践活动的对象。这就决定了认识与实践是不可分割地联系在一起的"。认识与实践作为人类活动的两个基本领域,虽然各有侧重,但又是相互联系、相互渗透。这当中目的成为沟通认识与实践的中介,是整个实践活动过程的意识前提和行动目标。艺术固然是社会生活的反映,但这种反映不是直接的模仿和再现,而是在实践的基础上通过主客体的相互作用而做出的,具有创造的性质,而且以艺术家的审美情感为中介与客体建立联系的,并通过审美情感的选择和调节,把自己的心灵倾注于自己所构造的意象之中。这就决定了一切艺术作品都是再现与表现、反映与创造的统一。更重要的,艺术在对人的思想、情感等内部世界的建构方面还有着重要意义和作用,即艺术的实践性不仅指能动地改变对

[①] 王元骧:《审美反映与艺术创造》,载《审美反映与艺术创造》,杭州大学出版社1992年版,第78—84页。

[②] 朱光潜:《论美是客观与主观的统一》,《哲学研究》1957年第4期。

象的感性物质活动，通过这种活动创造出艺术作品，还能通过对人的内心世界的改造而间接地改造物质世界。艺术与科学理论不同，它的价值不完全取决于是否真实、深刻地反映生活，使人获得认识上的满足，更重要的在于它作为作家所创造的美的形态，还会发动和调控人的情感，引导读者对社会人生进行积极介入。"从实践的角度来理解艺术，我认为它的价值就在于通过强化人的自我意识，来帮助人在人生实践中确立普遍而自由的行为原则。""艺术作为一种精神现象，一种社会的意识形态，它的实践的本性主要也在于按照自由的原则来改造人的意志，为人生实践确立高尚的目的和理想。"①所以艺术的实践性是一种双重创造，不仅创造了作品，而且通过对人的改造，最终实现改造世界的目的。这样就把艺术与人生、艺术的认识效用与评价效用、艺术的实践性与人生的实践性关联起来。概而言之，在王元骧看来，"凡属真正美的艺术都必然包含着对现实生活的反映、人生意义的评判以及行为准则的厘定这三方面的内容。这就是我们所主张的知、意、情"②。

二、审美意识形态：对文学作为意识形态的再认识

文艺意识形态论是新中国成立以来试图吸收马克思主义基本原理，又借鉴苏联文论而形成的一种文艺观。但是在20世纪正统马克思主义理论研究中，意识形态概念曾经被认识论化，对于意识形态的实践性、意识形态对经济基础的反作用估计不足，存在着严重的教条主义和机械论的倾向，以抽象的普遍原则取代对具体事物的研究与分析。王元骧早年认为，文学具有意识形态性与非意识形态性的双重特性。这是由于通常所说的文学是一种社会意识形态，是从哲学、社会学的角度对文学本质所做的界定，而"文学不同于一般社会意识形态的特点就在于它是作家审美活动的成果……要认识什么是文学，仅仅从社会意识、理性意识和思想观点的角

---

① 王元骧：《艺术的实践本性》，《文学理论与当今时代》，浙江大学出版社2002年版，第51、66、69页。
② 王元骧：《黑格尔纯认识论文艺观的得与失》，《探寻综合创造之路》，陕西师范大学出版社2000年版，第170页。

度去认识是不够的,还必须从个人意识、感性意识和知识材料等方面去对它进行考察"①。文学创作中个人意识的鲜活性、感性意识的丰富性等都超出了社会意识与理性意识的范围。后来,王元骧逐步修正了他的说法。一方面,他借鉴国外马克思主义如阿尔都塞把意识形态视为一个与社会信仰有关的表象系统等看法,充实意识形态概念的内涵,"我们通常所说的意识形态,它作为反映一定社会和集群的利益、愿望、要求的信念体系,就是一定社会、集群的价值观念的集中体现。它的功能就是为了凝聚和动员社会和集群的力量,共同参与到为自己的理想、信念奋斗的行列中去"②,文学其实表现着一定的观念;另一方面,他把审美与意识形态联结起来,走向审美意识形态论。他既不同意把意识形态仅仅归结为政治的说法,又反对把文学与意识形态、政治完全割裂开来的"纯文艺"观点,认为文学"是以语言为物质载体和媒介的。语言是思想的直接的现实,这使得它所表现的内容必然会超越音乐、绘画等艺术在表现观念方面的朦胧性,而与意识形态有着一种天然的血肉联系"③。王元骧从审美具有构建人的实践性的角度论证他的"审美意识形态论"。他认为意识形态的核心在于其价值属性,也就是说,意识形态只有融入人的日常生活及社会心理,甚至渗入人的无意识,才能转化为一种改造社会的实践力量,指出"意识形态"与"审美"的关系是,"我们在特殊性的层面上以审美目的来规定文学艺术的意识形态特性,也就是批判地吸取了康德的审美目的论,亦即以人为目的的思想,把美以及美的文学艺术看作通过陶冶人的情操、开拓人的胸襟、提升人的境界、激发人的生存自觉来达到培育人们社会主义的人生观、价值观、道德观和审美观这一根本目的的有效的途径"④,把文艺当作一种社会现象放到整个社会结构中加以考察。也就是说,意识形态作为一种信念体系其主要性质不在于认识性,而在于实践性。在文学中,审美成为实现

---

① 王元骧:《文学的意识形态性与非意识形态性》,《审美反映与艺术创造》,杭州大学出版社1992年版,第94页。
② 王元骧:《就〈文学原理〉第二次修订版谈"审美意识形态论"的理论建构》,载《论美与人的生存》,浙江大学出版社2010年版,第113页。
③ 王元骧:《试析"文学意识形态论"的理论疑点与难点》,《论美与人的生存》,浙江大学出版社2010年版,第176页。
④ 王元骧:《我对"审美意识形态论"的理解》,《审美超越与艺术精神》,浙江大学出版社2006年版,第308页。

意识向实践转化的有效机制。

王元骧的审美意识形态论是建立在对康德美学、道德哲学和马克思主义的创造性重新解释之上的。就康德哲学来看，王元骧指出，长期以来，学界对于康德的审美理论多有曲解和误解，特别是以他的审美无利害性的思想为依据，否定文艺作品的思想和意义，把美当作是一个纯粹的形式问题来理解。其实，康德提出审美无利害性的真正意图是在思维方式上，为人们在物质世界之外建构一个"静观"的世界，使人在利欲关系中有所超越；在人学目的上，可以沟通经验世界和超验世界，把人引向"最高的善"。其用意都是为了使人摆脱物的奴役，保持人格的独立和尊严，完成自身道德人格的构建。审美判断注意事物的表象而不关心它的实体，使得审美可以超越利害关系在情感上与别人沟通，因此虽属于单称的判断，却具有普遍的有效性。审美判断所隐匿的认识与评价的成分，就是真与善的内容。这就使得文学艺术以作家审美情感为中介与社会意识形态获得沟通。就马克思主义哲学来说，王元骧认为，马克思主义在活动论的基础上把认识论与实践论统一起来，使认识既源于实践又回归实践。由于马克思主义界定了文艺在社会结构中的地位和意识形态的实践指向，文艺作为意识形态的载体体现着一定的价值意识，即一定社会和集团成员的理想、信念、利益和要求，可以凝聚与动员一定的社会力量。王元骧发现了审美反映与意识形态都是价值意识的共同点，文艺作为审美反映以审美情感为心理中介与现实生活建立联系，所反映的对象既有实是人生，又有应是人生，审美意识形态就是文学中所体现的某种价值意识，是由作家的审美感知与体验转化而来的审美的意象、诗性的观念，进而把社会的、普遍的价值观念与读者的追求、企盼与梦想相契合。经过这样一番论证，王元骧便"把文学的他律性与文学的自律性有机地统一起来，使我们在坚持文学意识形态的前提下又维护了文学自身相对独立的价值"[①]，从而把文艺的认识论（审美反映）、实践论与意识形态论统一了起来。

---

① 王元骧：《当今文学理论研究中值得认真思考的三个问题》，《论美与人的生存》，浙江大学出版社2010年版，第78页。

三、走向综合创造：学术研究方法论

王元骧在坚持马克思主义基本原理的同时，对马克思主义有自己的独立见解。在他眼中，马克思主义文艺学不应是工具性的、说明性的，"马克思主义所倡导的哲学是反思性的、批判性的。这一观点同样适合于马克思主义文艺学"。"我们今天来研究马克思主义文艺学，探讨马克思主义文艺学在当代的发展，就应该把学理上的探讨与捍卫马克思主义这种反思和批判的精神结合起来，把马克思主义作为认识、反思、评判现状的思想武器，从推进和实现人的自由解放、社会的全面进步这一历史的高度，来研究我们当今的文艺现象，从中发现和提出值得我们去思考和解决的问题。"①这不仅使得他的学术研究常常能针对我国当下的文艺现象与社会思潮发声，具有强烈的本土语境意识与现实关怀，还有着兼容并包的学术胸襟与气度，对自己的理论研究有自觉的反省意识和推进意识，能够博采各家学术之长，不断调整自己的概念陈设，修正自己的理论视角，完善自己的理论体系。王元骧认为，"要使我国的美学和文艺理论有所发展、有所创新、有所建树，应该立足于我国实际，根据现实需要，在有批判地吸取中西优秀理论成果的基础上，走中西融汇的道路"②。他自己是这样说的，也正是这样做的。

作为老一辈文艺理论家，王元骧一贯坚持马克思主义的反映论，认为文学艺术作为一种精神现象不是主观自生的，而是根源于一定的客观现实。即便还有许多幻想、夸张、非现实、超自然的作品与现实生活离得很远，但是透过曲折的形式，分析其思想实质，从根本上说仍然是作家、艺术家头脑对现实的一种反映。但是王元骧对反映论有自己的理解。他认为马克思主义的反映论是能动的反映论，是客体向主体的运动和主体向客体的渗透的双向运动，"这就决定了反映的内容必然包含着这样两个方面，即'是什么'和'应如此'"③。也就是事实意识与价值意识的统一。这

---

① 王元骧：《论马克思主义文艺学在当代的发展和意义》，《论美与人的生存》，浙江大学出版社2010年版，第71—72页。
② 王元骧：《〈梁启超美学思想研究〉序》，《审美超越与艺术精神》，浙江大学出版社2006年版，第313页。
③ 王元骧：《论马克思主义文艺学在当代的发展和意义》，《论美与人的生存》，浙江大学出版社2010年版，第58页。

时候王元骧又引入实践论的视角,他把实践论主要理解为一种人生论,一种对现实的介入。这样理解文学固然比先前的审美反映论推进了一大步,但是对文学具有重要意义的叙事、语言等形式范畴就不好摆放只得被归于实践活动中"技艺"范畴。后来王元骧又走向文艺本体论,认为文学的对象是人和人的生存状态,文学创作对各种人物的态度和评价显示作者对人生意义和价值的理解与倡导,告诉我们人是什么和人应如此。这样王元骧便通过对人的本质、人的生存活动的思考去探寻文学的终极依据,走向认识论、实践论、本体论三者的统一,对文学做宏观的全方位的考察。在微观方面,王元骧又兼顾文学的动态研究与静态研究。就静态的、层次论的观点看,文学的本质可以分为三个相互规定的层次:从普遍性的层面看,文学是一种社会意识形态;从特殊层面看,文学不同于一般意识形态就在于它是审美的;从个别的层面看,文学不同于其他文化样式在于它是以语言为媒介的。而从动态的、活动论的观点看,文学是作家创作、文学作品与读者阅读三者构成的整体。晚近王元骧试图进一步完善他的审美意识形态论,把人学本体论和文艺本体论相融合,认为文艺在反映"应是人生"方面承担着重大的责任。在这里美作为人类永恒的企盼,不断把人引向自我超越,不断完成对人自身的建构,显示了对于人的生存不可缺少的意义。①

  王元骧先生深得马克思主义与德国古典哲学思维之精髓。他考察学术问题时,处处正视研究对象自身的复杂性,学术视野之开阔、历史感之厚重、概念陈设之明晰、逻辑推理之缜密、分析之辩证、综合之全面、学理之深邃令人惊叹。他孜孜以求地追求理论的普适性,擅长从多个不同角度透视同一现象与问题,从而最大限度地保证了理论思考的自洽与圆通,体现了他学术思考的执着、细腻与严整,用他本人的话来说叫"综合创造""守正创新",其学术思考达到了常人难以企及的理论高度。王元骧先生毕生所关注的文学的情感性、审美反映、文学的实践性、意识形态性、形而上学性等都是文学理论的基本问题,甚至都是老问题,但是先生以其创新的勇气与思辨的力度做出了全新的解答,成为新时期文艺理论研

---

① 王元骧:《对"审美意识形态论"的再反思》,《论美与人的生存》,浙江大学出版社2010年版,第234—235页。

究思想解放与学术转型的主要开拓者与推动者之一。这也充分说明，学术研究固然是不断提出新的问题，却也常常是以新的知识图式重新审视已有的问题。学术研究学理的推进和脉络的承传便是在这样的纵横往复中曲折前行。

我们敬重王元骧先生对我国当代文艺理论建设所做出的重大贡献，并不等于说先生的理论研究就无懈可击。在笔者看来，王元骧先生对艺术的实践性、文艺本体论的建构更多地体现在思想层面，如何把对于文学艺术具有重要意义的语言、形式等范畴纳入其中成为有机的构成进而落实到具体文学作品的分析还有待于进一步深入。换言之，王元骧以真善美为中轴构筑的反映论—审美反映论—实践论—本体论理论构架虽然视野渐开渐大，立意渐高渐远，终究还是一个以人的活动为中心的同心圆结构。而如果从语言、符号论的角度看，文艺或许也可以视为一种以语言构造世界和自我指涉的方式。与此相关，王元骧先生在对后现代学术背景下如何推究知识本身的形成条件与构成方式，还原知识的生产情境，对自身的概念进行元陈设与方法论进行元反思方面似乎还有所欠缺。例如，王元骧先生早在20世纪80年代末就提出了文学的意识形态性与非意识形态性，马克思本人也提到过"跳出意识形态"①的可能性，这本来是认识到意识形态概念对文学的适用范围，迈向有限性知识的有益尝试，但他却很快走向对意识形态的大全式思考。王元骧先生的理论研究追求系统、全面、周严、放之四海而皆准，在不断反思前人和自己既往研究成果的基础上适时加以调整与变通，使自己不同时期的学术思考相互接续贯通、趋于圆满，但较少反思自身看问题的观察视点本身，对理论的相对性、地方性、有限性与适用范围不够重视。其实马克思本人在对资产阶级国民经济学的批判中已经表达了对知识形成的历史条件和有限性的认知，由此构成福柯、德里达、布尔迪厄等人思想的重要来源。如何把马克思的相关思想和做法进行现代转换，在新形势下进一步推进马克思主义文艺理论研究，也许正是王元骧先生在给我们树立了一个巨大的学术丰碑的同时，给我们留下的学术难题。

---

① 马克思、恩格斯：《德意志意识形态》，《马克思恩格斯全集》第3卷，人民出版社1960年版，第98页。

文学反映论：缘起、争论与前景

文学反映论源于哲学反映论，主张文学是对社会生活的反映。这是一种曾经在苏联、东欧和中国影响很大的文学观念，通常被认为是马克思主义文艺批评的一种模式。如何评价文学反映论的历史功过，近年来在学界有很大的争议。本文拟对文学反映论的缘起、演变、争论与前景做一番考察。

一、反映论的缘起及其在经典马克思主义文论中的表现

提起反映论，人们常常把它和模仿论联系在一起。其实虽然反映论与模仿论有关联，但主要是近代认识论哲学的产物。古希腊的模仿论在大的方面不同于反映论。在《诗学》中，亚里士多德认为诗是对人的行动、性格和感受的模仿，而模仿是人从孩提时代就具有的本能，但是亚里士多德同时又把文艺的模仿和认知联系起来，认为我们观看逼真的模仿会感到愉快，是因为我们在求知、在推理。在《形而上学》中，亚里士多德批判了其师柏拉图的模仿论，认为模仿可以通过个别表达一般，"对理念进行模仿，是怎么一回事情呢？用不着去模仿另外的东西，相似的事物照样可以存在和生成……模式和模仿品是同一的。这样看来，实体不能离开以它为实体的东西而存在"①。这就在一定程度上赋予了模仿以认识论的色彩，或者说，模仿或多或少具有反映的因素。但是亚里士多德的模仿论从总体上又不能归结为反映论，因为在他那里，模仿主要是一种行为，还带有社会学或人类学因素，如他在《尼各马罗伦理学》中写道："坏人的友爱是坏事

---

① 亚里士多德：《形而上学》，苗力田译，中国人民大学出版社2003年版，第27页。

（因为他们做事情不稳定，又共同地做坏的事情，他们会在相互模仿中变得更坏）。"①

应该说，近代认识论哲学的兴起促成了反映论。笛卡尔的"我思故我在"暗示了理智是心灵之眼，"真正说来，我们只是通过在我们心里的理智功能，而不是通过想象，也不是通过感官来领会客体"②。在洛克那里，人类的知识以经验为基础，没有感觉、经验之前的心理状态是"白板"（tabula rasa），知识揭示的是人和对象的关系，"知识是由于一种特殊的镜式本质而成立的，而镜式本质使人类能够反映自然"③。这种对镜式本质的追求正是文学反映论的哲学基础。在这样的背景下，古老的模仿论慢慢向反映论转化，例如，启蒙运动时期狄德罗的文艺观就具有明显的反映论色彩，"艺术中的美和哲学中的美有着共同的基础。真理是什么？就是我们的判断符合事物的实际。模仿的美是什么？就是形象与实体相符合"④。

马克思的学说与反映论有一种复杂的关系。应当说，马克思认为社会存在决定社会意识，这里面包含了反映论的因素，这一点特别体现在马克思的意识形态理论建构中。以《德意志意识形态》为例，此书提及反映的地方不下二十处，马克思认为社会存在的性质决定社会意识的性质，而社会存在的变化也表现为社会意识的变化，"人们是什么，人们的关系是什么，这种情况反映在意识中就是关于人自身、关于人的生存方式或关于人的最切近的逻辑规定的观念"。"18世纪末德国的状况完全反映在康德的'实践理性批判'中。"马克思还批评青年黑格尔派"这些哲学评论家们的夸夸其谈只不过反映出德国现实的贫乏"。"这种至今仍这样表现出来的德国自由主义，已经是通俗形式的空洞的幻想，是现实的自由主义在思想上的反映。"⑤但是，马克思认为反映不是静态的，而是一个动态的、发展的过程。比如，在谈到近代的享乐哲学时他说："享乐哲学是随同封建主义崩溃以及封建地主贵族变成君主专制时期贪图享乐和挥金如土的宫廷贵族而

---

① 亚里士多德：《尼各马罗伦理学》，廖申白译，商务印书馆2003年版，第288页。
② 笛卡尔：《第一哲学沉思录》，庞景仁译，商务印书馆1986年版，第33页。
③ 罗蒂：《哲学和自然之镜》，李幼蒸译，生活·读书·新知三联书店1987年版，第32页。
④ 狄德罗：《关于〈私生子〉的谈话》，《狄德罗美学论文选》，张冠尧等译，人民文学出版社1984年版，第114页。
⑤ 马克思、恩格斯：《德意志意识形态》，《马克思恩格斯全集》第3卷，人民出版社1960年版，第200、211、16、215页。

产生的。在宫廷贵族那里，享乐哲学还保持着那种反映在回忆录、诗歌、小说等等中的直接的素朴的人生观的形式。只有在革命资产阶级的某些著作家那里，它才成为真正的哲学。这些著作家一方面按他们所受的教育和生活方式来说是同各种宫廷贵族有关系的，另一方面，他们又赞同从资产阶级的较一般的存在条件中产生出来的较一般的资产阶级思想方法。"①马克思又认为社会意识可以反作用于社会存在。更为重要的是，马克思通过实践沟通主客体，包含了对反映论的突破。在《关于费尔巴哈的提纲》中，马克思写道："人的思维是否具有对象的真理性，这并不是一个理论的问题，而是一个实践的问题。人应该在实践中证明自己思维的真理性，即自己思维的现实性和力量，亦即自己思维的此岸性。"②在《〈政治经济学批判〉序言》中，马克思把社会结构分为四个层次：生产力、生产关系、上层建筑和意识形态。"法律的、政治的、宗教的、艺术的或哲学的"形式都被称为"意识形态的形式"③，它们受到特定生产方式的制约。虽然马克思把艺术归为社会意识的一部分，但是当马克思谈论艺术创作时，常常不是运用反映论，而是用生产论，从早期的《1844年经济学—哲学手稿》到晚期的《资本论》《剩余价值理论》基本都是如此，这是尤其需要引起我们注意的地方。

就哲学基本倾向而言，恩格斯其实更明显地表达了反映论思想。在《路德维希·费尔巴哈和德国古典哲学的终结》中，恩格斯把思维与存在的关系问题视为哲学的基本问题，并认为哲学的基本问题还有一个重要方面，即："我们关于我们周围世界的思想对这个世界本身的关系是怎样的？我们的思维能不能认识现实世界？我们能不能在我们关于现实世界的表象和概念中正确地反映现实？"④恩格斯的反映论思想是苏联、东欧反映论思想的重要理论来源。

---

① 马克思、恩格斯：《德意志意识形态》，《马克思恩格斯全集》第3卷，人民出版社1960年版，第489页。
② 马克思：《关于费尔巴哈的提纲》，《马克思恩格斯选集》第1卷，人民出版社1995年版，第54页。
③ 马克思：《〈政治经济学批判〉序言》，《马克思恩格斯选集》第2卷，人民出版社1995年版，第33页。
④ 恩格斯：《路德维希·费尔巴哈和德国古典哲学的终结》，《马克思恩格斯全集》第21卷，第315—316页。

从基本的理论形态上看，马克思主义哲学和文艺批评传统中的反映论是由列宁奠定的。列宁在与马赫主义者论战的著作《唯物主义与经验批判主义》一书中，论证了物质不依赖于意识而存在、意识是物质的反映的反映论。他说："物、世界、环境是不依赖于我们而存在的。我们的感觉、我们的意识只是外部世界的映象；不言而喻，没有被反映者，就不能有反映，但是被反映者是不依赖于反映者而存在的。""物质是标志客观实在的哲学范畴，这种客观实在是人通过感觉感知的，它不依赖于我们的感觉而存在，为我们的感觉所复写、摄影、反映。"①我们看到，这个物质定义，包括此书对反映论的论证忽视了实践在马克思主义学说中的基础地位以及人的意识对客观实在的反作用，带有局限性。列宁不仅从哲学上论证了反映论，并且运用反映论进行文学批评，例如对托尔斯泰的评论。他说："如果我们看到的是一位真正伟大的艺术家，那么他就一定会在自己的作品中至少反映出革命的某些本质方面。"②在这篇文章中，列宁明确地把反映论与现实主义联系起来，认为托氏的创作"一方面，是最清醒的现实主义，撕下了一切假面具；另一方面，鼓吹世界上最卑鄙龌龊的东西之一，即宗教"，"托尔斯泰观点中的矛盾，的确是一面反映农民在我国革命中的历史活动所处的各种矛盾状况的镜子"。③这就使文学反映论、唯物主义认识论、现实主义创作方法挂起钩来，影响到苏联、东欧及中国的文学反映论以及文艺批评模式建构。

毛泽东的文艺思想虽然部分继承了列宁的反映论，但是凸显了文学反映的能动性与创造性。他在《在延安文艺座谈会上的讲话》中认为："作为观念形态的文艺作品，都是一定的社会生活在人类头脑中的反映的产物。"毛泽东强调文艺源于生活，又高于生活，"文艺作品中反映出来的生活却可以而且应该比普通的实际生活更高，更强烈，更有集中性，更典型，更

---

① 列宁：《唯物主义与经验批判主义》，《列宁全集》第18卷，人民出版社1988年版，第65、130页。
② 列宁：《列甫·托尔斯泰是俄国革命的镜子》，《列宁选集》第2卷，人民出版社1972年版，第369页。
③ 列宁：《列甫·托尔斯泰是俄国革命的镜子》，《列宁选集》第2卷，人民出版社1972年版，第370—371页。

理想，因此就更带普遍性"。①所以，毛泽东的文艺思想不能简单地归结为反映论。

二、马克思主义文艺批评传统中的反映论问题

虽然列宁奠定了反映论的基本理论框架，但是文学反映论在苏联的兴起和繁盛还有着更为复杂的原因和曲折的发展过程，其中普列汉诺夫、卢那察尔斯基和俄国革命民主主义者所起的作用也不容小觑。别林斯基、车尔尼雪夫斯基等俄国革命民主主义批评家的再现说，也是文学反映论的一个重要源头。别林斯基说："诗歌是现实的再现。它不虚构现实所没有的东西。"②车尔尼雪夫斯基在《艺术与现实的审美关系》中则提出，"艺术的第一目的是再现现实生活中引人兴趣的一切事物；说明生活、对生活现象下判断"③。由于苏联建国后把俄国革命民主主义者的思想不恰当地抬高为马克思主义之前人类思想的高峰，别林斯基、车尔尼雪夫斯基等人的再现说得到了广泛的传播，成为文学反映论的一个重要组成部分。而普列汉诺夫作为俄国最早的马克思主义者继承了恩格斯的反映论，开始用唯物主义反映论的原理分析文学作品，例如，他在评论易卜生的戏剧时说："文学和艺术是社会生活的镜子……社会意识决定于社会存在。"④在评论俄国古代民谣时他又说："不是意识决定存在，而是存在决定意识的思想。问题在于这种歌词中反映的生活，乃是农民的生活，而不是猎人的生活。"⑤应该说，俄国革命民主主义者的再现说和普列汉诺夫的反映论突出了客体的优先性和主体对客体的摹写，还带有明显的机械唯物论的色彩。其后，作为苏联文艺界的早期领导者，卢那察尔斯基也大力倡导反映论，"艺术反映

---

① 毛泽东：《在延安文艺座谈会上的讲话》，见《毛泽东选集》第3卷，人民出版社1991年版，第860、861页。
② 别林斯基：《在书店里偷听到的文学谈话》，《别林斯基选集》第3卷，满涛译，上海译文出版社2005年版，第456页。
③ 车尔尼雪夫斯基：《艺术与现实的审美关系》，周扬译，人民文学出版社2009年版，第98页。
④ 普列汉诺夫：《亨利克·易卜生》，《普列汉诺夫美学论文选》Ⅱ，曹葆华译，人民出版社1983年版，第531页。
⑤ 普列汉诺夫：《俄国社会思想史》第1卷，孙静工译，商务印书馆1996年版，第46页。

生活，组织这种反映，在生活的现实中和生活的期望中把生活理想化，或者直接修饰日常生活，从而组织日常生活"①。当然，作为一个有着深厚艺术修养的批评家，卢那察尔斯基并没有把马克思主义文学批评完全等同于现实主义或者反映论批评。一方面，他把马克思主义批评归结为社会学批评，"马克思主义既从其中或多或少现实主义地反映一定的生活情况的观点，也从其中所反映和说明作者个人及他所代表的阶级，以及他主要为之写作的那个阶级通过作者个人所反映和说明的那些倾向、那些情绪、那些理想的观点，来看待和分析艺术作品"。另一方面，他也留意到艺术自身的规律，"他对文学感兴趣的，可以不是其中反映着生活的完全独特的镜子，而是独立的社会现象，就是自问：在艺术中对语言的需要是怎样产生的，这种语言艺术是怎样反映的、怎样发展的，它如何作用于社会，就是说在社会中起着什么作用？"②也就是说，文学既有对现实的反映问题，也有艺术表现的特殊性问题。这说明，当时的文学反映论还处于学术探讨阶段，还没有完全被教条化。

20世纪30年代初，随着斯大林主义在苏联占据统治地位，苏联的哲学教科书把列宁在《唯物主义与经验批判主义》一书中所阐发的反映论简单化、绝对化，如初版于1939年的《简明哲学词典》将反映论定义为"唯物主义的认识论。根据反映论，人的感觉、概念和全部科学认识都是客观存在着的现实的反映"。并认为这是"唯一科学的认识论"③。与此同时，苏联文艺界大力推崇现实主义，并把现实主义与反映论联系在一起，如杰尼索娃在为苏联百科全书撰写的"现实主义"条目中，认为现实主义的发展过程是与"力求通过艺术形象来真实地反映生活、反对各种各样的歪曲和虚伪性的斗争相联系的"。"无论是客观内容或多种多样的生活形式，现实主义都是力求真实地去反映的。"④这种文学反映论把文学归结为单纯的认识活动，带有很大的片面性。1934年在苏联作家协会第一次全国代表大会

---

① 卢那察尔斯基：《关于艺术的对话》，《关于艺术的对话》，吴谷鹰译，生活·读书·新知三联书店1991年版，第39页。
② 卢那察尔斯基：《马克思主义和文学》，《关于艺术的对话》，吴谷鹰译，生活·读书·新知三联书店1991年版，第82页。
③ 罗森塔尔、尤金编：《简明哲学词典》，生活·读书·新知三联书店1973年版，第39页。
④ 杰尼索娃：《现实主义》，《古典文艺理论译丛》第2期，于海洋译，人民文学出版社1957年版，第209—210页。

上，社会主义现实主义被规定为苏联作家的创作原则。社会主义现实主义淡化了文学的写实性诉求，强化了从思想上改造与教育劳动人民这一社会政治功能，如同高尔基所说："社会主义现实主义，只有反映劳动实践所产生的各种社会主义创造的事实时，才会在文学中出现。"① 表现在文学理论教材编写中，社会政治、意识形态被置于反映论之前，例如苏联1948年出版的权威文学理论教科书——季摩菲耶夫的《文学原理》写道："在阶级社会中，作家对生活的了解和概念主要地为阶级斗争的条件所决定，他就是在那个斗争中收集和发展他的创作材料，在作品中将表现出他的阶级文化和阶级观点，他的作品就是他的阶级思维的表现方式。""文学和任何别的意识形态一样，积极地反映生活，帮助人在生活中去行动。"② 而形象只不过是艺术反映生活的特殊形式。这样一来，文学反映论与文艺为社会政治服务的工具论合流，不仅创作上出现了不少粉饰现实的作品，更是给苏联乃至东欧、中国的文学理论研究和文学批评造成了损害。

斯大林去世之后，苏联、东欧学术界逐步意识到先前反映论的弊端，对文学反映论做了不少改进。例如，苏联文艺理论家列昂捷夫把马克思《1844年经济学—哲学手稿》《德意志意识形态》等著作中阐发的"活动论"引入反映论中，又借鉴了现代心理学，考察将个体的心理与社会意识及其形式两者联系在一起发生的转化，认为人体内部的心理活动与外部的实践活动拥有共同的结构，"内部心理活动起源于实践活动，实践活动是由以劳动为基础的人类社会的形成而历史地形成的……对现实的心理反映形式本身同时发生着变化：产生着意识——即主体对现实、对自己的活动，对自己本身的反省"③。由此建构了"主体—活动—对象"的循环运动过程，使反映、意识、个性等概念获得了新的解释。晚期的卢卡契提出了一种辩证的文学反映模式，认为日常生活、科学和艺术都包含了反映，而模仿是把现实中对一种现象的反映移植到自身的活动中去，"当反映超出了单纯知觉的直接性时，比单纯被动地感受外部世界时，更能形成现象与

---

① 高尔基：《和青年作家谈话》，高尔基《论文学》，孟昌等译，人民文学出版社1978年版，第339页。
② 季摩菲耶夫：《文学原理》第一部《文学概论》，查良铮译，平明出版社1953年版，第14—15页。
③ 列昂捷夫：《活动 意识 个性》，徐世京、杨德庄译，上海译文出版社1980年版，第64页。

本质（当然还有其他的辩证矛盾）的辩证法，更接近于它的客观真实的联系"①。捷克文艺理论家诺拉·克劳索瓦认为："文学反映是过去的认识反映的反映，因此它是元反映……这个元反映的领域是多层次的范式领域，它涉及作者的选择行为，他个人的心理和生理特征，历史、社会和阶级思想，社会和意识形态的主题，巴赫金式的互文本性（作为陌生声音的交界处，即过去和现代文本的复制和整合），具体体裁的编码，作者个人体裁的诗性，他个人的风格与写作过程等。"②可见，苏联、东欧的反映论能够与时俱进，吸收借鉴了心理学、符号学等现代科学的成果。

但令人遗憾的是，苏联、东欧学者后来对反映论的改进基本上没有进入同一时期中国学者的学术视野，恰恰是苏联斯大林主义盛行时期与工具论相联系的文学反映论深深地影响到新中国成立头三十年的文学理论，不仅以群主编的《文学的基本原理》把文学是一种社会意识形态置于文学用形象反映社会生活之前，蔡仪主编的《文学概论》也认为"如果没有正确的思想立场、进步的世界观，就不可能提炼出事实中的本质，不可能反映生活的真实"③。上述做法把文学活动归结为带有社会政治意识形态性的认识活动，对我国50—70年代的文艺理论和文学批评产生了比较大的消极影响。

三、关于文学反映论的争论及前景

我国学界对反映论的反思早在20世纪80年代就开始了。林兴宅、周忠厚、王若水等学者认为，反映论不能概括文艺的本质。在林兴宅看来，反映论以存在与意识的关系这一唯物主义哲学为基础，而"艺术作为精神价值，远离物质生产领域，更应该首先摆脱现实功利原则的束缚，而进入'艺术自身即是目的'的时代"④。周忠厚认为，文艺是反映社会生活与表现

---

① 卢卡契：《审美特性》第一卷，徐恒醇译，中国社会科学出版社1986年版，第314页。
② 诺拉·克劳索瓦：《符号系统理论与文学反映的过程》，陆优然译，《符号与传媒》2018年第1期，第18—19页。
③ 蔡仪主编：《文学概论》，人民文学出版社1979年版，第17页。
④ 林兴宅：《关于文艺未来学的思考》，《文史哲》1985年第6期。

艺术家心灵的统一，反映与表现相互渗透，相辅相成。①王若水更是直接批评长期以来作为文艺学哲学基础的列宁的反映论"强调现实的客体性，把反映理解为摹写、摄影。这种观点的基础是主体和客体的僵固对立"，因而是一种"机械的直观反映论"。②如果说林兴宅、周忠厚的说法还是着眼于文学研究方法论的转换的话，王若水的说法则关系到对列宁反映论的评价本身，当时就引起了很大争议。近年来更有学者认为："反映论三个字的历史分量太重，不仅重在它整整三十年成了中国文论唯一合法的方法论，而且还重在它表征苏联模式对中国人学术'殖民'达整整三十年。这是有损中国学术的独立尊严的国耻。"③这个说法涉及对反映论的内涵、历史演变及其对中国文论影响的判断，也引起了广泛的争论。

但是还有一部分学者认为，反映生活的确是文艺的特征之一，对文学反映论不可一概否定，但是这个说法又不足以概括文艺的所有特征，因而需要完善。我国学者童庆炳、王元骧等人在新时期提出了文学的"审美反映"问题。童庆炳认为，"文学反映的生活是人的整体的生活"，"文学反映的生活是人的美的生活"，"文学反映的生活是个性化的生活"。④即文学反映生活的根本特征是审美。王元骧说，我们过去在坚持反映论的时候，没有分清机械反映论和能动反映论的区别，只强调反映而忽视创造，强调再现而忽视表现，强调创作过程中现实的客观制约性而忽视了作家的主观能动性，使想象、情感、个性、风格等没有得到应有的重视。⑤王元骧更进一步认为，"反映"的内涵比"认识"的内涵大得多，文学反映"与其他反映活动的最根本的区别就在于它是审美的。其特点就在于它是以主体的审美感知和体验（审美快感和审美反感）的形式，通过对现实世界中审美对象（包括美的正、负价值，即'美'和'丑'）的审美评价活动而做出反应的。所以，在性质上属于情感的反映方式而不属于认识的反映方式"⑥通过彰显文学反映的审美性或情感性，童庆炳、王元骧共同把文学反映论作了改进。

---

① 周忠厚：《不能只用反映论解释艺术的本质》，《文艺理论与批评》1988年第4期。
② 王若水：《现实主义和反映论问题》，《文艺理论研究》1988年第5期。
③ 夏中义、张蕴艳：《从反映论到思维乌托邦》，《南方文坛》2016年第6期。
④ 童庆炳：《关于文学特征问题的思考》，《北京师范大学学报》1981年第6期。
⑤ 王元骧：《反映论原理与文学本质问题》，《文艺理论与批评》1988年第1期。
⑥ 王元骧：《文学原理》，广西师范大学出版社2002年版，第23页。

这就涉及如何重新评价文学反映论及其在马克思主义经典作家包括列宁著作中的地位进而重新审视马克思主义文艺批评的传统问题。尽管马克思主义经典作家包括马克思的著作中或多或少都存在着反映论的因素，但是却不能由此笼统地把马克思主义哲学归结为反映论，尤其是马克思本人的哲学与美学思想，既存在着反映论的元素，也包含了实践论、生产论、交往论、活动论、感性论等突破反映论的尝试，蕴含了多种可以被延伸和拓展的潜能，在后来的马克思主义美学及文艺理论中也的确生长出多种理论形态。这就要求我们历史地、辩证地看待反映论在马克思主义文艺批评建设中的地位。首先，文学反映论把文学视为一种对现实的反映，有一定的合理性。从哲学与文学批评的实践看，反映论算得上是马克思主义唯物论的一部分，也已经成为马克思主义文艺批评模式的一部分。文学世界的创造免不了要参照现实世界，反映论可以在一定程度上对文学活动进行解释，特别是针对那些带有写实性的作品。例如，孙犁的《白洋淀纪事》描写了白洋淀地区人民的生活和斗争，康濯在该书的编后记里说，"书名《白洋淀纪事》，是因为作者的家乡就在河北平原上的白洋淀附近，作者在那一带（当时是晋察冀边区的冀中区）参加斗争的时间比较长，书中反映那一带人民生活的作品也比较多"①。这说明文学反映论对写实性文学有一定的阐释力。毋庸讳言，对于象征性、表现性写作等以及文学的语言、形式分析等，仅仅运用反映论进行批评就不够了，还需要综合运用其他批评模式。但是进一步考察我们发现，与其说苏联式反映论批评模式的问题是张扬了反映的机械性、直观性，不如说它凸显了反映的社会政治性、意识形态性，导致了文艺的工具论。其次，我们需要对马克思主义哲学反映论的内涵及其地位做进一步的探讨。可以肯定的是，苏联（以及中国一些学者）把列宁论战性的著作《唯物主义与经验批判主义》中所阐发的反映论当作列宁反映论（甚至马克思主义反映论）的全体和文学反映论的理论基础，导致了比较大的理论偏差和负面影响。实际上，列宁的反映论不能等同于机械的反映论。列宁早已经注意到反映中有创造的因素，认识是反映与创造的统一。完整、全面地理解和把握列宁的反映论，需要结合列宁著作的全体和列宁关于反映论论述的全体加以分析。列宁在《哲学笔记》中

---

① 康濯：《编后说明》，孙犁《白洋淀纪事》，中国青年出版社2010年版，第491页。

写道："认识是思维对客体的永远的、无止境的接近。自然界在人的思想中的反映，要理解为不是'僵死的'，不是'抽象的'，不是没有运动的，不是没有矛盾的，而是处在运动的永恒过程中，处在矛盾的发生和解决的永恒过程中。""人的意识不仅反映客观世界，并且创造客观世界。"①列宁的反映论如何被简单化、教条化并运用于马克思主义文艺批评中去是一个需要深入探讨的问题，不能完全算到列宁本人头上。

当然，从哲学思维上看，文学反映论把文艺问题主要归结为认识论问题，忽视了文学的创造、交往、生存等诸多维度，的确存在很多问题。伊格尔顿指出，社会意识的形成不完全依赖于反映被反映的镜像关系，"思想同时既是认知性的，又是创造性的……这也正是意识的任何简单的'反映'模式不能真正起作用的原因"②。威廉斯认为，反映论把文艺视为对现实的反映，忽视了经济基础与上层建筑之间一系列复杂的中介，"这种理论实际上完全遮蔽了对于物质材料（就最终意义而言，是对于物质的社会过程）的实际运作——而这正是对艺术品的制作。由于把这种物质过程外化和异化为'反映'，艺术活动（对于艺术品而言，它既是'物质性'的，又是'想象性'的）的社会特性和物质特性就被遮蔽起来了"③。或许语言和表意活动可以被看作物质的社会过程本身的组成部分而被包含在生产与再生产之中，这就使得把艺术活动与物质实践活动关联起来成为可能，一些西方马克思主义文论家如本雅明、马歇雷、伊格尔顿等人也由此开掘和发展了马克思主义文艺理论中的生产论维度。

中国学界在20世纪80年代中期之后重新阐释马克思主义文艺思想，发掘出马克思主义文艺批评的生产论维度。李心峰以马克思艺术生产理论为依据，从"生产性""精神生产""艺术这种特殊生产"这三个层面概括艺术的本质属性。④朱立元指出，马克思所说的艺术掌握世界的方式的特殊之处在于，"它是一种实践性的精神活动，是一种虚构的意象世界的审美创造而不仅仅是一种认识（当然它包括认识在内），或者说主要不是认

---

① 列宁：《哲学笔记》，《列宁全集》第55卷，人民出版社1990年版，第165页、第182页。
② 伊格尔顿：《西方马克思主义中的意识形态及其兴衰》，齐泽克编：《图绘意识形态》，方杰等译，南京大学出版社2002年版，第235页。
③ 威廉斯：《马克思主义与文学》，王尔勃等译，河南大学出版社2008年版，第105—106页。
④ 李心峰：《再论从马克思艺术生产理论看艺术的本质》，《文艺争鸣》1991年第6期。

识。用'艺术生产'来概括艺术的特质比之于用'艺术认识'或'反映'来概括要远为准确、贴切"①。不难看出，这个重新阐释的过程也是对文学反映论不断质疑与挑战的过程。

在反映论及文学反映论遭受重重危机的情况下，如何看待文学反映论的未来就成了一个学界回避不了的重大问题。我们认为，虽然文学反映论有明显的局限性，但是并没有完全过时，如果能在理论陈设上进行适当的调整或者与其他批评模式融合使用，反映论还会有自己的生命力。在此，我们可以设想一下未来文学反映论的可能前景。其一，把生产论与反映论相关联。朱立元在20世纪90年代曾经主张以生产论包容反映论，"艺术生产论与艺术反映论在根本上并不矛盾，但在范围上艺术生产论大于艺术反映论；在性质上艺术生产论更切近于艺术的特殊本质和艺术活动的特殊规律"，但同时生产论"主张艺术生产是一种隐含有认识反映因素的审美生产，是一种渗透着认识性的精神创造活动"，因而艺术生产论大于并包含着艺术反映论于自身。②这可能是反映论的一个发展趋向。其二，深化与拓展反映论的机理研究，把反映论与创造论或者生成论相结合。怎样突破反映论现有的主客二分的哲学思维框架，引入其他理论模式对之进行改造与转化，使之重新焕发活力与生机，还可以做许多工作。例如拉康的镜像阶段理论、阿尔都塞的意识形态理论，就是既借鉴了反映论，又超越了反映论的成功例证。对反映论的批评，忽视了反映不只是一个单纯的理智性的认识活动，也包含了情感、意志、无意识等因素。事实上，马克思关于社会意识的思考包含了对意识生成历史条件的认知，而列宁的反映论中其实也包含了创造论的因素，伊格尔顿也认为反映包含了创造，而德勒兹等人则质疑模仿或反映假定了一个源头或存在为基点，进而倡导内在性的生成。反映论如果能与创造论甚至生成论相嫁接，无疑会有值得期许的前景。

---

① 朱立元:《历史与美学之谜的求解》，学林出版社1992年版，第325页。
② 朱立元:《艺术生产论与艺术反映论关系之辨析》，《学术月刊》1992年第8期。

（原载《文艺理论与批评》2014年第2期）

走出"苏联体系"
——中国马克思主义美学建构的形态与路径

从新中国成立之初到20世纪80年代中期，苏联美学是对我国美学研究影响最大的理论形态。钱中文认为，我国当代文学理论研究存在着一个苏联体系的作用，主要是经济决定论、文艺反映论、文艺与政治的关系并为政治服务等，但是伴随着改革开放而来的思想解放和我国学者学术研究自主性的增强，到了20世纪八九十年代，我国文学理论建设已经突破了这种体系。①事实上，我国马克思主义美学研究也存在着一个类似的"苏联体系"的作用，并且由于文学理论与美学两个学科的亲缘性，钱先生所归纳的苏联体系的特点多少也体现在美学研究中。必须承认，苏联建国后以马克思主义继承者自居，大力推进马克思主义研究，尤其是苏联建国之初和斯大林刚去世之后那两个阶段意识形态相对松动，在人文社会科学一些领域如心理学、文学理论包括美学研究中也出现了一些鲜活、深刻甚至独创的理论建树。因此苏联体系并不是铁板一块、一无是处，对中国美学的影响也是利弊共存，不可执一而论。但是就美学研究总体状貌而言，苏联体系的显著特点是认识论与反映论的思维模式，脱胎于俄苏及西方近代美学的范畴系统，以及以艺术为主要研究对象的理论框架，带有比较大的局限性。审视与苏联美学关系的演变，我国当代马克思主义美学建设，经历了从吸收借鉴为主、局部突破为辅，到对相关范畴命题进行嫁接整合，再到摆脱苏联体系进行本土化理论创新的过程，体现了中国马克思主义美学建构的自主化诉求及其路径选择，积累了不少有益的经验。本文拟对此做一个简要分析。

---

① 钱中文：《文学理论反思与"苏联体系"问题》，《文学评论》2005年第1期。

一、模式转换：从认识论到实践论

苏联美学认识论和反映论的思维模式其来有自。列宁和恩格斯一样，认为哲学的基本问题是思维与存在的关系问题，1909年，在与马赫主义者论战的著作《唯物主义与经验批判主义》一书中又论证了物质不依赖于意识而存在，意识是物质的反映的反映论。苏联的哲学教科书进一步把反映论系统化、绝对化，将之定义为"唯物主义的认识论。根据反映论，人的感觉、概念和全部科学认识都是客观存在着的现实的反映。"认为这是"唯一科学的认识论"，并且把马克思主义归结为哲学唯物主义，把外在自然视为马克思主义自然观的核心，"马克思主义的哲学唯物主义的基本特征是：(1)承认世界的物质性，承认世界是按照物质的运动规律而发展的；(2)承认物质的第一性和意识的第二性；(3)承认物质世界及其规律的可知性，承认科学知识的客观真理性"①。这种哲学思维模式对美学研究影响很大。在20世纪30年代之后，苏联美学形成了以唯物主义认识论与反映论为出发点的美学研究模式，艺术与现实的关系成为美学的基本问题。此外，艺术成为美学的主要研究对象——20世纪50年代之前，苏联高等教育教学大纲中美学被定义为关于艺术的一般规律和美的本质的科学。②因而我们看到，苏联曾经流行的美学教科书——苏联科学院哲学研究所、艺术史研究所编的美学教材《马克思列宁主义美学原理》开宗明义就提出："美学这个科学部门所研究的是人对现实的审美关系的一般发展规律、特别是作为特殊的社会意识形态的艺术的一般发展规律。""辩证唯物主义认识论是美学的基础。众所周知，哲学的基本问题是思维和存在的关系问题。……马克思列宁主义美学是依据列宁的反映论来揭示审美意识的实质的。"③20世纪50年代初，苏联专家斯卡尔斯卡娅在中国人民大学讲授《马克思列宁主义美学》课程，就指认："美学发展史是现实主义派别同反现实主义派别斗争的历史，是唯物主义同唯心主义在美学中斗争的历史。""马

---

① 罗森塔尔、尤金：《简明哲学辞典》，中央编译局译，生活·读书·新知三联书店1978年版，第414、39页。
② 参见凌继尧：《苏联当代美学》，黑龙江人民出版社1986年版，第75页。
③ 苏联科学院哲学研究所、艺术史研究所编：《马克思列宁主义美学原理》上册，陆梅林等译，生活·读书·新知三联书店1962年版，第2—3页。

克思列宁主义美学按照辩证唯物主义和历史唯物主义的规律确定：第一，艺术是一种产生于存在的特殊的社会意识形态，是一种思想活动。第二，艺术按照社会运动的一般规律发展。第三，艺术是认识和反映客观现实的一种特殊方法。第四，艺术具有巨大的社会改造意义。它在阶级斗争和社会发展中起着积极的作用。"① 上述说法把美学问题归结为认识论和反映论问题，并把艺术作为美学的主要研究对象，以现实主义、艺术的人民性、阶级性、党性、喜剧、讽刺等为基本范畴。

这种认识论与反映论的思维模式也影响到我国马克思主义美学研究。20世纪40年代，蔡仪初次尝试在中国建构马克思主义美学体系时，便认为美是事物的客观性质，可以为人的意识所反映，"我们认为美是客观的，不是主观的；美的事物之所以美，是在于这事物本身，不在于我们的意识作用。但是客观的美可以为我们的意识所反映，是可以引起我们的美感。而正确的美感的根源正是在于客观事物的美"②。在艺术美与现实美的关系上也是如此，"艺术是根据现实而创造的……艺术就是现实的美的认识的表现"③。这些说法实际是把哲学唯物主义及其反映论推演到美学研究中，与苏联的做法很相似。蔡仪早年在日本留学时接触到不少日本马克思主义著作，而20世纪二三十年代的日本马克思主义研究主要受苏联马克思主义研究的影响。我们可以合理地推测，蔡仪是通过阅读日本学者的马克思主义研究著作间接受到了苏联哲学与美学的影响。根据杜书瀛的说法，"蔡仪美学的基石是马克思主义唯物论，但这是表现于马恩后期著作，特别是由恩格斯和列宁所阐发的理论思想（如恩格斯的《反杜林论》《自然辩证法》及列宁的《唯物主义与经验批判主义》等），而不是早期著作"④。不难看出，杜书瀛在这里所概述的蔡仪美学思想的主要文本来源和思维特征也正是苏式马克思主义及其美学的主要文本来源和思维特征。蔡仪早于苏联的客观派建构出中国最早的马克思主义美学体系，即中国的客观派美学，这一点值得高度肯定。但是我们同时不得不指出，蔡仪美学的思维模式与

---

① 斯卡尔斯卡娅：《马克思列宁主义美学》，潘文学等译，中国人民大学出版社1958年版，第244、247页。
② 蔡仪：《新美学》，蔡仪：《美学论著初编》上，上海文艺出版社1982年版，第237页。
③ 蔡仪：《新美学》，蔡仪：《美学论著初编》上，上海文艺出版社1982年版，第354—355页。
④ 杜书瀛、李世涛：《蔡仪先生的美学与人生态度》，《马克思主义美学研究》2015年第2期。

理论构架仍然处于苏联体系的笼罩之下。

到了20世纪50年代中期至60年代初,以马克思的《1844年经济学—哲学手稿》中文版的出版与和第一次美学大讨论为契机,情况发生了一些变化。苏联美学及其思维模式的影响犹在,但是在逐步缩小,中国学者学术研究的自主性在增加。这首先表现在我国美学界对认识论与反映论思维模式的弊端有所省察和反思。朱光潜指出,"把文艺看作一种生产,这是马克思主义关于文艺的一个重要原则,而恰恰是这个重要原则遭到了企图从马克思主义观点去讨论美学的人们的忽视。从生产观点去看文艺和单从反映论去看文艺,究竟有什么不同呢?单从反映论去看文艺,文艺只是一种认识过程,而从生产观点去看文艺,文艺同时又是一种实践的过程"①。更为重要的是,我国学者重新审视马克思主义美学理论的出发点,开始从实践的观点建构马克思主义美学的尝试。朱光潜借鉴马克思的《手稿》,认为美的本质就是马克思《手稿》里所说的人的本质力量的对象化,用实践解释美与美感的社会生成,"无论是劳动创造,还是艺术创造,基本原则都只有一个:'自然的人化'或'人的本质力量的对象化'。……从马克思主义的实践观点看,'美感'起于劳动生产中的喜悦,起于人从自己的产品中看出自己的本质力量的那种喜悦"②。从而形成他的主客统一说的美学观。而李泽厚一方面受到同一时期苏联的社会学派美学家如万斯洛夫的启发,万斯洛夫把美视为客观性与社会性的统一,"美虽然也是客观存在的,即存在于人的意识之外的,但美只对于人才存在,因为感受、理解和评价美的能力,是只有人才有的能力,这种能力是在人们的社会历史实践中发生和发展的"③。李泽厚也论证了美感的个人心理的主观直觉性和社会心理的功利性的矛盾统一的二重性,但是另一方面,李泽厚又凸显了实践在美的生成中的主导作用而提出了他的实践美学观,认为人类"能够依照客观世界本身的规律来改造客观世界以满足主观的需要,这个改造了的客观世界的存在形式便是美,是'按照美的规律来造形'"④。

---

① 朱光潜:《论美是客观与主观的统一》,《哲学研究》1957年第4期。
② 朱光潜:《生产劳动与人对世界的艺术掌握——马克思主义美学的实践观点》,《新建设》1960年4月号。
③ 万斯洛夫:《客观上存在着美吗?》,《美学与文艺问题论文集》,学习杂志社1957年版,第4页。
④ 李泽厚:《美学三题议》,《哲学研究》1962年第2期。

同样的努力也体现在美学教材的编写中。20世纪60年代初王朝闻主持编写的我国第一部美学教材《美学概论》就以马克思的实践观统摄全书，认为"美是人们创造生活、改造生活的能动活动及其在现实中的实现或对象化"①。编写者之一刘纲纪后来在回忆他本人参编此书的经过时说，虽然当时苏联权威的美学教材《马克思列宁主义美学原理》已经翻译过来作为中国同仁的参考，但是编写组成员"对这本书的评价都很低……回顾《美学概论》的编写，我直到现在仍然感到欣慰与自豪的是，我们既没有盲目崇拜苏联，也没有盲目崇拜西方"②。如果我们把苏联和中国这两部美学教材加以对照，《美学概论》以实践论的美的本质观统揽全书，以美的形态、审美意识为核心内容，的确有自己的特点。

当然，在这个时期，中国马克思主义美学在整体上仍然没有挣脱苏联美学思维模式和基本框架的制约，因为无论是李泽厚的实践美学，还是朱光潜所理解的马克思主义实践观，仍然建立在主客二分的基础之上，重视的是实践的物质维度，忽视了马克思实践观中的交往维度和精神生产维度，表现在美学讨论中认识论和反映论的思维模式仍然占据主导地位，用唯物唯心这类哲学范畴来解释审美现象，而且把艺术视为美学研究的主要对象。但是实践的引入毕竟把美的研究由静态引向生成，包含了突破认识论的潜能，是在苏联模式之外重构马克思主义美学的初步尝试。

二、范畴嫁接：积淀说与文学审美特征论

改革开放后西方学术学思潮大量涌入，思想十分活跃，我国马克思主义美学研究出现了多样化的尝试，取得了令人瞩目的成就。中国学界与苏联体系的关系也出现了微妙的变化：由对"老大哥"的某种程度的仰视变成了平等的对话关系。本时期我国学者对苏联体系的借鉴更多地建立于自己对马克思主义的理解，已经摆脱了苏联体系的思维模式和理论框架，并且不限于狭义的美学研究范围，而注意在苏联马克思主义研究的整体视野

---

① 王朝闻主编：《美学概论》，人民出版社1981年版，第29页。
② 刘纲纪：《中国马克思主义美学的建设者与开拓者——王朝闻美学研究的当代意义》，《文艺研究》2005年第3期。

中汲取其中有活力的成分，并在所借鉴的西方学术格局中加以转化。其标志是超越苏联美学的范畴系统，进行多学科知识嫁接，引入新的范畴与命题加以勾连整合，有的甚至被提升为理论基点或理论体系，从而构建了新的美学范畴和知识系统。这里，我们以李泽厚和童庆炳为例证加以分析。

李泽厚的积淀说萌发于20世纪五六十年代，成熟于新时期，被公认为中国马克思主义美学所取得的重大成果。在追溯积淀说的理论来源时，人们通常会注意到它与皮亚杰发生认识论或者荣格原型理论的联系，它与苏联美学的关系往往为人们所忽视，其中最应该引起我们重视的是与苏联早期心理学家、美学家维果茨基的内化说的关系。维果茨基用马克思主义哲学改造心理学，在其名著《思维与语言》(1934)中强调社会文化历史条件对人的心理、意识发展的制约性，提出"内化"说来解释物质性对象的外部形式的过程如何转化为智慧方面、意识方面进行的过程，认为"言语思维并不是天生的、自然的行为形式，而是由历史文化的过程所决定的"，"言语先有心理上的内化（interiorized），再有生理上的内化"。① 维果茨基内化说的基本主张是人的内部心理活动来源于外部活动。他认为人以工具进行活动塑造了人的心理结构，"工具中介着不仅使人与物体世界，而且也使一个人与其他人们联系起来的活动。因此，人的活动汲取着人类的经验。由此也得出这一结论：人的心理过程（人的'高级心理机能'）获得了一种结构，这种结构以社会—历史地形成的方式和方法作为自己的必要环节，而这些方式和方法是在跟周围的人们进行协作和交往的过程中传递给他的"②。我们知道，李泽厚提出的"积淀说"也是着眼于人类制造和使用工具的活动如何凝聚为一种文化心理结构，"研究理性的东西是怎样表现在感性中，社会的东西怎样表现在个体中，历史的东西怎样表现在心理中。后来我造了'积淀'这个词，就是指社会的、理性的、历史的东西累积沉淀成了一种个体的、感性的、直观的东西"③。虽然积淀说与内化说的着眼点并不相同：前者看重的是美感心理塑造，后者探讨的是作为外部交

---

① 列夫·维果茨基：《思维与语言》，李维译，北京大学出版社2010年版，第62、56页。
② 参见列昂捷夫：《活动 意识 个性》，徐世京、杨德庄译，上海译文出版社1980年版，第63页。
③ 李泽厚：《美学四讲》，生活·读书·新知三联书店1989年版，第105页。

往的社会形式的高级心理功能如何成为心理过程，并且二者在历史上的真实关联度目前还无法确证，但是单就论证逻辑来说，积淀说和内化说的相似性是显而易见的。如果我们考虑到内化说也是在与皮亚杰发生认识论的对话中形成和发展起来的，无疑会加深这一印象。但是李泽厚把来自皮亚杰、荣格、维果茨基的理论成果融合在马克思实践观的言说框架中却独树一帜，自成一说。

童庆炳中前期的主要学说如文学活动论、文学审美特征论、审美意识形态论——这三者共同构成了童庆炳对文学审美特性的理论思考——也包含了对苏联相关理论的借用与改造。就活动论而言，苏联心理学家列昂捷夫的《活动 意识 个性》(1975)把马克思在《关于费尔巴哈的提纲》《德意志意识形态》等中提出的"人的活动"的活动论运用到心理学研究中去，考察将个体的心理与社会意识及其形式两者联系在一起发生的转化，以"活动"作为心理的中心概念，建构了主体–活动–对象的循环运动过程，使反映、意识、个性等概念获得了新的解释。他说，"意识的产生有赖于在劳动当中把动作区分出来，对动作的认识方面成果被从人的活动的活生生的整体中抽象出来，并以语言意义的形式被观念化。"列昂捷夫进一步认为，人体内部的心理活动与外部的实践活动有共同的结构，"内部心理活动起源于实践活动，实践活动是由于以劳动为基础的人类社会的形成而历史地形成的……对现实的心理反映形式本身同时发生着变化：产生着意识——即主体对现实，对自己的活动，对自己本身的反省"[①]。应当说，列昂捷夫把"活动"推及心理活动整体的做法具有创造性。童庆炳在其主编的《文学理论教程》中同样从马克思关于人的活动的论述出发提出"文学活动"的"活动论"，认为人类生活活动具有美学意义：生活活动特性导致人与对象的诗意情感关系，生活活动特性导致人的自觉能动的文学创造，生活活动特性使文学成为人的本质力量的确认。[②]然而仔细推究起来，尽管列昂捷夫和童庆炳都以马克思的相关论述为理论依据倡导活动论，但是列昂捷夫的活动论偏重于心理学领域，并且带有明显的反映论色彩，童庆炳的活动论则是融合了生存论等西学话语对文学活动所做的整体观照，

---

① 列昂捷夫：《活动 意识 个性》，徐世京、杨德庄译，上海译文出版社1980年版，第102、64页。
② 参见童庆炳主编：《文学理论教程》，高等教育出版社1998年版，第36—38页。

因而也是一个重要的理论创新。

而童庆炳关于文学审美特征论和审美意识形态论的研究包含了对苏联审美学派代表人物布罗夫思想的借鉴。就文学审美特征来说，布罗夫关注过艺术对象和内容的特征问题，认为艺术不同于科学在于反映的"对象始终是统一的整体。艺术是通过对各方面生活现象的综合来把握生活现象的"，而科学则是分析、解剖现象，其次各种生活现象对于艺术家来说意义并不是相等的，人、人的生活是艺术最主要的对象，"作品的内容也应该是'人的'，应该揭示社会的人的完整的生活联系和关系。"在这个整体中保留了人的全部丰富多彩的生活，特别是人的心灵，"艺术作品的内容有两个方面，即客观方面（对象）和主观方面（艺术家对对象的说明和评价）"[①]。布罗夫不赞同涅陀希文"整个世界是艺术的对象"的说法，认为"艺术的特殊对象不是描写的客体，而是认识的对象。……艺术所揭示出来的、构成艺术的思想内容的一切本质，乃是人的本质，即首先是社会的本质"[②]。布罗夫认为外界自然只有与人相联系才有意义。这自然有一定的道理，但是他仍然比较看重艺术的认识性，有明显的局限性。童庆炳在谈到文学的具体对象与内容时认为，"文学反映的生活是人的整体的生活。……其次，文学反映的生活是人的美的生活。……再次，文学反映的生活是个性化的生活"[③]。比之布罗夫，童庆炳的论述更为看重人的情感和个性，突破了前者反映论单一的认识内涵，赋予文学以情感和审美内涵，事实上是把反映论改造为包含了评价和创造的审美反映。这是彰显文学的审美特征，进而迈出苏联体系的重要一步。就审美意识形态而言，布罗夫认为，与其他社会意识形态相比，艺术的本质是审美，"大家知道，任何一种意识形态都力求揭示'一定现象的实质'。但有各种各样的实质。雷雨的真正实质在于：这是一种大气中的电的现象。是否可以说，诗人在描写雷雨的时候……所揭示的实质乃是另一种东西。请想一想'我喜爱五月初的雷雨……'这句诗……这里所揭示的正是艺术中所必须的那种实质，因为在这里显示出人在一定的典型环境中的强烈的、丰富的和旺盛的典型

[①] 布罗夫：《论艺术内容和形式的特征》，《苏联文学艺术论文集》，学习杂志社1954年版，第114、116、126页。
[②] 布罗夫：《艺术的审美实质》，高叔眉、冯申译，上海译文出版社1985年版，第60页。
[③] 童庆炳：《关于文学特征问题的思考》，《北京师范大学学报》1981年第6期。

感受"①。但是童庆炳认为，布罗夫对此论述得不够深入具体。他主张可以在"社会结构的层面，把文学首先规定为审美意识形态"，"意识形态的不同形态的对象的差异，也导致它们的形式上的差异。这样不同形态的意识形态有自己独特的内容与形式，并形成了各自独立的完整的思想领域"。② 在童庆炳看来，审美意识形态的对象是对于社会中人的情感生活领域的审美表达，因而"审美"与"意识形态"是一个融合结构，"现实的审美价值具有一种溶解和综合的特性，它就像有溶解力的水一样，可以把认识价值、道德价值、政治价值、宗教价值等都溶解于其中，综合于其中"③。从中可见，童庆炳在重新理解马克思主义意识形态理论的基础上，吸收了形式主义美学等相关研究成果，突出了文学作为审美意识形态的情感性与审美性，因而对文学的性质做了新的界说，对文学的意识形态性和审美特性研究做出了重大推进。

三、融汇中、西、马：马克思主义美学建构的本土化与当代化

马克思的美学思考具有开放性，其在历史哲学和经济学—哲学言说框架中关于资本、生态、物化、感性和人的全面发展等方面的思考应该说都与美学相关联，但是上述思考在带有封闭性的苏联美学思维模式和理论构架中根本无法进入，更谈不上生长与发展。20世纪八九十年代之后，我国学者告别了认识论和反映论的思维模式以及以艺术为研究对象的理论架构，摆脱了苏联体系的羁绊，从多方面拓展马克思主义的理解与解释空间，结合本土语境以新的视角重新审视马克思主义的一些基本命题，马克思与美学有关的丰富思想被激活和延伸，成为马克思主义美学建构的新形态。这里所说的"本土语境"是广义上的，既指具体的言说语境，也指对中国本土文化资源的利用，还包括中国学者自己的学术眼光和创造力。

我们以邓晓芒的人学实践论美学和钱中文的新理性精神为例。邓晓芒

---

① 布罗夫：《美学应该是美学》，《美学与文艺问题论集》，学习杂志社1957年版，第39—40页。
② 童庆炳：《审美意识形态论的再认识》，《文艺研究》2000年第2期。
③ 童庆炳：《文学与审美》，《文学审美特征论》，华中师范大学出版社2000年版，第29页。

在马克思的实践观中开掘出价值论与伦理学维度,使实践美学成为人学实践论美学。他认为马克思的历史唯物主义"是一种实践哲学……不再只是一种本体论、认识论、逻辑学的'理论'(如亚里士多德的'第一哲学'),而且同时是一种'实践的'价值论和伦理学,甚至也是一种美学"①。在邓晓芒那里,马克思所说的实践是精神活动与物质活动相统一的过程,在历史的进程中呈现出不同的形态,起初精神活动统一于物质活动,后来精神实践活动慢慢从物质生产活动中分化、独立出来。他认为他的人学实践论美学"主要内容便是研究人在人类精神实践中所形成的美和艺术的一般规律。这一研究服膺于历史唯物主义关于社会存在决定社会意识、经济基础决定上层建筑的原理,但它主要着眼于人类审美意识和艺术精神如何'反作用'于社会物质生活,甚至在一定范围内成为更高的物质生活的尺度。"进而从马克思关于人的本质力量的对象化的学说中,得出关于美的三个基本定义:"(1)审美活动是人借助于对象而与别人交流情感的活动,在其现实性上,它就是美感(这一定义逻辑地包含着后面两个定义);(2)艺术是人的情感的对象化;(3)美是对象化了的情感"②。钱中文提出的新理性精神主张继承本民族优秀的精神文化传统,以新的人文精神来对抗人的精神失落与平庸。新理性精神重新审视人的生存意义,认为非理性与理性一样是人的心理、认识的固有能力,主张将非理性纳入其中,成为一个组成部分。文学艺术是人的精神家园的一个重要组成部分,除了给人以愉悦之外,在铸造人的血肉和良知方面起着不可忽视的作用,同时还有无可替代的反思和批判精神。新理性精神在文化交流中力图贯彻对话精神,利用其他民族文化中的异质性成分,以补充自己。③上述说法针对的是20世纪90年代中国进入市场经济以来道德滑坡、文学日益失去精神家园的现实,除了借鉴西方现代一些理论资源之外,其对交往、实践、理性和超越性的强调明显具有马克思主义的色彩。

我们注意到,我国晚近马克思主义美学研究进入了立足于马克思主义的整体理解,结合西方学术发展现状和中国现实语境进行自主创新的阶段。其中以对马克思"资本""自然"等概念的激活最有代表性。例如宋

---

① 邓晓芒:《实践唯物论新解:开出现象学之维》,武汉大学出版社2007年版,第10页。
② 邓晓芒:《实践唯物论新解:开出现象学之维》,武汉大学出版社2007年版,第80页。
③ 钱中文:《文学艺术价值、精神的重建——新理性精神》,《文学评论》1995年第5期。

伟认为,马克思、韦伯、西美尔共同的问题视域是以解决资本时代的现代性困境为旨归。马克思侧重于从经济学—哲学视域出发,从物质生产的社会历史实践中揭示现代性兴起的资本逻辑秘密,指出资本主义现代性的核心是资本现代性,现代逻辑和资本逻辑构成了共谋关系,马克思揭示了人的全面异化的现实,并积极展望异化克服后的人类历史愿景,因而资本现代性和审美现代性构成了马克思现代性批判的显性结构和隐性结构。可见马克思透过资本时代之理解,追问"现代条件下人的自由如何可能",切合了现代人如何安身立命的重大议题。①这种研究就具有很强的时代感。再比如马克思的自然观注意把人自身的自然属性和需要及其发展和对外界自然及环境的协调与改变相统一,具有明显的生态内涵。曾繁仁在重释马克思、恩格斯自然观的基础上,结合海德格尔的天地神人四重奏以及中国《易经》中"生生为易"的生态审美智慧,构建本土生态美学。②这些做法都可视为拓展马克思主义美学研究的新尝试。

回顾中国马克思主义美学及其与苏联美学关系的演变历程可以发现,转换思维模式、嫁接整合范畴命题和融汇中、西、马进行理论创新既是三个主要阶段,也是三种基本路径。在转换模式阶段虽然形成了初步的理论形态,却也暴露了追求美学研究体系化和本质化的弊端,并没有从根本上摆脱苏联体系的禁锢。只是到了第二和第三个阶段,在开放和包容的学术氛围中以我为主,转益多师,才真正形成了马克思主义美学多样化的理论形态。因而观察中国马克思主义美学建构如何走出苏联体系,可以从一个侧面管窥中国本土学术自主化的努力及其成果。

(原载《湖北大学学报》社会科学版2018年第1期)

---

① 宋伟:《资本时代的美学:现代条件下人的自由如何可能?》,《哲学研究》2014年第6期。
② 曾繁仁:《生态美学导论》,商务印书馆2010年版,第119—132页。

后　记

本书是本人从事马克思主义美学研究的论文选集，时间跨度近三十年。其中《人与文学》《本质追寻与根基失落》两篇论文发表于20世纪90年代，另有十六篇论文发表于21世纪初这十多年间，还有一篇论文系专门为本书而写。除了代前言外，全书由三组论文组成，涵盖了对马克思本人美学的解读、马克思美学在西方的影响和马克思美学在中国的传播几个板块，大体反映了作者多年学习和思考马克思主义美学的心得。

本书的基本架构按照"马克思美学的重释与重估""马克思与20世纪美学的对话"以及"中国当代马克思主义美学建构"的顺序依次展开。论文《关于马克思主义美学理解与重建的方法论思考》带有总论的性质，提出马克思主义美学研究中阐释、复原与创造的关系以及马克思在历史哲学和政治经济学语境中所提出的与美学有关的问题如何被激活的问题，因为讨论的是马克思主义美学研究的方法论，所以单独拿出来作为代前言。第一部分六篇文章是本书的核心内容，主要讨论马克思主义美学中的经典问题，比如艺术生产、悲剧观与喜剧观、现实主义、意识形态等，力求将上述问题纳入马克思思想的整体和现代学术的框架中进行重新思考。其中《对马克思、恩格斯美学与文艺思想关系的再思考》重新辨析了马克思与恩格斯美学思想的异同，指出马克思的美学思想虽然具有某些现实主义因素，但涵盖了浪漫主义、意识形态与社会文化批判、感性与人的解放等内容，不能用现实主义加以概括。恩格斯的美学主要是一种文艺美学，是对现实主义文艺思潮的一种概括；马克思的悲剧观与喜剧观是马克思美学思想的重要组成部分，但是以往的研究仅仅从美学角度来理解，存在着比较大的偏差。《马克思论悲剧与喜剧》试图从历史哲学、戏剧学、美学三个角度对马克思的悲剧与喜剧观进行新的透视；《马克思与意识形态批判的三重维度》讨论马克思如何从哲学、社会学、美学及文学批评三个方面开启了意识形态批判模式;《"现实主义的最伟大胜利":一段问题史》对恩格斯从巴尔扎克现象中所概括的"现实主义最伟大胜利"及其反响进行了研究,认为恩格斯这个说法包含了对艺术自主性的承认,从而从一个侧面肯定了恩格斯对马克思主义美学所做的独特贡献。本部分也有对原先马克思美学研究中的非经典问题如自然观的讨论,鉴于在生态批评的背景下马克思关于自然的论述获得了新的内涵,产生了重大影响,因而也有专门探讨的必要。第二部分也是本书的主要内容。本部分试图从马克思与西方思潮的碰撞与对话中探讨马克思美学思考的路径与前景,既有对马克思与感性论、精神分析、批判理论、艺术社会学、符号政治经济学等现代学术思潮的关系的梳理,也有对马克思与福柯、列斐伏尔、鲍德里亚等人关系的探讨。第三部分属于马克思主义美学中国化过程当中所发生的问题的分析,包括对胡风文艺思想的重新评价、关于马克思《1844年经济学—哲学手稿》中"美的规律"所引发的争论、王元骧对中国马克思主义文论建设所做的探索等;《文学反映论:缘起、争论与前景》是作者专门为本书所写的文章,讨论文学反映论的起源及其在马克思主义批评传统中的变迁与争论,并对其可能前景进行展望;《走出"苏联体系"》探讨中国马克思主义美学如何突破苏联美学思维模式和范畴体系的框架,走向本土自主理论建构的历程。

  本书取名《马克思美学的当代阐释》,顾名思义,就是追求用新的角度发现和解读马克思。马克思不是职业的美学家,没有留下专门的美学著作,只是在大量的哲学、政治经济学以及政论中论及艺术与审美,形成了以政治经济学及历史哲学关联起来的文艺和美学命题。如何切准马克思理论思考的总问题,探讨马克思美学思想中独特的理论思维,是本书所预设的目标。因而本书试图从马克思思想的整体和马克思美学思考的现代性这样一个宏大的视野重新审视马克思。这也是本书比较重视思维模式和方法论探讨的缘由所在。

  除了个别文章,如作为代前言的《关于马克思主义美学理解与重建的方法论思考》因为具有方法论引导的性质,做了少量修改以外,本书所收录的文章原则上按照当初发表的面目呈现,基本上没有做改动。

需要说明的是,由于本书收录的论文论题有关联性,时间跨度又比较大,少数论文在引文及论述方面有一点重叠交叉。这次出版为保持原貌未作处理,也请读者谅解。

编选这本论文集也寄托了作者的一个心愿,那就是作为一个中国学人,要为马克思主义美学研究的当代化和中国化尽自己的一份绵薄之力。同时,2018年是马克思诞辰200周年,作者谨以此小书来表达对马克思的纪念。

最后,感谢中国文联出版社领导的大力支持以及本书责任编辑张兰芳女士的辛勤劳动。

汪正龙
2018年3月18日

▶▶▶

马克思主义文艺理论论著书系第 1 辑

- ▶ 为马克思主义艺术学正名——马克思主义艺术学论集　　李心峰　著
- ▶ 人民：文艺的尺度　　马建辉　著
- ▶ 沿着马列的足迹——文艺的科学阐述与中国贡献　　朱辉军　著
- ▶ 马克思主义与艺术人民性——一种艺术共同体的想象与建构　　刘永明　著
- ▶ 马克思美学的当代阐释　　汪正龙　著
- ▶ 人类解放的审美之维——当代西方马克思主义政治美学思想研究　　文苑仲　著

▶▶▶

马克思主义文艺理论论著书系第 2 辑

- ▶ 中国马克思主义文论的创新　　董学文　著
- ▶ 批判的科学——文学理论本体研究　　金永兵　著
- ▶ "新社会主义文学"的探索　　李云雷　著
- ▶ 前所未有的路——中国现当代文学中农村的历史叙述问题　　鲁太光　著